なぜ、公教育における 民族教育の場に注目するのか

民族教育と多文化共生教育：京都・大阪・川崎

金 兌恩

HAKUEISHA

目次 _____

第7章 **大阪市立小中学校の民族学級：2006年の調査**

序章

なぜ、公教育における
民族教育の場に注目するのか

なぜ、公教育における民族教育の場に注目するのか

1 個人的な経験：公立学校における民族教育

　公教育現場における在日韓国・朝鮮人の民族教育[1]（以下、民族教育）問題に関心をもつようになったのは、個人的な経験がきっかけであった。2000 年に韓国のソウルから日本の京都へ引っ越してきて、5 歳の長女は日本の幼稚園に通うことになり、その一年半後に地域の公立小学校に入学した。その市立小学校は全校児童が 600 人を超える大規模な学校だったが、入学相談の際、学校側からは「うちの学校に外国人に対する差別はまったくない」との説明があった。長女の担任の先生は、

---

[1]　広田（1996: 20）によると、民族教育とは、「少数民族や外国人移住者の立場からの問題提起を行う」のに対して、多文化主義教育とは、「多文化社会という概念によって、民族的、文化的多数者と少数者との両者を止揚したものである」という。本書で用いる民族教育とは、在日韓国・朝鮮人児童あるいは朝鮮半島に民族的ルーツをもつ児童たちを対象として、同じ民族的ルーツをもつ人たちによって行われる教育である。一方、多文化共生教育とは、全児童を対象として、「多様な文化や民族の共生」や「差異の承認」を目指して行われる教育を指す。

1年生のときも2年生のときも、同じ方（女性、50代）だったが、同じマンションの母親たちからは、「〇〇先生〔長女の担任先生〕は、外国のことに興味をもっている意欲的な方で、学校は外国人の子が入ると困ることも多いから、その先生に任せている」という噂話を聞いた。2年次に転校してきたイラン人の男子児童も同じクラスに配置されたときに、その噂は本当かもしれないと思った。クラスでは、韓国・朝鮮語やペルシア語で挨拶をしたり、韓国の衣装やイランの伝統人形などを教室にかけておいたりするなど、「個人的に興味をもっているから」という理由で、二人の外国人の子を意識したいくつかの実践をしていたが、それはあくまでもそのクラスでの「特別な」取り組みであった。

　2002年の秋に私たち家族はアメリカのカリフォルニア州サンディエゴに引っ越すことになった。1年間の予定だったため、長女は家の近くの公立小学校に転校した。そこは、歴史的・地理的な背景もあり、メキシコなどのラテン系の住民が多く、さらに短期滞在のアジア系の人たちも多いところであった。小学校に通う児童の約30%はラテン系であり、およそ30%は日本・韓国・中国などのアジア系であった。また、在学生の中には、私たちのような短期滞在者もいた。学校からの手紙はつねに二言語（英語とスペイン語）で送られ、学校では、ラテン系の先生によるラテン音楽やダンスを習う授業や、またそれらを習う放課後活動もあった。長女はほとんど英語が話せなかったが、そのエスニックの学習の場を居心地よく感じ、楽しんでいたように思えた。また徐々に英語が話せるようになり、友だちが増えてからも、その場に対しては特別な所属感をもっているようにみえた。歌もダンスもあまり好きではなかったが、そのエスニック学習の場に「居場所感」を見出していたのではないかと思った。

　翌年の秋に京都に戻り、長女は京都の市立小学校に転入した。学区の中に2002年3月まで同和地区[2]として指定されていた地域、いわゆる「被差別部落」が含まれていた。京都大学に歩いて通える距離の範囲内でマンションを探していたが、一番候補の物件の大家には、契約寸前に断られた。理由は開示されなかったが、私たち家族が外国人であることが契約拒否の一つの理由であったらしい。まだ京都には、

2　2002年3月末、「同和対策事業特別措置法」の終了などに伴い、現在「同和地区」は公式的には存在しない。

あるいは、日本には、そのような閉鎖性が残っていることを改めて感じさせてくれる出来事であった。そのような経験をしてからなのか、新しく引っ越した地域が「同和地区」として指定されていたこと、また、戦前から朝鮮人が多く居住している地域でもあって、学校では韓国・朝鮮について学習する特別な取り組みも行われていることに、むしろ頼れる思いを抱くこともあった。

　実はこのような学校やコミュニティの「特徴」については、ほとんど知らずに引越し先を決めたのだが、転校して1週間後に、家庭訪問に来た担任の先生から、学校には「韓国・朝鮮と関係のある」3年生以上の児童が参加できる「民族学級」という取り組みがあること、そして民族学級の授業は学校の正規授業時間中に行われていることを知らされた。長女と話し合いの結果、民族学級に参加することを決め、数日後に、担任先生に伝えた。それから、正確には、3年生の10月から民族学級に参加し始め、他の地域の学校に転校するまでの2年半の間、正規授業時間中に週2回の頻度で、原学級から他の教室に移動して民族学級の授業を受けた。このように、正規の授業時間割の中に、民族学級の学習時間が組み込まれていて、民族学級の生徒が、原学級から「抽出」されて行われるあり方は、京都市特有の取り組みであったことを、この研究のための調査で理解できるようになったが、最初はよく理解できないまま、ただ学校や先生を信頼し、勧めに従おうと考えていた。当時、京都市には三つの市立小学校の中に民族学級が設置されていたが、長女が通っていた学校では約200人の全児童のうち民族学級に参加していたのは4人しかおらず、3校の中で民族学級の対象者や参加者が最も少ない学校であったことも、当時は知らなかった。

　民族学級の講師は朝鮮籍[3]の在日2世の女性の先生であった。同じ民族的ルーツをもっているとしても、民族学級の先生とニューカマー韓国人である私たちとの関係は、お互いに同質性の認識に基づく親密性や共同性を予め期待できるようなものではなかった。日本で生まれ育った在日韓国・朝鮮人がほとんどである民族学級の保護者たちとの関係も同じで、長女のクラスメートであった一人の児童の母親以外は、だれが民族学級の保護者なのかも分からないほどであった。

3　日本と朝鮮民主主義人民共和国の間には国交がないため、「朝鮮籍」は存在しない。ここでは、大韓民国の国籍を保持しない在日コリアンを指す。

しかし、長女と民族学級の先生や参加児童たちとの関係は、私の予想とは異なるものであった。長女は、民族学級の先生に信頼を寄せていて、その場にかかわる人たちに対しても親密感をもっているようにみえた。５年生のとき、放課後の部活で違う学年の子から民族差別的な発言を受けたことがあったが、それを民族学級の他の児童と民族学級の先生に相談し、助言を受けるという場面もあった。私がそれを知ったのは、すでに学校レベルでこの問題が解決された後、担任先生からの経過説明の電話を受けてからであった。こうした経験から私は、公立学校に子どもを通わせている外国人の親の立場からすると、学校側から「差別はない」と断言されたり、外国に関心をもつ担任先生の「個人的」なレベルで様々な実践が取り組まれたりするよりは、「差別があるかもしれない」という前提の下で、学校全体で差別や人権問題に対処する体制になっていたり、民族学級のような取り組みがあるほうが（その取り組みの内容への満足度や、その場への保護者としての関与度は別の問題としても）、より良いかもしれないと思うようになった。

　このように、日本の公立小学校における民族学級に保護者としてかかわったことが主なきっかけとなり、公教育における民族教育の場に関する調査・研究を始めるようになった。公立学校のような公教育の場が子どもの民族的アイデンティティの形成や所属感・居場所感の提供にいかに重要で大きな影響を与えているか、ということへの自覚もあった。日本の学校に通う子どもにとって、民族的アイデンティティの形成環境は同じ民族同士の家族の構成員（「ダブル」[4] の場合は多少異なるが）とともに「民族」を日常の生活として経験している家庭である。家庭は親密な関係で結ばれた家族の構成員と多くの時間を過ごす空間である点において、民族的アイデンティティの形成に当たって最も重要な環境の一つである。その一方で、子どもたちが社会的な関係を形成していく学校空間における「民族」とかかわる経験もまた重要である。たとえば、民族学級への参加や原学級でのゲスト・ティーチャーによる韓国・朝鮮の文化紹介、教員による自分の民族や民族学級への言及、給食に韓国・朝鮮の食べ物が出ること、あるいは友だちからの韓国・朝鮮への肯定的／否定的な関心や発言、さらに、ときには周りの児童から民族差別的な発言を受けること

4　「ダブル」とは、二つの民族的ルーツをもつ人を指す。とりわけ、社会科学分野では、民族的ルーツを異にする両親から生まれた人を表す「ハーフ」という表現の差別性が指摘されており、「ダブル」という表現が好まれている。

などが挙げられる。このような学校空間において民族とかかわるあらゆる経験が、子どもの民族とかかわる心や想いに、いかに大きな影響を与えているかを何度も間接的に経験しながら、次第にこの問題についての関心が深まってきたのである。

　また、京都以外の地域にも足を運んで調査を進めていけばいくほど、公教育における民族教育の取り組みが、地域によって大きく異なっており、その教育実践の主な主体やその場が成立した背景、その教育内容なども多様であることに気づかされた。聞き取り調査の中では、民族教育の実践家側が新しい潮流としての多文化共生教育・国際理解教育に対して歓迎の気持ちを表しつつも、一方では違和感を表す場合も少なくなかった。行政や学校の教員たちへの聞き取りの中では、多文化共生教育を語る際に「もう今の時代に民族教育は…」と呟き、民族教育を時代遅れのように捉えているように窺える場合もあった。一方で、実際の教育実践現場に行ってみると、民族教育と多文化共生教育が様々な場面で出会い、相互作用していく中で、葛藤や不調和ばかりではなく、協働したり、お互いに影響を与え合い、変化させたりしながら実践されているところも多くみられた。

　本書では、こうした個人的な経験から出発した問題意識に基づいて、子どもたちの民族的アイデンティティの重要な形成環境として公教育領域を捉え、そこにおける民族教育の場の問題を多文化共生教育やマジョリティ側との関係性に注目して社会学的に分析することを試みる。公教育における民族教育という時間的・空間的にきわめて限定された場のもつ、アイデンティティ形成への影響力に焦点を当てて検討していく。

2 民族的マイノリティのアイデンティティ、その承認問題

筆者が注目するのは、公立学校や地域行政がかかわっている民族教育の場、つまり、公教育[5]における民族教育の場である。なぜ、授業時間が週数時間あるいは月数時間に過ぎない公教育における民族教育の場に注目するのかについて述べる。

民族的アイデンティティの形成環境についていえば、まず、教育現場としては、民族団体などが運営する民族学校と、一部の公立学校や地域行政が導く公的な教育領域における民族教育の場が挙げられる。二つの教育空間を比べると、前者は教員や周りの児童たちをはじめ、教育内容や使用言語などがつねに「民族」や「生活」とかかわっており、いわば「フルタイム・アイデンティティ」の形成環境が提供されているといえるが、後者は月数時間のみ、日本人児童たちと分離された空間において、韓国・朝鮮にルーツをもつ児童だけが集まって民族的ルーツを同じくする講師から一種の「体験」として「民族」にかかわる教育を受けている点で、いわば「パートタイム・アイデンティティ」の形成環境といえる（金兌恩 2008: 2）[6]。もちろん、民族的アイデンティティの形成とかかわる環境は、学校空間の外にもある。家庭をはじめ、地域の NGO 団体や民族団体などが主導する学校の外にある民族教育の場などが挙げられる。

これらの生活領域における様々な民族的アイデンティティの形成環境のうち、公立学校や地域行政が導く公教育領域における民族教育の場は、以下の理由で、児童たちのアイデンティティ形成において、ほかの空間とは異なる特別な意味をもつと考えられる。まず、第一に、家庭や民族団体などが行う民族教育の場と比べて、公共領域（＝社会的な圏域）としての性格が強い。公立学校や公的施設で行われる民

5　公教育とは、「公的性格をもつ教育」を指す言葉である。もともと、私教育に対して、国家および地方公共団体によって行われる教育を指したが、現在では、私立学校における教育や社会教育もその公共性とおおやけの規制を受けている点から、公教育に含められている。大辞林（第二版）を参照。本書では、主に公立学校や自治体がかかわる教育の総称として「公教育」あるいは「公的な教育領域」という表現を用いる。

6　本書においては、公教育における民族教育の場（たとえば、民族学級）をめぐる民族的アイデンティティの形成環境を、朝鮮学校のそれと対比させて、「パートタイム・アイデンティティ」という言葉で表している。（金兌恩 2008）。

族教育の場においては、「われわれ」としての民族的マイノリティ（＝在日韓国・朝鮮人と朝鮮半島にルーツをもつ児童や保護者、講師）だけでなく、「他者」としての民族的マジョリティ（＝日本人の児童や保護者、教員）が存在しており、公教育の中にこうした空間が存在することは、民族的マイノリティのアイデンティティの問題が公共領域における言説・言論の対象や共通の関心事とされることを意味する（それが、必ずしも民族的マイノリティ児童のアイデンティティが承認されうることを意味してはいない）。

　ここでまず、公共領域／公共空間とアイデンティティ形成問題を考える際に参考とする議論として、ハーバーマスの開放性や平等性を前提とした「市民的公共性」[7]に対する再検討を行ったナンシ・フレイザーの「下位の対抗的な公共性」(subaltern counterpublics) 論を検討する。フレイザーは、「市民的公共性」の場では、社会的不平等を被っていたかなりの人たち（女性たちや庶民階級など）が非公式な形で周辺化されてきたことを暴き、従属的な社会集団の構成員たちが自分たちの「アイデンティティや利害関心、要求をめぐってそれを覆すような解釈を定式化する対抗的な討議を考え出し、流布させていく同時並行的に存在する討議の舞台」として「オルターナティブな公共性」(alternative publics) としての「下位の対抗的な公共性」をもつことが彼らに有利であると主張した（Fraser [1992]1999: 138 = 1999: 123）。フレイザーは公共圏に関する議論の中で、「私的」と「公共的」という用語をもっと厳しく批判的に監視する必要があるとし、プライバシーのイデオロギー性が、私的領域と公共領域を峻別し、私的とされる問題（＝個人の問題、「共通の関心事」ではないとされる問題）を公共の場で議論することを妨げてきたと告発した（同書: 128-31 = 145-51）。

　斉藤は、「公共的空間は開かれているにもかかわらず、そこにはつねに排除と周辺化の力もはたらいている」こと、つまり、公共性をめぐるインフォーマルな排除

7　ユルゲン・ハーバーマスは、公共性論を検討するに当たって、17世紀以降のフランスやイギリス、ドイツでの事例から、宮廷の貴族に独占されていた文学・芸術・文化活動の中心が、夕食会やサロン、喫茶店などに集まる市民階級へ移行していく過程、つまり宮廷が独占していた公共性が「市民的公共性」へ転換していく過程に着目した。ハーバーマスのいう市民的公共圏は、誰にも開かれ、誰もが接近可能であり、そこでの人々の関係は社会的地位が問われない平等性が前提とされている空間であった。

において、「言説の資源」（discursive resources）が「公共性へのアクセスをいかに非対称的なものにしているか」というところに注目した（斎藤 2000: 8-13）。斎藤は、「言説の資源」という点で劣位に置かれているマイノリティが自分たちのための「言説の空間」を創出することを通じて、公共的空間において私事化され、マジョリティ側から無視・黙殺されてきた事柄をこの空間で共通の関心事として取り上げられるようにすること、つまり「アテンションの配分＝配置の再編」が有効であると論じた（同書: 14）。

　こうした公共領域／私的領域、公共圏／親密圏をめぐる議論は公教育領域にも適用することもできる。公教育にかかわる構成員たち（教員、児童、保護者など）の共通の関心事が反映されているかのような「中立的」にも見える言説・言論のテーマが、実際には、国民教育を補強する方向性をもって形成されていくという現実、つまり、公教育において民族的マイノリティの関心事が排除されていく現実を説明してくれる。こうした点は、公共空間における言説の資源の確保や共通の関心事や関心の配分の過程から疎外されてきた民族的マイノリティ側が、公教育領域の中に自分たちの事柄を発言・言論できる「オルターナティブな対抗的空間」や「下位の言説の空間」を作り出し、取り入れていくことの必要性や重要性を説明している。

　こうした議論は、多文化主義の研究者であるチャールズ・テイラーが「承認をめぐる政治」（the Politics of Recognition）という論文の中で言及したアイデンティティに対する「他人の承認」や「承認の不在」、「歪められた承認」の議論ともつながっている。テイラーは、「我々のアイデンティティは一部には、他人による承認、あるいはその不在、さらにはしばしば歪められた承認（misrecognition）によって形作られるのであって、個人や集団は、もし彼らをとりまく人々や社会が、彼らに対し、彼らについての不十分な、あるいは不名誉な、あるいは卑しむべき像を投影するならば、現実に被害や歪曲を被るというものである」と論じた（Taylor 1994: 25 = 1996: 38）。テイラーがアイデンティティに対する他者からの適合な承認の必要性を強調しているところでは、その承認の空間に他人が存在していることが前提とされている。要するに、民族的マイノリティ児童にアイデンティティの承認が得られるためには、まず、その空間が次の条件を満たしていなければならない。私的な空間ではないこと、つまり、自分を見てくれる他人（とりわけ、マジョリティ側）が存在しており、自分たちにも言説・言論の資源が配分されている空間であること

が前提条件なのである。

　以上でみてきた公共領域論やアイデンティティの承認論を、公教育における民族教育の空間に当てはめてみると、公教育領域の中に民族教育の空間があることは、「民族」「在日」の問題が学校空間の中で私事化・プライバシー化されることから逃れ、アテンションの配分を得て共通の関心事となること（＝「在日」「民族」問題が学校空間の中で言説・言論の対象となること）を可能にしてくれることを意味する。その場に参加する在日韓国・朝鮮人の児童や朝鮮半島にルーツをもつ児童たちは自分の「民族」の問題をめぐる言説の資源を得ることになる。こうした民族的マジョリティとマイノリティが共存している学校空間の中で取り組まれている民族教育の場は、マイノリティ児童がマイノリティ側からだけでなく、マジョリティ側からもアイデンティティの承認を日常的に経験できる（それは、必ずしもアイデンティティの承認が得られることを意味するわけではない。不承認や歪められた承認を経験することも含まれている）環境条件が備わっているという点で、家庭などの私的領域において「民族」を経験あるいは学習することとは大きな違いがある。その場がたった週数時間あるいは月数時間のみの、きわめて限定された時間に過ぎない「パートタイム・アイデンティティ」の形成環境であっても、自分の民族的アイデンティティの承認が得られるための「他人」が存在するという点で、アイデンティティの形成においては、私的領域とは異なる、特別な意味をもつのである。

　さらに、在日韓国・朝鮮人児童の多くが通っている日本の公立学校における民族教育の問題を検討することは、マジョリティ側との関係の中で民族的アイデンティティの形成問題を考える際に、より有効であると考えられる。民族教育の問題を公教育における民族教育の場に注目して検討することは、その場に参加する児童たちのアイデンティティの形成に重要な影響を与えうる他人たち（学校の児童、教員、保護者、地域の住民などを含めて）が民族教育の場をどのようにみているか、その場にどのような位置を付与しているかという「場の位置性」、そして民族教育を受ける児童とマジョリティ側（日本人教員や児童など）との関係性をともに検討するのにも有効であろう。また、そこで学ぶ子どもたちにとって、民族教育の場での経験が、現実の日本社会における経験の「事前実習的」な体験となるという意味でも、この場の解明は重要であろう。

学校の内外
　：不連続的なアイデンティティの承認環境の問題

　在日児童が公立学校や地域の公的施設にある民族教育の場に参加すること、つまり、自分の民族的出自を明らかにした上で学校や地域で生活することは、当事者たちにアイデンティティの承認を経験させることでもあるが、一方では民族文化を背負う在日児童たちを様々な困難に直面させることもある。1990年代後半、教育現場における在日韓国・朝鮮人児童のアイデンティティの問題を、他者、とりわけ、マジョリティ側との関係に注目して実証的な検討を試みた研究の中では、民族的出自を明らかにした在日の子どもたちが直面するアイデンティティの承認をめぐる環境問題が指摘されている。たとえば、学校の外にある地域の民族教育現場への参与観察を行った金泰泳（1999）は、小学生のときから民族教育活動に参加し、中学では自主的に民族名（本名）を使ってきた在日3世の女子学生が、高校生になって日本名に戻った事例に注目して、マイノリティへの認識が十分に培われていない環境の中で民族名を使用することが、当事者に本質化・一般化されたマイノリティ性の総体をむりやり背負わせる「抑圧的」側面をもつことを示唆した。また、公立学校や地域における「人権尊重教育」の場に参加する子どもたちへの聞き取り調査を行った竹ノ下（1999）も、「人権尊重教育を通じて、在日韓国・朝鮮人の歴史や文化についての情報が単に伝達されるだけでは、子どもたちの肯定的なエスニック・アイデンティティの構築を促すとは限ら」ず、「彼らが学校の友人関係において、エスニック・アイデンティティを他者と共有することの方が……重要なきっかけとなっていた」こと、つまり、アイデンティティの形成や承認には、マジョリティとマイノリティ間の相互関係性の構築がより重要であると主張した（竹ノ下 1999: 55-6）。その上で、日本名の使用にこだわりをみせている卒業生の事例を挙げて、「外部社会には在日韓国・朝鮮人を承認する状況が備わっていないとあらかじめ感じていた」こと、つまりマイノリティ側による「差異の承認をめぐる不連続性の予期」の問題（「民族」が承認されうる空間を出ると、差別される局面が遍在していることに対する当事者たちの認識）を指摘した（同書: 59）。

　これらの研究では、マジョリティ側が圧倒的な多数を占めている地域や学校などの空間において、「民族」問題に対するマジョリティ側の理解や認識が備わってい

ない限り、民族教育の場に参加し自分の民族的アイデンティティを全面に出して学校生活を送ることは、当事者の子どもたちにとって「負担」でもあり、「差異の承認をめぐる不連続性の反復的な経験」でもあることを明らかにしている。公立学校や地域の公的施設の中に設けられた民族教育の場では、在日の子どもたちがその場を出るとすぐに出会う圧倒的な多数の日本人側に「民族」問題への理解や認識を、どのようにどこまで共有させることができるか、という問題が大きな課題であった。こうした状況は、公教育における民族教育の場に対して、その可能性への評価よりは、絶えず、懐疑的な疑問を生じさせる理由（ときには言い訳）でもあった。

　こうした問題の解決を求めて、民族教育の実践家たちと公教育における「民族教育権」（民族的マイノリティ児童が民族教育を受ける権利）に関心をもっていた一部の教員たちが目を向けたのは、差異の承認をめぐる不連続性の問題をどのように緩和していくかという問題であった。同時に、マジョリティ側の児童に向けても発信できる公教育における多文化共生教育・国際理解教育の場で、在日韓国・朝鮮人の問題やその歴史の問題をいかに伝えるか、今の状況をどう理解させるかというものでもあった。

　本書では、こうした公教育における民族教育が抱えている差異やアイデンティティの承認をめぐる不連続性の問題に着目し、実際の公教育の場における日常的な相互作用に注目する。民族教育者側が、公教育の枠組みの中に「民族」の問題をどのように取り入れようと試みているか、また、学校側とはどのような関係を築こうとしているのかなど、「細かい」日常レベルでの試みに対する検討を通して、公教育領域における民族教育が抱えてきた課題の解決の糸口を探っていきたい。

　したがって、本書では、アイデンティティの形成の重要な場としての公教育における民族教育の場、そして公教育における学校側と民族教育との相互作用に注目する。京都・大阪・川崎の三つの地域における公教育とかかわる民族教育の場を事例として取り上げて、各々の場の生成と展開過程、今日におけるあり方を検討していく。今日、公教育領域に取り入れられている在日韓国・朝鮮人の民族教育の場で、どのような日常的な実践が行われており、学校側と民族教育との間ではどのような相互作用が行われ、どのような調和または葛藤を繰り広げながら接点が模索されているかを検討し、公教育における民族教育の可能性と課題を、多文化共生教育との関係の中で探る。言い換えると、グローバル化していく現代日本社会における民族

教育と多文化共生教育の相互作用、とりわけ、葛藤の状況を検討し今後のその超克の可能性を模索することである。

　そのために以下の問いへの答えを探っていきたい。まず、第一に、各地域において、公教育における民族教育の場が、どのように生成され、展開されてきたのか。第二に、どのような歴史的・社会的な背景やその場にかかわる人々との関係の下で、その場が維持・変貌してきたのか。第三に、近年、多文化共生教育の潮流が広がる中で、公教育における民族教育の場は、どのような原則や精神の下で実践されているのか。従来の民族教育がどのように継承され、または変容されているのか。第四に、公教育における民族教育と多文化共生教育の場において、どのような相互作用が行われており、二つの教育実践はどのように交通し、互いに影響を与えているのか（二つの教育の調和／葛藤の様相）。第五に、今後、二つの教育の間での葛藤を超克する可能性はあるのか、そのための課題は何か。

　公教育における民族教育の問題を検討する作業は、民族的マイノリティ児童のアイデンティティの形成問題を、家庭や民族の集まりのような親密性の高い私的領域だけに閉じ込め、その問題を私的領域の問題・プライバシーとしてみなすことなく、公共領域における積極的な言説・言論の対象としていくという方向性をもつ。こうした方向性は、公教育における民族的マイノリティ児童のアイデンティティや文化の承認問題を考える際に、理念的・制度的な面で有効な視座を提示することにつながると考えられる。

4　調査事例の概観と調査概要

　筆者は、2004年9月から2011年まで、京都市と大阪市、川崎市の三つの地域における在日韓国・朝鮮人の民族教育の実践事例について調査を行った。三つの調査地域を選んだ理由は、以下の通りである。なお、本書の元となる京都大学博士論文（文学研究科）では、2011年までの調査に基づいて執筆したが、本書の刊行に当たって、その後の状況について必要最低限の追記を試みた。詳しくは各章の末尾をご覧いただきたい。

　第一に、三つの地域は在日韓国・朝鮮人の集住地域として知られている地域であ

り、従来の民族教育が今日に至るまで引き継がれ（継承であれ、変容であれ）、今日においては地域行政や公立学校などのマジョリティ側が導く多文化共生教育の取り組みの中で行われている。

　第二に、民族教育の実践や民族教育の実践家たちが政府や地域行政が推進している国際理解教育・多文化共生教育の現場にかかわっているなど、両教育の場が重なっている現状がある。そのため、これらの事例を取り上げることは、従来の民族教育が今日に至るまで、どのような背景の下で展開されており、多文化共生教育とどのようにかかわりながら実践され、位置づけられているかを検討するにも有効である。

　調査事例として取り上げているのは、①京都市立小学校に設置されている民族学級、②大阪市立小中学校に設置されている民族学級、③「川崎市ふれあい館」（正式には、「川崎市ふれあい館・川崎市桜本こども文化センター」。以下、ふれあい館）における社会福祉法人青丘社（以下、青丘社）の教育活動である。ただし、三つの事例の比較においては、その実践が取り組まれている場の性格が異なっていることを予め念頭に置く必要がある。京都と大阪の民族学級は、市立小学校または市立中学校で取り組まれているため、教育制度上の位置づけは「学校教育」であるが、川崎市ふれあい館の場合は、社会教育機能と児童館機能が統合されているため、「社会教育」としての性格が強い。こうした教育制度上での位置づけの相違は、各教育の場が受ける国民教育または公教育の制度による統制の程度にも影響しているといえるが [8]、その場が学校教育であれ、社会教育であれ、そこでの実践が公教育領域で行われている点では共通している。このように国家統制を受けており、そのため、民族的マイノリティ児童のための「公共性・公共空間（publics）」を取り入れることが難しい日本の公教育の場において、在日児童のための「下位の対抗的な公共性・公共空間（publics）」が取り入れられ、在日児童に「民族」を経験させること自体、注目に値する。その場の生成・展開過程や今日の実践のあり方を検討することは、今後、公教育における真の多文化共生教育への転換の可能性を探るにも有効であろう。また、民族的アイデンティティの形成環境という点からみると、三つの事例に

8　たとえば、公立学校の場合、文部科学省が教育課程のガイドラインとして告知する「学習指導要領」の影響を大きく受けている。

おける教育実践の場は「パートタイム・アイデンティティ」の形成環境である点で、同じ土俵であると考えられる。

　本書では、三つの事例を、「歴史」と「共生」を二つの軸として、それぞれ「民族型」（京都）、「折衷型」（大阪）、「共生型」（川崎）を代表する事例として捉え、現代日本社会における民族教育と多文化共生教育との間の相互作用を検討し、その間の葛藤や不調和の超克の可能性と課題を探ることを試みる。これは、三つの地域における民族教育の歴史や展開過程、そして民族教育と多文化共生教育との相互作用をめぐる共通点と相違点を明らかにすることでもある。以下では、各事例の概観と類型について簡単に述べておきたい。

　最初の事例である京都市においては、1948 年に京都府と朝鮮人側との間で交わされた覚書に基づく形で、1950 年代初頭に一部の公立小学校の中に取り組まれた民族学級が、2005 年現在、市立小学校 3 校の中に残っており、40 人前後の児童たちが京都市から任用された 5 人の非常勤講師（以下、民族講師）から授業を受けていた。調査時点では、3 年生以上の児童が学年ごとに、週 2 回、正規授業時間中に別の民族学級の教室に移って民族的ルーツを同じくする民族講師から授業を受けていた[9]。民族学級が設置されている 3 校では、1950 年代初頭に覚書に基づく形で民族学級が設置されて以来、現在までその実践が続けられており、在日本朝鮮人総聯合会（以下、総聯）が民族学級の講師たちを組織的に支援してきたところもあった。こうした特徴は、在日本朝鮮人連盟（以下、朝連）とその閉鎖後に組織された総聯という民族団体が中心となって展開してきた対抗的な民族運動が、今日の民族教育の場に引き継がれていることを意味する。京都地域の公教育における民族教育は、終戦直後の硬直した対立の雰囲気の中で形成されてきたため、その場においては植民地支配の歴史・ポストコロニアル性が強く意識されている。このように強い歴史性に根差しており、「対抗的」な性格が強かった京都地域の公教育における民族教育の特徴は、現代のグローバル社会が抱えているより多様なマイノリティや差別の問題を包括しようとする方向性をもつ多文化共生教育とはうまく合致しにくい現実にもつながったといえよう。京都の事例は、「多文化共生」よりは「民族」のほう

9　2009 年度から京都市立小学校における民族学級の授業は、放課後に変更された。詳細については、第 5 章に記している。

に大きな重点が置かれてきたという点で、いわゆる「民族型」として位置づけられる。

　二つ目の事例の大阪市においては、2008年現在、大阪市立小中学校の全体の20％を超える105校の中に民族学級が設置されており、大阪府から任用された7人の常勤講師と大阪市から嘱託職員として採用された17人の非常勤講師が、2,000人を超える児童・生徒たちを対象とした民族教育を放課後または正規授業時間中に行っていた。そのうち、常勤の民族講師が配置されている7校における民族学級は、1948年、大阪府と朝鮮人側との間で交わされた覚書に基づいて設置されており、他の98校における民族学級は、1972年以降、学校側の自主的な実践として設置されたものである。行政側により、後者については「民族クラブ」という名称がつけられているが、本書では、両者の総称として「民族学級」という名称を使うことにする[10]。大阪地域の公教育における民族教育は、初期のきわめて対抗的であった民族教育をベースとしてスタートした点では京都の事例と共通しているが、1970年代以降、学校の教員や在日の児童・保護者・実践家の運動の成果として、学校の取り組みという性格をもつ民族学級が公教育における民族教育の中心的な位置を占めるようになった点で、京都の事例とは異なっている。民族教育問題が学校の課題の一つとして位置づけられている大阪地域の公教育における民族教育は、多文化共生の機運が広がる中で、多文化共生教育・国際理解教育と積極的に接合が試みられており、その過程においてはポストコロニアルな在日固有の歴史性を薄めずに生かすという方向性を帯びてきた。このように「民族」と「共生」を混交・折衷している点で、大阪の事例は、いわゆる「折衷型」または「混交型」といえる。

　三つ目の事例として取り上げる川崎市ふれあい館における青丘社の教育活動は、1970年代初頭から在日韓国人のコミュニティ（在日大韓基督教会川崎教会、社会福祉法人青丘社）が実践してきた民族保育・民族教育の活動を、1988年から児童館機能と社会教育機能の統合施設として開館した川崎市ふれあい館が引き継ぎ、実践している民族教育・多文化共生教育の活動である。ふれあい館は、川崎市の施設であるが、開館当時から現在に至るまで、1970年代初頭から民族教育活動を行っていた在日韓国人中心の社会福祉法人青丘社に、施設の事業運営が委託されている

10　行政側の文書や事業の中で「民族クラブ」という名称が使われているときには、そのまま「民族クラブ」という表現を使うことにする。

という特徴をもつ[11]。ふれあい館は、公立学校の外側に位置しているが、川崎市の施設の中で従来の民族教育活動を引き継いで展開しており（土曜日に行われる「ケナリクラブ」）、その他にも地域の公立小中学校と連携した「民族」とかかわる様々な教育実践を行っている点で、公教育とかかわる民族教育の場としての位置性をもつ。こうした点で、ふれあい館における民族教育の実践は、公立学校で行われる民族学級とも比較の対象となりうると判断した。ふれあい館の全体的な活動をみると、詳しくは後述するが、「民族」問題は「地域」問題の一部として位置づけられている。そのため、ふれあい館は、グローバリゼーションの進行とともに、地域の中のニューカマー外国人や多様な差別の問題に早期にかつ積極的に対応し、様々な活動を取り組んできた。ふれあい館の活動の目的は「民族共生」を含む「地域共生」であり、「歴史」や「民族」よりは「地域に存在する多文化・多民族の共生」のほうに大きな重点が置かれてきた。そのため、川崎の事例は、民族問題が地域の共生問題の部分として位置づけられ、二つの問題が一体した形で実践されている、いわゆる「共生型」の一例といえる。

　調査方法は、主に民族教育の実践家たちへの聞き取り調査と教育実践現場における参与観察が中心である。また、その場にかかわっている、あるいは、かかわった経験をもつ日本人教師や行政側の担当者への聞き取り調査も行っており、本書で引用している聞き取りの内容の語り手の属性は、表1の通りである。参与観察の記録や聞き取り調査のほかに、事例として取り上げる各々の実践にかかわった当事者たちによる実践記録や行事での発言、地域行政からの報告書、各実践地域の在日韓国・朝鮮人社会の特徴についての歴史的記述を補完的に用いている。

11　川崎市は、2006 年から、ふれあい館にも「指定管理者制度」（2003 年、総務省が創設した制度）を適用した。指定管理期間は 5 年であり、調査時点の 2011 年には、青丘社はふれあい館の指定管理者として、川崎市から 2 回目の指定を受けていた。詳細については、第 10 章に記している。

	表1	参与観察および聞き取り調査の概要		

	京都	大阪	川崎
参与観察	・民族学級設置校：市立小学校3校（3校とも正規授業時間中） ＊2009年4月から、放課後の授業に転換 ・その他：民族学級設置校の発表会、京都市教育委員会などの主催行事など	・民族学級設置校：市立小学校3校（1校は正規授業時間中、2校は放課後）、市立中学校2校（2校とも放課後） ・その他：民族学級設置校の発表会、大阪市民族講師会主催行事など	・ふれあい館の民族教育活動：韓国・朝鮮にルーツをもつ小学生を対象とする「ケナリクラブ」 ・その他：ふれあい館の職員が派遣されて行われる市立小学校における国際理解教育の授業など
聞き取り調査（引用のみ）	・民族講師 KA：在日2世、女性、50代 KB：在日2世、女性、50代 KC：在日3世、女性、30代 KD：在日3世、女性、30代 ・日本人教師・京都市教育委員会事務局の関係者 KE：日本人、男性、60代 KF：日本人、女性、40代 ・民族学級の卒業生 KG：在日2世、女性、50代 ・民族学級の元保護者 KH：在日3世、女性、40代 ・民族学級の在籍児童 KI：在日韓国人3世、女子児童 KJ：ニューカマー韓国人、女子児童	・民族講師 OA：在日2世、女性、60代 OB：在日3世、女性、30代 OC：在日3世、女性、30代 OD：在日3世、女性、40代 ・日本人教師 OF：日本人、男性、60代	・青丘社・ふれあい館の職員 WA：在日2世、男性、60代 WB：在日3世、男性、50代 WD：在日3世、男性、20代 ・「ケナリクラブ」指導員 WE：ニューカマー韓国人女性、20代（大学生） ・国際理解教育の講師 WF：ニューカマー韓国人、女性、40代
調査期間	2004〜2011年 2007年以降は非定期的な聞き取り調査のみ	2006〜2010年	2009〜2011年

＊ 聞き取り調査の対象者の年齢は、最初の聞き取りの時点を基準としている。

5 本書の構成

第1章では、民族教育や多文化主義、多文化教育に関する先行研究を検討し、民族教育と多文化共生教育の相互作用を検討する際の有効な視座を示す。多文化教育への検討においては、教育の場の位置性に注目し、場の性格とあり方、そこにかかわる人々との関係が、マイノリティ児童のアイデンティティの形成になぜ重要なのかを、カリキュラム論を中心にしてみていく。最後に、日本における多文化共生や多文化共生教育をめぐる議論を確認しておく。

第2章では、公教育における民族教育の歴史を、戦後の民族学級の草創期にまで遡って検討する。GHQ（連合国軍最高司令官総司令部）と日本政府による朝鮮人学校の閉鎖過程の中で公立学校の中に民族教育の場が取り組まれるようになった歴史的な背景と、民族教育の場の展開過程や位置づけを、運動主体や主な出来事、そしてマジョリティ側との関係などに焦点を当てて検討する。

第3章から第5章までは、「民族型」民族教育の実践の事例として、京都における民族学級のあり方を検討する。まず、第3章では、京都市立小学校における民族学級の場の形成と展開過程、位置性を検討していく。京都地域では、終戦直後からの公立学校における民族教育の原型が長らく継承されてきたが、実態としては参加児童数の減少などにより、衰退の道を辿っていた。しかし、1970年代末に国際化の流れに伴う外国人児童への教育の取り組みが議論されるなかで、とりわけ、行政側からの位置づけに一定の転換が行われた。ここでは、この転換にも注目して、そのメカニズムを検討していく。

第4章では、今日の京都地域における民族学級のあり方を参与観察や聞き取り調査から検討し、民族教育の基本精神と原則を明らかにする。「抽出方式」と呼ばれる取り組みの意味と現実を把握し、民族学級のカリキュラム、その教育内容、また参加児童にとって民族学級に参加する意味について、アイデンティティとポジショナリティの観点から検討する。

第5章では、1990年代後半から2000年代以降における多文化共生の潮流の中で、民族学級をめぐってどのような変化が現われており、実践家たちがそれをどのように受け止めているか、そして、民族教育は多文化共生教育とどのように交差・接合されているか（あるいは、されていないか）を検討する。

第6章から第8章までは、「折衷型」民族教育の実践事例として、大阪における民族学級のあり方を検討する。第6章では、大阪地域の公教育における民族教育の場の生成と展開過程を、初期の民族講師たちの記録や語りに基づいて検討していく。また、戦後の覚書に基づかない、学校の要望による取り組みという新しい位置性をもつ民族学級が新設され始めた1970年代初頭の民族学級をめぐる変化に注目し、それを可能にしたメカニズムと意義を探っていく。

　第7章では、大阪地域における民族学級の今日の状況を、参与観察と関係者への聞き取り調査から検討し、公立学校の中で、民族教育がどのような基本精神・原則の下で展開されているかについてみていく。

　第8章では、1990年代以降、大阪地域の公教育において、民族教育の問題が多文化共生教育の現場にどのように取り込まれており、どのような位置が模索されているかについて検討する。

　第9章から第10章までは、「共生型」民族教育の実践事例として、川崎市ふれあい館での民族教育をめぐる問題を検討する。第9章では、川崎地域の公教育における民族教育の場の生成と展開過程を、京都・大阪地域と比較しながら検討していく。さらに、1970年代前後、桜本地区で民族運動の主体として活動し始めた社会福祉法人青丘社の教育活動が、川崎市ふれあい館という公的な施設の中で実践されるようになったことに注目し、その経緯やメカニズムを検討していく。

　第10章では、川崎市ふれあい館における民族教育の場への参与観察および関係者への聞き取り調査から、川崎地域の公教育における民族教育の場で従来の民族教育の基本精神・原則がどのように継承あるいは変貌されているかをみていく。その上、ふれあい館と公立学校との連携・協働実践、多文化共生教育・国際理解教育との関係を検討する。

　終章では、各地域の公教育における民族教育の場の基本原則や精神、そして多文化共生教育との関係や相互作用を総合的に検討し、各事例における公教育における民族教育の位置と関係の図式化を試みる。その上、公教育において、どのような民族教育と多文化共生教育との関係が望ましいのかについての意見を提示し、二つの教育の間に繰り広げられてきた葛藤や不調和の超克の可能性と課題を探る。

在日韓国・朝鮮人の民族教育に関する
先行研究のレビュー

　1960 年代後半以降、戦前からの同化教育の状況と戦後の民族教育の歴史的な考察が行われており、主に朝鮮人社会／日本人社会、弾圧／抵抗、同化教育（または国民教育）／民族教育のような二項対立性に注目し、同化教育の暴力性や排除の歴史を記録している（小沢 1973、金慶海 1979、朴尚得 1980、金英達 1989 など）。ここでの民族教育は、日本の政府や地域行政・公立学校などの公教育側から抑圧され、それに対抗する教育として位置づけられており、核心となるのは、在日韓国・朝鮮人をめぐる歴史認識の問題、すなわち、彼らをめぐるポスト・コロニアルな現実とマジョリティ社会における歴史の忘却に対する問題意識であった。したがって、民族教育は、母語や民族性を回復しようとする試みであり、マジョリティ社会からの同化教育の圧力や国民教育からの排除に対して異議申し立てをするという「対抗的な」位置性が与えられていた。

　ところが、1990 年代以降、このような認識をめぐって変化が現われ、民族教育は、国際理解教育や多文化共生教育、在日外国人教育、マイノリティ教育、人権尊重教育などの一環として捉えられるようになった（たとえば、田中 1996 など）。「共生的または共生志向の民族教育論」といえる立場である。ここでは、同化教育への批判や対抗的な民族教育の強調よりは、海外での教育事例や、他の外国人やマイノリティの教育事例との比較研究へのシフトがみられた。また、多文化教育の海外事例とともに、日本国内における国際理解教育やマイノリティ教育、在日外国人教育という名称の下で、在日韓国・朝鮮人の民族教育は、そのような教育的取り組みの一つの事例として位置づけられるようになった。

　こうした流れの中で、民族教育を多文化教育の視点から再評価しよう

とする動きが現れたのは、1990 年代後半である。多文化共生教育の議論
において、民族教育を、その歴史的な経緯や意味を提示し、日本におけ
る多文化共生教育をより日本独特の歴史的な環境を踏まえた上で検討す
ることの重要性が提起された（たとえば、広田 1996、中島 1998 など）。
広田は、多文化教育の議論において、「従来のいわばオールドカマーズを
巡る『民族教育』を新たな文脈の下で問い直す機運と実践例が現れてき
ていることに、我々は注目しなければならない」とし、「内なる異質性」
や「内なる民族問題」への関心を促した（広田 1996: 20-1）。同様の問題
意識から、中島は、同和教育の影響を受けながらも、「同和教育批判[12]と
して現れたそれ〔在日韓国・朝鮮人教育〕は、日本の学校文化のもつ単
一民族観つまり自民族中心主義を暴いて、異化作用としての民族教育の
可能性を探る試みがなされ」ており、「この経験は、日本社会の多様な異
民族・異文化理解へとひろがって『外なる』国際理解に対して、『内なる』
国際化への視点を提供した」とし、「歴史に基づく『内なる』多文化教育論」
を提唱した（中島 1998: 26-7）。中島の問題提起は、日本の多文化共生教
育における民族教育の意義を提示しただけではなく、同和教育との関係
を加えることで、日本の独自的な教育の歴史を踏まえて、より包括的に
多文化共生教育を捉える必要があることを主張したという点で大きな意
味をもつ。

　2000 年以降、「歴史性に基づく多文化教育論」と同様の問題意識に基づ
く実証的な地域研究や事例研究としては、川崎市ふれあい館（星野 2005、
金侖貞 2007、Kim 2010）や大阪市立小中学校の民族学級（Hester 2000、
Tai 2007、朴正恵 2008、稲富 2008、金兌恩 2006、2009、Kim 2010）、京
都市立小学校の民族学級（金兌恩 2006、2008）、兵庫県・神戸市の公立

12　その批判とは、在日外国人、とりわけ、在日韓国・朝鮮人への視点が欠
　　如していることに対する批判であった。

学校における「多文化・多民族教育」実践（兵庫在日韓国朝鮮人教育を考える会・兵庫県在日外国人教育研究協議会編 2008）の研究などが挙げられる。これらの研究は、民族教育と多文化教育との接点に着眼した、特定の地域や事例に関する実証的な研究である。特定の地域の公立学校や地域行政の教育施設における民族教育の実践を、学校や行政側との関係や多文化共生教育との関係の中で捉えることで、戦後の歴史が現在の公教育領域にどのように引き継がれているかという問題に注意が払われている。ただし、これらの研究の中では、実践現場への検証を通じて民族教育の実践を「多文化共生教育」あるいは「ふれあい教育」、「多文化・多民族教育」として評価している場合が多いが、その根拠としては、民族教育が公立学校や地域行政の導く多文化共生教育と接合されている点を挙げている。ただし、こうした場合、先述した民族教育に「公」領域が主導する多文化教育の取り組みが移植されることに対する違和感や批判的な議論、そして「今日、実践家たちはどのような望みや意図をもって日々の実践に取り組んでいるのか、それがもたらす影響は何なのか、行政や学校との交渉や交差の過程で生成される様々なレベルの関係において、実践の中身にはどのような影響がもたらされるのか」という点には十分な説明がなされていないという側面がある。また、特定の地域あるいは実践現場における実践事例の検討に焦点が当てられているため、地域間の比較を通じた地域や事例の多様性への検証や、民族教育論や多文化共生論、多文化教育論などの関連理論との関係についてのより綿密な検討が課題として残る。

第
1
章

多文化共生と多文化主義、
そして民族教育

多文化共生と多文化主義、そして民族教育

　本章では、多文化主義や多文化教育の思想や理念が、1990年代以降、日本社会においてはどのように受け入れられ展開されてきたかを検討し、多文化共生のあり方とそれをめぐる批判的な議論を確認する。続いて、多文化主義論と多文化教育論、カリキュラム論に関する先行研究のレビューを行い、なぜ、公教育における民族教育の取り組みや、民族教育と多文化共生教育との相互作用の問題が重要なのかについて検討する。以下では、まず、多文化主義をめぐる評価と批判について検討した上で、多文化教育論やカリキュラム論を用いて公教育領域における民族教育・多文化共生教育の場に注目する理由や、広義のカリキュラムが児童たちのアイデンティティの形成に及ぼす影響や重要性について考える。

1 「可視的」な外国人の増加と多文化共生論の登場

　日本において1990年代の前後から「多文化共生」というタームが使われ始めた背景には、この時期に日系ブラジル人をはじめとするニューカマー外国人が急増し、

在日外国人の差異や異質性の問題がより「可視的（visible）」になったことなどがあった。ニューカマーとは来日の経緯や歴史、来日後の経験などの面で異なる在日韓国・朝鮮人は「オールドカマー」と呼ばれ、より多様化された在日外国人を構成する一つのエスニシティとして位置づけられる場合も多くなった。こうした中で、日本社会における在日韓国・朝鮮人の歴史的経緯の問題や日本社会／朝鮮人社会という二項対立性が強調される対抗的な民族意識やアイデンティティの視点も相対化され、「多文化共生」論の枠組みの中で議論されることが増えるようになった。

　多文化共生は多文化主義からその起源を探ることができるが（上野 2008: 210）、日本においては多文化主義という用語はそれほど使われていない。1990 年代前後から、自治体や産業現場、学校や地域の教育現場、NGO 団体などを中心に、「多文化共生をめざして」、「多文化共生のまちづくり」、「多文化共生教育」などの「多文化共生」を取り入れたキャッチフレーズがよく使われるようになり、さらに 2005 年には総務省が「多文化共生の推進に関する研究会」を発足し、翌年には「多文化共生の推進に関する研究会報告書——地域における多文化共生の推進に向けて」を発表することで、2000 年代半ば以降には「多文化共生」というタームは公の場においてより有効な概念となった。

　このように多文化主義ではなく、多文化共生というタームが使われることについて、ソニア・リャンは、「『多文化主義』ではなく『共生』という用語が日本政府によって採択された点が重要であり、『主義』という用語が諸般の事柄に対する政治的・イデオロギー的関与を連想させるのに対し、『共生』のほうは、関与しなければとの負担感をあたえることなく、特定の状態を想起させるに留まる」（リャン 2005: 149）と指摘した [13]。それは、多文化や多民族の対等な共存を積極的に推進していく思想や理念、施策、実践としての多文化主義ではなく、多文化の状態を強調するだけに過ぎないことへの批判である。

　また、加藤は、日本での多文化共生論においては、つねに「日本人」と「外国人」が区分されており、既存のヒエラルキーや秩序が温存されたままでの共存であることを、二つの流れを挙げて以下のように指摘している。まず、一つの流れとして、

13　ここでは、Kashiwazaki, Chikako, 2000, "To be Korean without Korean Nationality: Claim to Korean Identity by Japanese Nationality Holders", *Korean and Korean American Studies Bulletin* 11(1): 48-70 が参照されている。

在日韓国・朝鮮人側から起きた「日本社会に対する当事者からの異議申し立て」があり、具体的には1970年代における就職差別反対闘争や社会保障の要求、1980年代における指紋押捺反対や「国籍条項」撤廃運動などに広がる、下からの「多文化共生」への要求であった。しかし、「国民」の代わりに「市民」の概念を取り入れて「市民生活最優先」の原則を挙げた1970年代の革新的な自治体（加藤は川崎市の例を挙げている）でさえ、「市民」と「外国人」とは区別されており、外国人に対してはあくまでも「人道的」見地からの生活保障を与えるという限界をもっていたという。もう一つの流れは、1990年代以降、オールドカマーとは背景の異なるニューカマー外国人の急増から触発された「共生」の流れであり、外見や言語の面でより可視化されたニューカマーの存在は、日本社会から「何か適応を促さなければ」という反応を引き起こし、「多文化共生」という言葉が広がるようになった。しかし、この発想においては、「日本人」と「外国人」は「主」と「従」の関係にあり、「共生」の言葉には両者の差異を前提としながらも、「外国人」に対して「『日本人』の側から同調を求めるニュアンスが含まれていたのではないか」ということが指摘されている。加藤は、二つの共生の流れを踏まえて、2006年には総務省が「多文化共生推進」プランを樹立しながらも、同年12月には「愛国心」を強調した教育基本法の改定が行われたことなどを挙げて、グローバル化への対応として「多文化共生」と「愛国」の強制という二つの動きが同時に登場している日本の矛盾した状況を批判的に捉えている（加藤 2005: 242-51）。

　定住外国人の問題に焦点を当てて多文化主義の問題への検討を行った鄭暎惠は、アメリカ留学から日本に帰国する在日韓国人3世の人が、指紋捺印をしなかったこと（指紋捺印拒否）を理由に再入国が不許可となったことに対する訴訟が最高裁で敗訴した事例を挙げて、「日本国によって一方的に日本国籍が剥奪された歴史的経緯を、最高裁が全く考慮しなかったことにより、元「日本国民」であった事実は、権利主張において何ら考慮に値せず、最近急増する『歴史的経緯』をもたない定住外国人の権利と同列にみなされた」（鄭暎惠 2003: 215）ことを指摘した。問題の焦点が「歴史的な経緯」をもっている在日韓国・朝鮮人の問題ではなく、文化的差異がより可視化されているニューカマーの問題に当てられることへの問題提起でもあった。ニューカマーに注目して文化的差異を浮上させることは、日本人のアイデンティティの安定性や「日本文化」のリアリティの獲得をより容易にし、結果的に

多文化主義が国民国家論・ナショナリズムと共謀することに陥る危険性を孕んでいるとの指摘である。

　同様の問題意識から、欧米の多文化主義をめぐる議論について、宮島は、「多民族」や「多人種」の語の使用を避けるために、「多文化」という言葉が使われる傾向があり、「多文化」という表現や議論が、先住民や植民地出身者、移民などの出自を異にする人たちを一括してしまう傾向があると指摘した上で、日本における「『多文化共生』論もそのような印象を与え、それでいて内容をみてみると、先住民（アイヌなど）や植民地出身者（在日コリアン）を対象からはずしていることは明らかである」（宮島 2009b: 58）と指摘した。つまり、ニューカマーをめぐる問題を中心に多文化共生の問題を議論することは、植民地支配や、強制的な同化政策であった皇民化政策、戦後の在日韓国・朝鮮人を排除する政策、そして、それがもたらした現在の様々な問題から、目を逸らすことにつながるという認識である。

　これらの多文化共生に対する批判的な議論の核心は、以下の二つに要約することができよう。第一に、多文化共生をめぐる議論においては、マジョリティとしての日本人とマイノリティとしての在日外国人（それが在日韓国・朝鮮人であれ、ニューカマーであれ）という二分法的な見方を中心にしており、既存のヒエラルキーが再生産されていることである。第二に、多文化共生論においてはニューカマーの問題に重点が置かれている点、言い換えると「歴史的な経緯」をもっており、外見や文化的な面で差異がほとんど可視化されていない在日韓国・朝鮮人の問題が排除される傾向があることである。要するに、それは、マジョリティ側に植民地支配時代の強制的同化政策の歴史、戦後補償の問題などの負担を与えないことにつながり、より可視化された差異のもち主であるニューカマー外国人の問題に焦点を当てることで、「日本人」「日本文化」が更なるリアリティを確保し、国民国家イデオロギーにも動員できることを意味する。また、このような立場から行われる実践は、マイノリティの文化をただの展示や消費の対象とし、文化を序列化してしまう危険性を孕んでいることにもつながるというのである。

　既存の秩序が温存される範囲での多文化の共生という指摘は、多文化主義をめぐる一般的な批判と日本での多文化共生をめぐる議論において共通しているが、大きな相違をみせているところもある。それは、自主的な（voluntary）移住者とは移住の背景が異なる、植民地化や征服などにより発生した民族的マイノリティの問題

にマジョリティ側がどのように対処しているかをめぐる問題である。先述したように、多文化共生教育をめぐる議論においてもこうした傾向は明らかである。つまり、多文化共生教育とかかわる日本政府の施策においては、ニューカマーを対象とする日本語教育と日本人児童を対象とする国際理解教育に重点が置かれており、在日韓国・朝鮮人を中心とする教育の問題が排除される傾向が現れている。

　次に、日本における多文化共生論のきっかけを提供したとされる多文化主義（multiculturalism）は、そもそもどのような理念であり、議論であったのかを辿ってみることとする。

2　多文化主義とは

　多文化主義は、カナダやオーストラリア、アメリカなどの西欧の移民社会を中心としたいわゆる「多文化社会」の理念と理解されがちであるが、近年は、グローバリゼーションの深化とともに、伝統的に同質的と考えられてきた諸国においても、内部的多様性の認識の広がりとともに、その有効性や必要性が強調されるようになった（Banks 2004, Torney-Purta, Schwille and Amadeo 1999 など）。また、多文化主義は、「国民国家は一文化、一言語、一民族によって構成されるべきだとする『同化主義』に基づくこれまでの国民統合政策を否認する」こと（関根 2000: 41-2）、つまり、「国民国家に対する異議申し立て」から始まっているとの立場もある。関根は以下のように多文化主義の登場背景を紹介している。

　　多文化主義は、多民族・多文化社会の統合にはもはや、同化主義は有効ではなく、むしろそれは、民族・エスニック紛争の原因になるという認識に立つ。むしろ、各人種、民族、エスニック集団（移民・難民、外国人労働者、周辺地域少数民族集団等）の伝統的文化、言語、生活習慣を中央政府が積極的に保護し、維持のために公的援助を行うばかりではなく、人種差別禁止、アファーマティブ・アクション（積極的差別是正措置）を導入して、エスニック・マイノリティの教育や職業を基軸とした社会参加を促し、各集団内の不満の蓄積を防ごうとするものである。要するに、政治的、社会的、経済的、

文化・言語的不平等をなくして国民社会の統合を維持しようとするイデオロギーであり、具体的な一群の政策の指導原理である（関根 2000: 42）。

　ここで関根は、「同化主義に基づく統合原理」ではなく、「不平等をなくす形で統合を維持しようとする」イデオロギーとして、多文化主義を説明しており、多文化主義は、一民族・一言語・一文化という従来の国民国家の統治イデオロギーに代わるものであるべきとしている。

　このような理解の一方で、多文化主義は、依然として国民国家の統合・維持のイデオロギー性を帯びていることから、結局、ネーション・ビルディングに貢献することが指摘されるなど（鄭暎惠 1996、2003）、その有効性への批判もある。米山（1998、2003）は、多文化主義の是非をめぐる言説をリベラル・マルチカルチュラリズム、コーポレート多文化主義[14]、批判的マルチカルチュラリズムの三つのカテゴリーに分類した上で、多文化主義が同化主義と共謀する危険性があることを批判しつつも、批判的な多文化主義からはその有効性を探っている。米山は、ゴードンと

14　米山（1998: 48-9）は、多文化主義の是非をめぐるディスコースは、それがどのような位置から支持、提唱されているかによって、三つのカテゴリー（リベラル・マルチカルチュラリズム、企業的多文化主義、批判的マルチカルチュラリズム）に大きく分けることができると論じた。企業的多文化主義（corporate multiculturalism）に関しては、多文化主義がこれまで周辺化されてきた多様な文化集団による、社会的認知を求める手段として提唱されてきた（リベラル・マルチカルチュラリズムの見解）ばかりではなく、実は経済的な理由で、多文化主義は企業や企業国家で切実に必要だったのであり、生産性や効率性のために必要とされている新たな市場、安価の労働力を確保するためには、人種や文化といった差異を取り込まざるを得ないのであり、このような差し迫った状況を先取りしているのが「企業的多文化主義」であると論じた。一方、アンドレア・センプリーニ（2003: 34-42）は、多文化主義のモデルを四つ（古典的自由主義政治モデル、多文化主義的な自由主義モデル、最大限要求型多文化主義モデル、コーポレート多文化主義モデル）に分類しており、「コーポレート多文化主義」モデルにおいては「差異」の管理が懸案であると論じた。古典的自由主義モデルや最大限要求型多文化主義モデルにおいては、多文化主義の圧力が下から生じるとみなしているのに対して、コーポレート多文化主義モデルはあらゆる差異が経済的な観点において上から管理されていることになると論じた。

ニューフィールド（1996）の立場に依拠し[15]、リベラル・マルチカルチュラリズムであれ、コーポレート多文化主義であれ、「多様性の管理」という面で共謀しており、多様性の管理を通じて既存の秩序を再生産していくことを指摘した。とりわけ、マイノリティ側の要請から成り立つ「アイデンティティ・ポリティクス」や「差異の承認」の問題が依拠しているリベラル多文化主義（一般に多文化主義として知られている類型）に、同化主義に陥っている危険性があるという。こうしたことは、「日本における国際化や在日外国人に関するディスコースの氾濫が、けっして『日本人』や『日本人らしさ』や『日本的なもの』といった概念をめぐる常識的なコンセンサスを相対化し、脱中心化するものとはなっていない状況とも相通じている」としており、「歴史的・構造的な階層化を問わないまま、多様な文化の自律性と相対的価値をうたうリベラル多元主義は、結果的に、現存する諸制度の問題を温存すると言っても過言ではない」と論じた（米山 2003: 27）。

　同時に、米山は、多文化主義への批判的な議論を広げると同時に多文化主義の革新的な意義の回復・促進を試みたゴードンらの「批判的マルチカルチュラリズム」の立場に支持を表明している。「多文化主義が巧みに懐柔され、国家や資本主義や家父長制といった現存する制度的秩序の維持のため利用される危険性に言及しつつ、その一方で、多文化主義という概念に本来ともなわれる変革的意義を回復、促進させようとする試み」（米山 1998: 50）として「批判的マルチカルチュラリズム」の視点を評価しているのである。このように多文化主義の有効性に注目することは、多文化主義に対する無批判的な批判でも、無批判的な支持でもなく、多文化主義における核心となる文化や差異の構築性をより明らかにし、それを十分認識した上で、現実世界において多文化主義とかかわる学問的な議論や施策、実践を広げていくことにつながるだろう。

　多文化主義への批判的な視点をもつと同時に、それがもつ本来の意義に注目しているのは、フランスの多文化主義の研究者であるミシェル・ヴィヴィオルカである。

15　Gordon, Avery F. and Christopher Newfield eds., 1996, *Mapping Multiculturalism*, Minneapolis: University of Minnesota Press.

ヴィヴィオルカは、差異を「文化的差異」[16] と「社会的差異」（＝社会的不公正）に分けた上で、二つの差異を同時に是正していくことの重要性を強調することで、多文化主義の有効性を生かす方法論的方向性を提示している。ヴィヴィオルカは、各々の「集団の文化的承認と、成員たちのこうむっている社会的不平等との闘争とに同時にかかわるような法や措置を提起するという行き方」を「統合的多文化主義」と呼び、このような施策や取り組みが必要であると力説している（ヴィヴィオルカ 2009: 101）[17]。二つの問題の解決を同時に求めていかなければならない背景として、二つの差異の密着した関係について、以下のように論じた。

　　文化的差異は、実際に社会的ヒエラルキー、不平等、排除から切り離せないものである。そして、文化的権利も実は、社会的不公正の問題への考慮を含んだ論争抜きには、議論されえないものである。（雇用、就学、住宅などで）差別の犠牲となっている成員グループはつねに劣等視と周辺化に襲われているが、民族出自、宗教、身体属性、性、性的嗜好などのために社会生活の出発点から不利益を負っている者たちも、またそうである。この社会的不公正と文化的貶価との重なり合いこそが、何はともあれ、多文化主義的行動を基礎づけたにちがいないと思われる（ヴィヴィオルカ 2009: 101）。

ヴィヴィオルカにとっての多文化主義は、社会を構成するマジョリティ側からみて差異のあるとされる文化やアイデンティティの承認の問題と、マイノリティ側が被ってきた（文化的差異の一面を構築してきた）社会的不平等の問題の改善のための施策や取り組みを積極的・制度的に推進していくという趣旨でなければならないのである。

16　文化的差異の問題に焦点を当てて考えると、多文化主義には「主流文化とは異なる文化特性をもつ人々の集団の存在とその文化を承認する、すなわち文化の保持、表出、伝達（教育）の権利を認める」という意味が含まれている、とヴィヴィオルカの『差異』の訳者である宮島（2009a: 54）は解説している。

17　ヴィヴィオルカは、「統合的な多文化主義」と対比して、文化的差異には関心をもつが、同じ運動の中で社会的差異の問題を引き受けることはしない立場を「分裂した多文化主義」と呼んだ（ヴィヴィオルカ 2009: 101）。

同様の問題意識から、西川は、多文化主義の新しさとして「一定の政治空間（社会あるいは国家）の内部における複数の文化、エスニシティ、民族などの平等な共存を認めるだけでなく、そのような異質な要素の共存のあり方を積極的に推進することによって、一言語・一文化・一民族といったかつての国民国家の基本的な統合様式とは異なった、より自由でより豊かでより創造的な人間・社会関係の実現を目指していること」（西川 1997: 17）を挙げている。

　これらの立場からすると、多文化主義は社会に蔓延している文化的・社会的差異や不平等を文化的かつ社会的に改善していく作業を通じて、究極のところ、その社会の様々な関係の再編成にまでつながることになる。核心的な内容は以下の二つに要約することができよう。一つは、マイノリティの文化の承認問題であり、マイノリティの文化が承認されうる環境をどのように形成していくかの問題である。具体的には、文化承認のための教育問題をはじめ、マスコミでの文化の表象の問題、そして様々な日常的な生活領域におけるマイノリティの文化との出会いの場での文化の表し方や捉え方の問題である。もう一つは、社会的不公正の改善のための制度的な側面であり、不利益を被ってきたマイノリティに対して、どのような制度的な措置をし、その社会的な差異の問題を是正していくかという制度的問題である。

　多文化主義の目標を実現していくためには、教育の問題がきわめて重要であり、だからこそ教育の領域では、「多文化主義論争がとくに激越」（センプリーニ 2003: 51）であるという主張もある。

　　　教育分野では、とくに多文化主義論争は激越である。これまで教育を支配してきた単一文化的な見方を多文化的な見方によって豊かにしたり、あるいは単一文化的な見方を多文化的な見方に取り替えたりする機会ないし方法に関わっているからだ。教科書の書き換え、カリキュラムの見直し、新しい教科の導入、さまざまなエスニック集団からの教員採用などが主戦場である。教科書やカリキュラムの改訂に関する論争で、さまざまな見方を組み合わせた「平均的」な視点を見出すこと……複数の視点から共通点を引き出すのは、きわめて困難なのである。複数の視点のあいだの対立は、純粋に知的レベルにとどまらないだけに、調整は微妙である。視点の対立の背後には、さまざまな社会集団の、利害のシステムの、権力形態のあいだの葛藤が横たわっている（センプリーニ 2003: 51）。

表2　多文化主義の目的と推進方法・期待効果

基本目的	推進方法と期待効果	日本における具体的な例（在日外国人問題を中心にした場合）
①移住者、先住民、周辺マイノリティの文化・言語の尊重	文化・言語維持への公的補助	公立学校における民族学級（大阪、京都）、母語教室、自治体や公共団体などが実施する母文化・母語教室・クラブ（川崎など）
②エスニック・マイノリティの受け入れ社会や主流社会の文化・言語の教育機会の拡大と平等な社会参加機会の達成	機会の平等と公用語学習の奨励	公立学校における国際教室（日本語教室）、自治体や公共団体、NGO団体などが運営するボランティアの住民による日本語教室
③エスニック・マイノリティと主流社会の間、そしてエスニック・マイノリティ集団の間の相互交流の積極的な促進	エスニック・ゲットーやスラムの発生防止	自治体やNGOが連携して行う「多文化共生」ネットワークや市民交流の場など
④エスニック・マイノリティに対する各種援助、優遇措置の実施	結果の平等を求める積極的差別是正措置の実施	自治体による多言語での生活案内、公共機関・病院などでの通訳サービスの提供、学習支援プログラムなど
⑤主流社会の人々の異文化・異言語に対する寛容性と優遇措置、援助への理解の高揚および偏見、ステレオタイプ、差別意識などの打破	機会平等を妨げる文化的障害の克服	学校における国際理解教育、人権尊重教育、ふれあい教育、多文化共生教育など、自治体が主催する多文化共生イベントやプログラム、「人権尊重」などをテーマとする講演会、地域住民のための外国語学習や外国文化体験のプログラムなど
⑥移住者の文化、言語、母国に対する知識を利用して、貿易投資関係の促進	多文化主義の経済的効用	①や②の達成過程からも促すことができる。

＊「基本目的」と「推進方法と期待効果」は関根（2000: 43）から作成。「日本での具体的な例」は筆者により、調査時点で作成。各目的の内容は重なる部分がある。

関根（2000: 43）が整理した多文化主義の目的の中でも、こうした点が明らかになっている[18]。表2からは、多文化主義の基本目的のうち⑥を除くすべてが教育問題とかかわっており、教育領域が多文化主義の議論の中で重要な位置を占めていることがわかる。ここで提示されている多文化主義の目的の中には、教育問題と直接にかかわっていない場合もあるが、教育の場が一つの「回路」となり、外国人住民同士あるいは外国人住民と日本人住民との間を結ぶネットワークをつくり、外国人の孤立を防ぐ効果をもたらす場合もある。また、⑥の目的の場合も、①の母語や母文化の尊重ともかかわっており、多文化主義の実施においては教育の問題がきわめて重要であることが窺える。

次節では、多文化主義に基づく教育領域、つまり多文化教育領域における主要論点について検討していく。

3 多文化主義の「戦場」としての教育領域のカリキュラム

多文化主義に基づく教育領域での理念や実践は、多文化教育という言葉で表されている。多くの研究者や理論家、実践家たちは、主に「反差別」と「平等な学習機会」に注目してきた（Nieto [1992]2004=2009 など）。マクロなレベルでは構造的・社会的差別の問題に、よりミクロなレベルではそれを是正していくためのカリキュラムの問題や学校などの教育空間の問題に関心が向けられてきた。その定義は「研究者や実践家の数だけ定義がある」（中島 1998: 13）と指摘されるほど多岐にわたっているが、多文化教育への様々な定義の中で共通している内容を総合すると、多文化教育を、「多様性と差異の承認と反差別（反人種主義）を通じて平等な学習機会の制度的な提供をめざす教育」、つまり多文化を積極的に認めようとする教育理念と、それを実現できるようにする制度の推進が同時的・統合的に目指されている教育としてまとめることができよう。

江原（2000）は、多文化教育が多文化主義と密着に結びついていることを前提

---

[18] 関根（2008）は、カナダとオーストラリアの事例を中心に、多文化主義の基本目的をまとめている。

とした上で、多文化教育を「事実上、多民族によって構成されている現代の国民国家において、多種多様な文化的・民族的背景をもつ青少年、とくに先住民、移民、外国人労働者、定住外国人、その他の少数民族集団など、社会的に不遇な立場にある少数文化者集団の子どもに対して平等な教育機会を制度的に保障するために、彼らの民族性や文化的特質を尊重する教育理論および教育実践活動のこと」（江原2000: 15）と定義し、「制度的な保障」としての公教育の中での多文化教育に注目した。ただ、ここで「平等」の概念についてはより注意を払う必要がある。マイノリティたちは、今まで構造的な不利益を被ってきたため、マジョリティ側と比較して不利なスタートライン（それもエスニック・マイノリティ集団によって様々であろう）に立っている。その是正のために、つまり「平等な学習機会」を提供するために、構造的な不利益を被ってきたマイノリティ側に対して、たとえば、アファーマティブ・アクションのような制度的な措置、また、学校などの教育実践レベルでは、エスニックの学習の場あるいは公用語の学習の場などが設けられているわけである。

　こうした多文化教育における中心的な概念に加えて、多文化教育が行われる「場」の問題や、その場にかかわる児童の内面の問題に注目する立場にも注目する必要がある。その場が提供できるとされる「居場所感」や「所属感」、「エンパワメント（empowerment）」（Sleeter 1991、平沢 2006、Engen 2009 など）といった用語が、多文化教育の概念や実践の成果などを説明する重要な概念として用いられている。平沢は、多文化教育を「多文化状況を生き抜くエンパワメントのための教育」として定義し、「様々なマイノリティ集団やその文化について教えることだけではなく、教育者がすべての生徒（とりわけマイノリティ生徒）の経験や知識を尊重し、生徒たちが自らの内に自信と力を見いだすことを促進し、他の個人・集団・文化に積極的に関わろうとする興味や力量を育て、社会変革の批判的な主体として生きるための知識とスキルを獲得できるようにすること」が必要であると主張した（平沢2006: 120-1）。

　多文化教育の課題を実現するために、多文化教育学者や実践家たちが教育現場で最も注目してきたのが、カリキュラムの問題である（McCarthy 1995, Nieto 2004=2009, Sleeter 2005 など）。カリキュラムを変化させることが反差別やマイノリティ児童の文化・アイデンティティの承認を可能にする最も重要な要素であると

いう楽観的な期待や立場に対しては、社会に根強く存在している構造的な差別を軽視しているとの批判もあった。しかし、社会の差別的な構造がマジョリティ中心のカリキュラムに構築されてきた側面があるという現実を十分認識した上で、マジョリティ中心のカリキュラムの差別性を脱構築しようとするカリキュラムへの研究関心は、その後も多くの支持を得ながら蓄積されてきた。

　マイノリティ児童の学習成果との関係の中でカリキュラムの問題に注目してきたソニア・ニエトは、カリキュラムとは「教室および学校における学習のための組織的な環境」であり、そこには「顕在的な要素（expressed elements）」と「隠れた要素（hidden elements）」が含まれているとした。顕在的要素とは、一般にカリキュラムとして定義されている教育や授業の「目的・目標・指導計画・単元などの形式において明示され、教科書などの教材の中に収められている」ものであり、「隠れた要素」とは、「たとえば、教室や学校の中で無意図的に発せられる肯定的および否定的メッセージ」である（Nieto 2004: 436=2009: 817）。しかし、隠れた要素が必ずしも「無意図的に発せられるメッセージ」とは限らず、その要素の範囲には教師の児童に対する意図的・非意図的な視線や反応、期待なども含まれている。その隠れた要素には、顕在的な要素以上に、児童たちの学習意欲や成果、社会化や価値の内面化などに影響を及ぼすことができる、いわゆる「隠れたカリキュラム（hidden curriculum）」（たとえば、学校の様々な場面や空間で、教師により暗黙的に奨励される男性像や女性像を児童たちが内面化していくとき、その教師の態度などがほかならぬ「隠れたカリキュラム」である）も含まれる。たとえば、外国人児童が在籍している学校で、外国人児童が自分の民族の言語や文化などが学習できる民族学級・民族クラブのような場が設けられていることや、国際理解教育の中で在籍している外国人児童の母国のことをテーマとして学習する機会が提供されることなどがカリキュラムの「顕在的な要素」に当てはまる。一方、同じ民族的ルーツをもつ講師たちが伝統的な衣装を着て学校の中で活動したり、学校側の行事や会議などに参加し、「教える側」としての位置性を明らかにしたりすることは、カリキュラムの「隠れた要素」に含まれる。なぜなら、学校の他の児童たちがその姿をみて、「教える側」という、より上位の位置性（「教えられる側」との関係の中での位置性）を感知し、講師の母文化に対しても学校の中での講師の位置性と連動した位置性を与えがちだからである。ジェームス・バンクスが学校の諸環境として挙げ

た以下の要素も、カリキュラムに影響を与えている点から考えると、すべてが広義のカリキュラムに含まれているといえよう。

図1　学校をめぐる諸環境

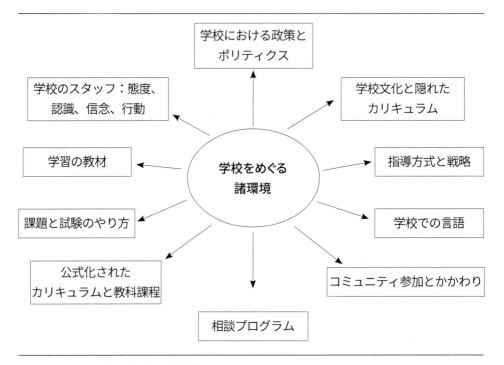

* 出典：Banks（2009: 27）から作成

　ニエトは、カリキュラムにどのような内容を取り入れ、誰がそれを決定し、誰がカリキュラムに包摂され、誰が排除されるのか、というカリキュラムの問題に注目し、2004 年に出版された著作 *Affirming Diversity: The Sociopolitical Context of Multicultural Education*（日本語訳の題名は『アメリカ多文化教育の理論と実践──多様性の肯定へ』）の中で、多くのマイノリティ児童へのインタビューを通じて、「あらゆる集団の歴史をカリキュラムや授業そして学校教育全般において取り上げることによって、その歴史を可視的にすること」（Nieto 2004: xxvi=2009: 19）が必要であることを示唆した。また、バンクスも、「何が『知識』を構成するのか。どのように知識は構築されるのか。学校で教えられる知識によって誰が利益を受け

るのか。誰の価値観や世界観が表象され、優先されるのか。維持する必要があると
される一見中立な『基準』を作るのは誰か。誰の規範や価値観が優先されるのか。
権力と特権の構造を再生産するうえで、学校が果たす役割は何か」（バンクス 2006:
57-8）といった問いを考える機会を多文化教育が提供することに注目した。要する
に、これらの議論においては、中立的に思われる教育内容や教師採用の問題をはじ
めとする教育現場におけるカリキュラムを構成する様々な要素が、実際には社会の
マジョリティ中心の視点に基づいて構築されてきたことを暴き、それを脱構築して
いく作業が必要であることを主張しているのである。

　ニエト（Nieto 2004: 289-99 =2009: 571-93）は、ボストンの低所得者向けの住宅
に住んでおり、オルターナティブ・スクールに通学している 19 歳のアフリカ系ア
メリカ人の少年へのインタビューを通じて、カリキュラムが当事者のマイノリティ
に及ぼす効果やその重要性をより明らかにした。この少年は、インタビュー[19] の中
で、学校にほとんど興味がなく、学習意欲がほとんどない状況であったが、中学 2
年生のときに外部から来た講師から「ブラックアメリカ史」というタイトルの授業
を週 1 回の頻度で受けていたことに対して特別な想いを語っていた。彼は、その授
業を受けたことについて「〔ブラックアメリカの〕歴史の授業が理由で、学校に行
きたい気持ち」になったと話した。また、この授業が、資料や新聞、そして常識的
な問題意識に常識程度の知識をもって行われる授業であったにもかかわらず、彼は

19　以下がインタビューの一部である。「〔学校にいることが気持ちよかったことが〕一
　　度だけあった。8 年生〔中学 2 年生〕の時。この時だけだけど。歴史の授業が理由で、
　　学校に行きたい気持ちになって、……本は使わなかったんだ。資料と新聞、それに
　　常識的な疑問点と常識程度の知識。授業に出てると、「これだ！これが本物だ」って
　　感じがしたよ。それにこの授業じゃあ、みんな考えるんだ。学校側は、はじめ、こ
　　の先生に普通に教えさせたがったんだぜ。だって学校側が気にしていたのは、この
　　先生が黒人の生徒たちに反体制的な意見を吹き込むんじゃないかとかなんとかさ。
　　でも授業ではそんなことまったくなかったよ。基本的には黒人についてだったけ
　　ど、でも黒人だけっていうよりもいろんな人についての話だったんだ。われわれラ
　　ティーノ、われわれ白人、われわれユダヤ人、われわれみんなが今日のどんな国の
　　社会でもいかに一部をなしているかってことを勉強したよ。……座って本当にもう、
　　そうだな、穏やかな気分でいられたよ。自分がこの地球上で一番本物の人間のよう
　　な気持ちになったよ」（Nieto 2004: 294=2009: 581）。

「これが本物だ」、この授業に座っていて「穏やかな気持ちになった」などの表現で、その授業を思い出しており、特別な意味づけをしていた。こうした少年の語りから、ニエトは、マジョリティであるヨーロッパ系白人、とりわけ、アングロサクソン系でプロテスタントの白人（WASP: White, Anglo-Saxon, Protestant）に焦点が当てられているカリキュラムが主流である中で、黒人少年の人種的ルーツとかかわるテーマの授業が設けられたことが、その少年の学習意欲や居場所感をもたせるのに肯定的な影響を与えていたことを明らかにした。それは、自分が属する人種集団がカリキュラムの中で取り扱われることが、自分が内面化していた周辺性の解消と学習へのモチベーションの向上につながったことを表している。また、エスニック・フェスティバルの場で自分の国のことが抜けていたことに気づいていたレバノンの少年へのインタビューからも、マイノリティ児童とかかわる内容が学校のカリキュラムの中に取り組まれることの必要性と重要性を検証した（Nieto 2004: 171-9＝2009: 347-64）。

　これらの事例を通じてニエトが注目したのは、公教育における多文化教育の実践現場に取り込まれるカリキュラムの重要性である。そのカリキュラムは、先述したように、どのような内容の授業なのかをはじめ、どのような補助教材が使われているのか、教師や講師がだれなのか（人種や民族など）、どのような身振り、反応、期待、アイコンタクトなどがどのような児童たちとどのように交わされているのかなどを含む、より包括的なカリキュラム（広義のカリキュラム）である。ニエトは、カリキュラムが、マイノリティの当事者たちにいかに重要な影響を及ぼしているか（ニエトは、主に学習成果との関係に注目している）を、多くの事例分析を通じて検証したのである。

　本書で、公教育とかかわる民族教育・多文化共生教育の場における広義のカリキュラムの問題に注目する理由は、「隠れた要素」までを含む広義のカリキュラムが、その場にかかわる児童たち、とりわけ、マイノリティの立場に置かれている児童た

ちに与えられるポジショナリティ[20]やアイデンティティの形成問題とも密接にかかわっているからである。なぜなら、教育内容や教材の選択だけでなく、上位の位置性をもつ教師や講師が行う、児童に向けての意識的／無意識的な（または意図的／非意図的な）態度や反応、視線、そして学校の中にマイノリティ児童と同じ民族的ルーツをもつ教師や講師が存在することや、マイノリティ児童のエスニシティとかかわるモノや場が学校内にあることなどは、マイノリティ児童の位置性に大きな影響を与えており、アイデンティティの形成にも重要な影響を及ぼす要因となるからである。

4 まとめ

　本章では、まず、日本における多文化共生をめぐる批判的な議論を検討し、その特徴を明らかにした。その議論においては、日本人と外国人という二項対立性が前提となっていることと、ニューカマー外国人のほうに重点が置かれていること、言い換えると、植民地の歴史・ポストコロニアル性を抱えている在日韓国・朝鮮人の問題が排除される傾向があることが主要論点であった。こうした日本型多文化共生論は、社会を構成する多様性と差異を尊重し、対等な共存を目指すという多文化主義の本来の理念を実現するには様々な問題があり、それらの問題に立ち向かうことは、多様性が深化していく現代社会においてますます重要な課題となっている。そのためには、多文化主義が抱えていると指摘されている様々な批判、たとえば、単なる文化の陳列・序列化による文化の消費に過ぎないことや、既存の秩序やマジョリティ性の補強に陥る危険性があることなどにも十分な注意を払う必要がある。こ

20　ポジショナリティという概念は、「位置性」や「立ち位置」、「（政治的）立場性」などに訳され、必ずしも学術的に精緻な概念ではなく、多様な学問分野において文脈依存的に使われる傾向がある（金兌恩 2008: 3）。千田は、アイデンティティを「私が何者であるのかという感覚」、ポジショナリティを「他者との関係で自分がどのような者として立ち現れてくるのか、その位置性である」（千田 2005: 270）とし、ポジションナリティは、けっして一義的に決定されるものではなく、多元的、相対的かつ文脈依存的であると論じた。

うした批判的な側面を踏まえた上で多文化主義を現実世界でより有効に実現するためには、文化的差異と社会的差異の問題を同時に是正していこうとする視点が必要であるといった、ヴィヴィオルカの「統合的な多文化主義」の立場が有用であろう。つまり、多文化主義という理念的な有効性の共有と、その理念を現実世界で安定的・持続的に実現するための制度を設けることが、同時に統合された形で推進されること、つまり、理念的・制度的な側面への総括的な関心と推進が教育現場においても要請されているのである。

　多文化主義への関心は、とりわけ、教育領域に集中してきた。その理由は、社会に蔓延しているマジョリティ中心の秩序や、構造的なヒエラルキーや不平等が、カリキュラムをはじめとする様々な教育環境の中にそのまま反映され、再生産されているからである。それは、逆に言うと、教育領域にこそ、マジョリティ中心の秩序や構造的な不平等を克服できる道が開かれていることを意味する。具体的には、教育現場において中立的とされているカリキュラムや教育環境が、マジョリティ側の視点から既存の秩序を温存する方向性をもって構築されてきたことを暴き、脱構築していくこと、つまりカリキュラムの中にマイノリティの視点を取り入れる必要があることへの認識である。

　しかし、カリキュラムの改革が教育領域で多文化主義を実現する最も有効で重要な方法であるという、カリキュラムへの高い期待や楽観論に対しては注意を払う必要がある。それは、社会の構造的な差別がどのような歴史的・社会的背景の下で形成されてきたかを十分踏まえた上でのカリキュラムへの関心、カリキュラムの改革をめぐる闘争でなければならないということである。つまり、社会を構成する多様性や差異、そしてその社会の構造的な不平等がどのように構築されてきたかを十分理解した上で、それを脱構築する必要があり、その有効な一つの方法として、教育現場でのカリキュラムの広義の要素を再編成していくことが提示されうるということである。

　次章からは、本章で検討した多文化主義と多文化教育、日本における多文化共生をめぐる議論、そしてこれらの理念や実践が抱えている問題点や課題、そして有効性が、実際、日本の公教育における民族教育と多文化共生教育の場で、どのように現れているかを、三つの事例から検討していく。検討の際には、日本の公教育における多文化主義の理念的・制度的な問題、そして狭義のカリキュラムをはじめとし

て、教員・講師の構成、時間編成などを含む広義のカリキュラムの問題をともにみていく。また、日本における多文化共生をめぐる議論の中で、在日韓国・朝鮮人問題の位置づけに対する批判的な議論にも注目し、それが公教育の場でどのように現れ、どのような葛藤や交渉を繰り広げながら、その場の再編成を試みているのかについても検討していく。

第
2
章

公教育における民族教育の場の
誕生、衰退、そして再登場
：1945 年 ～ 1970 年代まで

第2章

公教育における民族教育の場の誕生、衰退、そして再登場
：1945 年 〜 1970 年代まで

　まず、戦後の公教育における民族教育の場の生成過程とその後の展開過程を確認
しておきたい。戦後日本の公立学校の中に民族教育の場が、どのような歴史的・社
会的背景の下で生成されており、行政や学校側とどのような関係の下で展開されて
きたかについて、主に終戦直後から、多文化共生教育が登場する前の 1980 年代前
半までを中心に、三つの時期に分けて検討する。

　第一に、終戦直後から 1950 年代の前半にかけて、GHQ と日本政府による朝鮮
人学校への強制的な閉鎖措置、在日側の抵抗運動、そして両者の交渉過程の中で、
民族学級という民族教育の場が公立学校の中に生成された一連の過程を検討する。
第二に、1950 年代半ばから 1960 年代末まで公教育の中に取り組まれた民族教育の
場の衰退の状況と背景を、当時の社会的・政治的な状況に注目しながら検討する。
第三に、1970 年代前後から 1980 年代前半までの民族問題をめぐる日本社会の変化
について検討する。ここでは、部落解放運動や学生運動、革新自治体の登場や拡大
などといった当時の社会的な変化や流れの中で、民族問題がどのように捉えられた
かについてみていく。

1945 年の終戦直後、日本には約 200 万人前後の朝鮮人が居住していた（森田 1996: 17）。「帰国」する予定であった多くの朝鮮人たちは日本各地に「国語講習所」（国語＝朝鮮語）を設置するなど民族教育運動を展開し始めた。同年 10 月に「在日本朝鮮人連盟」（朝連）が組織されてから、「国語講習所」は「朝鮮人学校」という名称で全国的に広がった。1947 年 10 月現在、朝連系の初等学校 541 校に約 5 万 6,961 人が就学しており（小沢 1973: 199）、当時の就学年齢の子どもの数からして、半数程度の朝鮮人の子どもたちが朝鮮人学校に就学していたのではないかと推測されている（松下 2004: 118）。

GHQ と日本政府は朝鮮人学校を黙認していたが、1947 年 3 月に公表された教育基本法や学校教育法に抵触するなどの理由で、1948 年 1 月、GHQ の指示の下で文部省は朝鮮人学校を認めないという内容の通達「朝鮮人設立学校の取扱いについて」[21] を出した。その閉鎖措置の背景には、朝連の主導下で運営されていた朝鮮人学校が「共産勢力の活動と目されたから」という指摘もある（宋安鐘 2005: 88-9）。その後、閉鎖命令を執行しようとする各地方の行政機関と民族教育の権利保障を主張する朝鮮人側の間には衝突が相次いだ。とくに朝鮮人が多く居住していた大阪・兵庫などの阪神地域においては、4 月 23 日から 26 日まで大規模な抗議活動、いわば「阪神教育闘争」が起きており、24 日には大阪府庁の前でデモに参加していた当時 16 歳の少年（金太一）が警官隊の発砲によって射殺される事件まで発生した。GHQ と日本政府は、朝鮮人側の抗議活動を「暴力」とみなし、非常事態宣言を発令するなど、両者の葛藤は高まっていた。

---

21 この通達には、「朝鮮人の子弟であっても学齢に該当する者は、日本人同様市町村立又は私立の小学校、又は中学校に就学させなければならない。又私立の小学校の設置は学校教育法の定めるところによって、都道府県監督庁（知事）の認可を受けなければならない。学齢児童又は学齢生徒の教育については各種学校の設置は認められない」とされており、それは事実上、朝鮮人学校の閉鎖を意味していた。中山（1995: 23-4）を参照。

1948年5月5日、一種の収拾策として文部大臣と朝鮮人代表との間に民族教育に関する覚書（「1948年覚書」）が交わされた。主な内容は、「朝鮮人の教育に関しては教育基本法及び学校教育法に従うこと」と「朝鮮人学校問題については私立学校として自主性が認められる範囲内において朝鮮独自の教育を行うことを前提として、私立学校として申請すること」（傍点は筆者）であった。5月6日には、文部省学校教育局長より各都道府県知事宛に「朝鮮人学校に関する問題について」という通達が出され、その中には前日の覚書の中の「私立学校として自主性が認められる範囲内」の意味が言及されていた。それは朝鮮人学校に対しては「法令に許された範囲内において選択科目、自由研究、及び課外の時間に朝鮮語で、朝鮮語、朝鮮の歴史、文学、文化等朝鮮人独自の教育を受けることができる」ことと、一般の小学校に対しては「放課後又は休日等に朝鮮語等の教育を行うことを目的として設置された各種学校に在学させて朝鮮独自の教育を受けさせることは差し支えない」ことであった。「1948年覚書」に基づいた通達の中には、一般の小学校における民族教育については言及されていなかったが、その後、それを受ける形で、京都府（5月）や大阪府（6月）において朝鮮人代表と地域行政側との間で交わされた覚書の中では、公立小学校における放課後の民族教育を認める内容が合意されていた[22]。要するに、公立小学校における民族教育の取り組みに関する内容は、政府レベルではなく、各自治体のレベルで朝鮮人側との交渉過程の中で定められたのである。そのた

22　京都府では、5月15日と18日に、京都府側と朝連、そして朝鮮人教育会（後で、「大韓民国京都教育会」と改称）との間に、それぞれ覚書（以下、「京都5.15覚書」）が交わされており、大阪府では同年6月4日に大阪府側と朝鮮人代表との間で覚書（以下、「大阪6.4覚書」）が交わされ、公立学校における民族学級の設置の根拠が設けられた。「京都5.15覚書」中では、「一般の小学校及び中学校において義務教育を受けている朝鮮人児童生徒のみを以て学級を編成し二にのべたような方法で朝鮮独自の教育をすることができる」となっており、ここで「二にのべた方法」とは、「二、私立朝連小学校及び中学校に於ては義務教育としての最小限度の要件を満した上選択教科、自由研究の時間に朝鮮語、朝鮮歴史、地理、文学、文化等朝鮮人独自の教育を行うことができる」ことである。「大阪6.4覚書」の中では、「朝鮮人独自の教育を希望する児童生徒が一学級を編成する人数であるとき」には、公立小中学校において「課外の時間に朝鮮語、朝鮮の歴史、文学、文化等について授業を行うことができる」とされている。中島（1981）と小沢（1973）などを参照。

め、民族学級は、その設置根拠が不安定であり、その後も、政府の政策変化や自治体の姿勢変化などの影響を受けながら、存在基盤の揺れを何度も経験することになる。

　朝鮮人学校への実質的な閉鎖措置が再び始まったのは、翌年の1949年4月に制定された「団体等規正令」に基づき、同年9月に朝連に対する解散命令が出された直後であった。1949年10月、文部省が朝鮮人学校の閉鎖改組を明示した「朝鮮人学校に対する措置について」という通達が全国的に出され、朝鮮人学校への実質的な閉鎖措置が始まった。この措置の背景には、先述したように、GHQと日本政府が民族教育を共産主義勢力の活動としてみなしたことがあった。当時、文部省は、朝鮮人学校の閉鎖理由として、日本の教育法令に従うという原則を無視して、あらゆる問題についてつねに闘争的態度をとっていることと、現存する朝鮮人学校はほとんど占領軍に対する反抗などの理由によって解散させられた朝連の傘下組織とみるべきものであるということの二点を挙げていた（小沢1973: 262）。

　その閉鎖は二段階の措置によって執行された。第一次としては、1949年10月19日、朝連経営学校とみなした92校に対して閉鎖を通告し、他の245校に対しては学校改組（2週間以内に私立学校申請手続きをとること）を勧告した。第二次措置としては、11月4日に改組勧告を出した学校のうち、これに応じなかった120弱の学校は自動的に閉鎖されたものとし、申請手続きをした128校に対しては文部省が一括審査を行った。中立的な立場を取っていた大阪の白頭学院建国小・中・高校の1学園3校だけが私立学校として認可されており、それ以外のすべての朝鮮人学校に対しては、不認可として閉鎖が命じられた[23]。この2回にわたる閉鎖措置により、1学園を除く350校弱の朝鮮人学校が一斉に「非合法の存在」とされ、閉鎖

23　閉鎖措置の中で、唯一に建国学校が残った背景として、当時、建国学校側が、朝連にも民団（1946年「在日本朝鮮居留民団」として結成、後に「在日本大韓民国民団」）にも偏らない中立的な立場であり、それを積極的に強調していたことが挙げられている。詳細については、朴正恵（2008: 27-8）を参照。

された（同書: 262-7）[24]。

　当時の朝連を中心とする民族教育運動は、日本共産党と連携し共同闘争を行っており、暴力的な部分もあった。こうした点からみると、朝鮮人学校への閉鎖措置は、一方では民族教育への弾圧・同化教育の強制という側面もあるが、もう一方では、共産勢力とかかわる治安・政治の問題として民族教育問題を捉えようとするGHQ・政府側の態度もあったことが指摘されている（稲富 2008: 40）。

　朝鮮人学校の閉鎖後、在日朝鮮人教育をめぐる主な論点は、小沢（1973: 278）も指摘しているように、日本の公教育制度の外での朝鮮人学校の問題から、公立学校の枠内で朝鮮人教育をどの程度まで認めるかという問題に移っていた。朝鮮人学校の閉鎖措置に伴い、多くの朝鮮人児童・生徒の転校生を受け入れることになった公立学校に対して、1949年11月に、文部省側から朝鮮人教育とかかわる通達が集中的に出されたこともそれを表している[25]。朝鮮学校の閉鎖措置は、朝鮮人側の強い反発だけでなく、朝鮮人児童を受け入れることになった公立学校側の混乱をも引き起こすこととなり、その後の政府からの談話や通達の中には、民族教育の保障と

24　　表3　1949年における朝鮮人学校の閉鎖状況

閉鎖措置	閉鎖措置の対象校	地域別の閉鎖校数
第一次 1949.10.19	朝連系経営校とみなされた92校（小86校、中4校、高2校）	・山口25、福岡20、宮城11、神奈川9、栃木5、その他、鳥取、石川、福島、北海道などの諸県でのすべての朝鮮人学校
第二次 1949.11.4	朝連系経営校とみなされてなかった245校（小223校、中16校、高6校）	・改組勧告に応じなかった120弱→自動的に閉鎖 ・改組手続きを出した128校→文部省の一括審査→1学園3校を除いてすべて閉鎖。 ・大阪40、愛知28、広島17、岡山10、京都12、兵庫18、福井10、滋賀12、岐阜11、東京13など

　* 出典：小沢（1973: 265-7）から作成。

25　この時期に出された通達は、「公立学校における朝鮮語等の取扱いについて」（文初庶第166号、事務次官名、1949.11.1）、「朝鮮人私立各種学校の設置認可について」（文管庶第69号、事務次官名、1949.11.15）、「朝鮮人児童生徒の公立学校受け入れについて」（文初庶第153号、初中局長名、1949.11.25）である。

かかわる内容がみられた（中島 1981: 120）[26]。

　以上でみてきたように、終戦直後から 1940 年代末にかけての朝鮮人学校の閉鎖をめぐる一連の過程の中で、公立学校の中に民族学級の誕生の基盤が築かれたわけであるが、実際、閉鎖措置後に日本政府により示唆された「公立学校における民族教育を受ける可能性」は、公教育現場での混乱収拾のための対策に過ぎなかった。そのため、その実施をめぐる各自治体や学校側の対応は消極的であり、実質的に民族教育の場が学校の中で設けられ機能するまでには、様々な葛藤や困難があり在日朝鮮人側からの運動が相次いだ。

　政府レベルでの「1948 年覚書」が公立学校における民族教育の取り組みの根拠となり、一部の地域では地域行政側と朝鮮人側との間で交渉を経て（詳細については、各章別に後述）、1950 年代初頭に民族学級の誕生を迎えた。1952 年 4 月の時点で、全国の 13 の府県に 77 学級が設置されていたとされる（小沢 1973: 289）。この時点で、民族学級は、実質的に二つの形態に分けられていた。一つは、朝鮮人学級が編成され、専属教室で午前中から朝鮮人教師によって民族教育が実施される形態であり、もう一つは、正課の授業時間中に日本人児童と混成の学級で授業を受けた後、放課後に朝鮮人児童のみが残って 1、2 時間程度の民族教育を受ける課外方式であった。前者は滋賀（18 学級）に、後者は茨城の 11 学級、京都の 8 学級をはじめ、神奈川、埼玉、千葉、愛知、岐阜、岡山、大阪、兵庫、福岡、山形などに存在したとされている（同書: 289-90）。中島の調査では、1952 年には 77 校にあった民族学級は、1953 年には 95 校にまで増加したが、1950 年代末には 60 校前後にまで減少し、さらに 1960 年代半ばには約 30 校にまで減少したとされている（中島 1981: 127）。

26　中島によると、「1949 年 10 月 19 日、文部省の森田総務課長の談話の中で『課外として朝鮮独自のものを教えることは自由である』とし、また外国語や自由研究の時間の利用を示唆し」ており、文部省は 10 月 27 日にも同趣旨の見解を示し、11 月 1 日の通達「公立学校における朝鮮語等の取扱いについて」（文初庶第 166 号、事務次官名）の中では、「収容すべき朝鮮人の児童生徒は一般の学級に編入するのが適当であるが、学力補充その他やむを得ない事情のある限りは当分の間特別の学級又は分校を設けることは差支えない」とし、限定付きではあるが朝鮮人のみの特別学級および分校設置の可能性を提示したと分析している（中島 1981: 119-20）。

表4 1950年代～1960年代における民族学級数の推移

年度	設置校数	内訳	出典
1952	77	小学校68校、中学校9校	法務研修所編、1975『在日朝鮮人処遇の推移と現状』（復刊版）、湖北社、98。
1953	95	教員数151人 児童生徒数8,268人	同上、194。
1954	94	小学校88校、中学校6校 児童生徒数4,907人	『新しい朝鮮』第4号（1955.2）、30。ただし、毎日新聞1954.9.8では95校
1958	63	小学校61校、中学校2校 児童生徒数3,333人	李珍桂、1959、「在日朝鮮人子弟の教育」『教師の友』（1959.8）、31。
1959	69	小学校66校、中学校3校 児童生徒数3,450人	同上
1961	50	小学校48校、中学校2校	朴尚得、1962「在日朝鮮人の民主的民族教育」『朝鮮研究月報』第4号（1962.4）、36。ただし、大阪が含まれていない。
1963？	約30	－	在日朝鮮人の人権を守る会、1965、『在日朝鮮人の民主主義的民族教育』、104。
1966	約30	－	中薗英助、1970、『在日朝鮮人』財界展望新社、108。

* 出典：中島（1981: 127）から作成。

　しかし、民族学級が設置されていたとされるすべての地域において、民族学級という名称が使われたかどうか、そして民族学級があったとされる各地域において、どのような形態の授業がだれによって行われたかについては、正確に確認されていない。朝鮮人学校の閉鎖後、公立学校の中に民族学級と類似した民族教育の場が在日韓国・朝鮮人の集住地域を中心に存在していたことが、先行研究や当事者たちの証言・記録などに残っているだけである。公立学校の中で民族教育の場が取り組ま

れた背景をみると、京都や大阪における民族学級のように、行政と朝鮮人側との間の覚書に基づき、行政側から学校のほうに通達が送られ、それに基づく形で民族学級が設置された場合もあるが、朝鮮人児童が公立学校へ集団転校させられることに伴い、朝鮮人側からの自主的な取り組みとして、放課後に民族教育が行われた場合もあるなど、その場の誕生背景や初期の形態は地域によって多様であった[27]。このような公立学校における民族教育の場の登場背景や形態の相違は、その後、その場の存続にも大きな影響を与えていた。

2 公立学校における民族教育の場の衰退とその背景 : 1950年代半ば〜1960年代

　このようにして誕生した公立学校における民族教育の場は1950年代半ばになると衰退の道を歩み始めた。その背景としては、以下の三点を挙げることができよう。
　まず、行政や学校側から民族学級に与えられていた「公立学校の外にあるような位置性」が挙げられる（金兌恩 2006）。民族学級は、これまでみてきたように、朝鮮人学校から日本の公立学校に転校させられた在日児童のための民族教育の場として、公立学校の中に設置された取り組みであり、学校側の希望により設けられたわ

27　たとえば、関東地域での民族教育実践家への聞き取りの中では、「関東には、関西と違って、民族学級はなかった」という話がよく出てきたが、小沢（1973）は、関東地域にも民族学級があったと記録している。「川崎在日コリアン生活文化資料館」が在日韓国・朝鮮人を対象として行った聞き取りの中でも、民族学級のような取り組みがあったと記録されているが、その名称は「ウリマル学級」であった。在日韓国人2世（焼き肉屋経営、男性）への調査記録によると、朝鮮人学校閉鎖後、川崎市において、民族教育を受ける形態の一つとして「いわゆる、『ウリマル学級』（ウリマル＝私たちの言葉、朝鮮語）のように、公立学校の課外で在日コリアン子弟を対象に授業が行われるもの」が挙げられている。川崎在日コリアン生活文化資料館のホームページ（http://www.halmoni-haraboji.net/exhibit/report/2007kikitori/person03.html）。しかし、その規模やその場がなくなるまでの経過についての正確な記録は残っていない。

けではないとの認識もあった。民族学級の設置初期の様子や雰囲気については、当時の民族講師たちの声が記録されているが、その多くには「差別の極限に立たされていた」、「学校側は極めて非協力的であった」、「ほったらかしの状況であった」ことが訴えられている[28]。こうした中で、民族学級の講師たちが途中でやめることもあり、その後、行政側は、後任講師を任用しないまま放置するなど、民族学級の場の維持に対して消極的な態度を取っていた。

　第二に、民族学級の児童数の減少も、民族学級の衰退をもたらす一つの要因であった。1950年代後半、民族学級の参加児童数や設置学校数は減少し始めていたが、その背景としては、在日に対する当時の厳しい社会的な雰囲気や行政と学校側の非協力的な態度のほかに、「民族」の内部における変化や出来事も挙げられる。日本での定住の長期化現象や、1955年に発足した在日本朝鮮人総聯合会（総聯）を中心に広がった朝鮮学校の再建運動、1959年に始まった帰国事業などがそれである。

　第三に、1965年の「日本国と大韓民国との間の基本関係に関する条約」（以下、「日韓基本条約」）や「日本国に居住する大韓民国国民の法的地位及び待遇に関する日本国と大韓民国との間の協定」（以下、「在日韓国人の法的地位に関する協定」）の締結後に、文部省から出された通達は、民族学級の縮小に直接的な影響を与えた。同協定の締結から6ヶ月後、文部省次官名で「日本国に居住する大韓民国国民の法的地位及び待遇に関する日本国と大韓民国との間の協定における教育関係事項の実施について」という通達が出されるが、ここで、同協定における在日に対する教育関係内容が文部省通達の中にどのように反映されたかに注目する必要がある。この通達における「教育関係事項」とは、同協定により日本での永住が許可されている在日韓国人に対する日本における教育に関する事項について、日本政府は妥当な考慮を払うこと（同協定第四条）、具体的には永住許可された在日韓国人の小中学校への円滑な入学と中学校卒業後に上級学校への入学を認定することであった（同協定についての両国との間で合意された議事録）。しかし、この内容を受けて文部省から出された通達の中には、学校教育法第一条に規定する学校に在籍する永住許可者およびそれ以外の朝鮮人の教育について、「日本人子弟と同様に取り扱うものと

28　初期の民族講師の民族学級の位置性に関する証言は、「全朝教大阪」の会誌『むくげ』に掲載されている民族講師らの記録や証言から引用している。

し、教育課程の編成・実施について特別の取り扱いをすべきでないこと」が明記されており、この内容は、地域行政や教育現場で、公立学校において、在日韓国・朝鮮人の民族教育を認めないことや、同化教育を行うこととして解釈されてきたのである（歴史教科書「在日コリアンの歴史」作成委員会編 2006: 91）。こうした状況は、たとえば、京都市において、この通達が出された直後の 1966 年から 1969 年にかけて、9 校の民族学級の設置校のうち、6 校における民族学級が閉鎖されたことからも裏付けられる[29]。

　戦後、民族教育への弾圧／抵抗という歴史の下で日本の公立学校の中に取り組まれた民族教育の場は、1970 年代における新しい民族教育の場の拡散や位置づけの転換に向けての動きが現れるまで衰退し続けた。

3　民族教育の再登場
：1970年代における「在日」に対する眼差しの変化

　1970 年代前後、公教育における民族教育をめぐる環境に変化が現れ始めた。この時期には、社会の様々な領域から、社会的弱者や差別、人権問題に対する社会的な関心が増大し始めており、こうした流れの中で、在日に対するマジョリティ社会からの眼差しや両者の関係にも変化が現れた。「差別」をキーワードとして日本の戦後を三つの時代に区分した石田（1994: 30）は、1960 年代末から 1970 年代までを第二期として区分し、「いろいろな領域における差別反対運動の登場とともに、差別の共通性が意識に上がった時期」とした[30]。また、この時期において、反差別

29　具体的な閉鎖過程については中島（1981）を参照。

30　石田の時代区分によると、第一期は終戦後から 1960 年代半ば頃までで、社会科学において差別問題はほとんど無視されていた時期であり、先述した第二期（1960 年代終わり〜 1970 年代）を経て、1980 年代以降の第三期は、「国内における日本文化論の登場と国際的な差別反対、人権擁護の連帯の強化という、相反する二つの傾向によって特徴づけられる」時期であり、この時期から差別問題の研究が活性化されたという（石田 1994: 14-35）。

運動の高揚には、公害をめぐる問題やベトナム反戦の動き、大学闘争の問題といった三つの要素がかかわっているとする（同書: 23）。こうした時代的な変化の中心には、次の二つの流れがあり、それは在日の民族問題にも大きな影響を与えていた。

　一つの流れは、下からの運動として 1960 年代からの学生運動や部落解放運動[31]の機運が他の社会的な不公正の問題にまで広がったことである。在日の問題を中心にみると、この時期において最も大きな反響を呼んだのは、いわゆる「日立闘争」であった。日立闘争とは、1970 年、日本名で日立製作所（以下、日立）の入社試験を受けて採用通知を受けた在日韓国人 2 世の青年（朴鐘碩）が国籍を理由に採用が取り消され、それに対して日立を相手に提訴し、4 年にわたる裁判闘争を経て勝訴した一連の闘争である。当時、日立から採用の取消しの通告を受けた朴鐘碩は、横浜駅前で出入国管理問題に関するビラまきをしていた慶応大学の学生たち（「ベトナムに平和を！市民連合（ベ平連）」の学生たち）にたまたま出会い、彼らの支援を受けて、同年 12 月に横浜地裁へ提訴した。「日立闘争」には、在日側だけでなく、多くの日本人の学生や市民、運動団体が参加しており、この闘争をめぐる一連の過程においては、在日側と日本人側の間での関係の再編成の動きが現れていた。また、その事件と提訴については、1971 年 1 月 13 日付朝刊の『朝日新聞』に報道（タイトルは「われらの就職差別を背負って――ボクは新井か朴か」）されるなど、在日の問題が公共領域における共通の関心事・言説の対象とされていた。この闘争にかかわった両側の運動団体は、その後、「民族差別と闘う連絡協議会」（民闘連）を組織し、在日に対する民族差別の問題の是正を求めて、共同で闘争し、1970 年代から 1980 年代にかけて、市営住宅への入居や、児童手当や国民年金の受給における国籍条項の撤廃など、様々な成果を上げた。

31　初期の部落解放運動においては、「民族」問題が議論の対象外となっていた。たとえば、1970 年代初頭に、大阪地域の同和地区にある公立学校の中には、被差別部落の児童の学力向上のために放課後の「補充学級」が設置されていたが、同じ地域に住んでいても、在日児童はその対象から除外されていた。このように部落解放運動が民族差別問題を黙認していることに対する在日児童と一部の教員からの異議申し立てがあり、それが民族学級の新設運動につながった。その後、大阪地域においては、民族（教育）運動と部落解放運動が、地域における反差別運動の一環として、ときには連携しながら展開されてきた。

他方、こうした下からの要求が行政側に受け入れられるようになった背景には、上からの変化というもう一つの流れがあった。この時期には、革新自治体[32]を中心に地域住民の生活を優先するという立場から、地域が抱えていた様々な問題の解決を求めていく動きがあった。革新自治体は、高度成長への専念と利益誘導政治を中心とする高度成長期独特の経済・政治、つまり「開発国家体制」に対する異議申し立てとして、都市自治体を中心に、住民生活を優先する福祉・医療・教育・環境保全・平和政策などを採用して、住民参加・地方自治を積極的に求めていた（進藤 2004: 224）。1967年4月の都道府県知事選挙で、東京都では社会党と共産党の両党が推した美濃部亮吉が当選したことをはじめ、1970年代には、大阪府や神奈川県、川崎市、京都市などでも続々と革新自治体が誕生した。地域による相異はあるが、住民生活を優先するという立場から政策面では公害規制や福祉の充実など人権保障を重視した政策を実行していき、地域によっては、こうした革新自治体の政策や立場が在日の問題にも影響を与えていた。

　その一例として、革新首長であった伊藤三郎が川崎市長として務めた1970年代から1980年代にかけて、在日韓国人を中心とした社会福祉法人青丘社の民族・地域運動が進み、行政側との交渉を経て、青丘社に事業運営が委託される形で川崎市のふれあい館が開館したことが挙げられる。1970年代前半に、在日韓国人中心の川崎教会が運営していた無認可の桜本保育園が、行政側の実質的な助言を受けながら、社会福祉法人青丘社を設立し、行政側の財政的な支援を受ける認可保育園となったが、その背景には、1971年、革新自治体としてスタートした川崎市の市長の伊藤三郎が児童福祉問題に力を入れていたこともあった。また、1975年、神奈川県知事となった革新首長の長洲一二が、1980年代初頭、神奈川地域で相次いだ教育現場における暴力事件や非行、両親殺害事件（川崎市で発生）、親子無理心中などの一連の事件を踏まえて、1981年、県民に向けての「騒然たる教育論議」を提唱し、県民との対話に取り組み始めた。その一環として、知事の川崎市訪問が行われており、そこには多くの在日の地域住民も参加していた。桜本保育園の保育士の在日2世から、「この地域には在日が多く住んでいて、民族差別を受けている」、「知

32　革新自治体とは、戦後日本の地方自治において、社会党・共産党などの革新政党の支持を受けた知事・市町村長（革新首長）が導く都道府県・市町村のことを指す。

事がその事実を知っているか」との発言があった。県民として在日たちも地域や公教育現場での民族差別の状況を知事に伝えようと試みていた。

　1988年には、「騒然たる教育論議」を受けて、県側から桜本地区の3校を含む県内の50校が、地域団体との連携を強調した「ふれあい教育実践校」として委嘱された。「騒然たる教育論議」の場に参加していた在日2世は、「その場で、在日問題への発言に対して県知事が十分に答えなかったことは、在日問題を行政側が念頭においていなかったことを表している」と、聞き取りの中で語った。確かに在日問題は教育論議において主要課題ではなかったが、3年後、ふれあい教育実践校として委嘱された学校の中に桜本地区の3校が含まれたことは、その場で「在日の思いが知事に少しは伝わったのではないか」との推測を可能にした。さらに桜本地区のふれあい教育においては、在日多住地域という地域の特徴が反映され、在日問題や反民族差別問題を重視した方向性をもって実践が進められた。疎外されていた民族問題が、県民との論議や地域との連携を強調した「騒然たる教育論議」が進む中で、公教育領域で共通の関心事・言説の対象となり始めたのである[33]。

4　まとめ

　本章では、戦後の公教育における民族教育の場の生成とその展開過程（1980年代前半まで）を検討し、民族教育の場としての民族学級が、どのような歴史的・社会的な背景の下で日本の公教育の中に取り組まれるようになり、展開されてきたかについてまとめた。

　戦後の公立学校における民族学級は、皮肉なことに、民族教育への弾圧のプロセスの中で、行政側と在日側との間で交わされた覚書に基づき、葛藤的・政治的な背景の下で生成された。その場の存続の根拠はきわめて弱く、民族教育の実践家側は行政側や学校側から協力を得ることもできず、「自然消滅」が予想される状況が続いた時期もあった。民族学級は、学校の中に存在していても、「学校の外側にある

33　「騒然たる教育論議」に関するすべての引用は、2010年2月2日、WAさん（在日2世、男性、60代）への聞き取りより。

ような存在」として位置づけられており、こうした周辺的な位置性は、その場が在日韓国・朝鮮人の子どもたちや親たちに「言説の資源」を与え、公共領域において彼らの民族や文化、アイデンティティが承認されうる空間として機能する可能性を閉じていた。こうした状況は少なくとも 1960 年代末まで続いた。

　ところが、1970 年代において、「社会的不公正」への社会的関心が在日の問題にまで広がり、日本社会から在日への眼差しや日本社会と在日社会との関係に変化が現れた。下からの運動として、1960 年代からの学生運動や部落解放運動の機運が他の社会的な不公正の問題にまで広がり、民族問題にも影響を及ぼした。また、この時期に登場した革新自治体の政策や立場が地域住民の身近な問題に注目していく中で、在日の問題をめぐっても様々な面で影響を与えたことも大きな変化であった。

　次章からは、日本の公教育における民族教育の場の歴史を踏まえて、三つの地域において、その場の生成と展開、そして今日における民族教育のあり方と、民族教育と多文化共生教育との相互作用の問題を中心に検討していく。

第
3
章

京都の市立小学校における
民族教育実践の生成と継承

京都市立小学校の民族学級児童（4年生）作品。韓国・朝鮮の伝統遊び
のチェギと、折り紙で作った伝統衣装の飾りのブックマーク。2005 年
8 月 2 日、筆者撮影。

京都の市立小学校における民族教育実践の生成と継承

　本章では、京都市の市立小学校における民族学級の取り組みを取り上げ、その生成背景や展開過程、その場の位置性や関係性の変化を検討していく。民族教育の場が、戦後、どのような背景の下で取り組まれており、学校や行政側とどのような関係の下で、どのような位置性をもって展開されてきたか、そして1970年代後半における民族学級の位置づけの転換をめぐる背景や過程を検討し、こうした転換の中でも「民族型」を継承してきた背景を解明する。この作業は、次章で検討する民族教育と多文化共生教育との相互作用においての様々な困難や葛藤を理解するために必要であり、今後、二つの教育の間での葛藤を超克していく可能性と課題を探る端緒を提示するにも役立つだろう。

　京都地域では、1950年代初頭の民族学級の設置直後から、民族学級の授業方式をめぐって、在日側の激しい闘争があり、それを経て、京都市レベルで独自の授業方式が定められた。1950年代以降においては、民族団体である総聯が民族学級の講師たちを支持する運動組織であり続けてきており、こうした歴史的な背景や特徴は京都の公教育における民族教育の場を説明するのに重要である。また、1970年代後半における民族学級の位置性の転換をめぐる背景と過程、そして民族学級の講師たちがその変化をどのように受け止めているかなどを検討し、今日の京都地域の

公教育における「民族型」教育実践の形態と方向性、そして限界と可能性を解明するための有効な材料とする。

　以下、本章では、戦後から1980年代初頭までを中心に、京都地域の公教育における民族教育の場の生成と展開過程をその場の位置性に注意を払いながら検討していく。

1 民族学級の生成過程と位置性[34]

1.1. 民族学級の登場

　1948年4月、大阪・神戸を中心に大規模な阪神教育闘争が起きた際に、京都では暴力的な事態を避けるために「話し合いによる解決の方向」（中島 1981: 118）が模索されていた。阪神教育闘争の直後の4月30日には、GHQの出先機関である京都軍政部が同席した上で、京都府教育部と朝連・京都朝鮮人教育会（後の大韓民国京都教育会）との間で協議会が行われた（松下 2008: 17）。「1948年覚書」を受ける形で、5月15日には京都府と朝連との間で、18日には京都府と京都朝鮮人教育会との間で、それぞれ覚書（以下、「京都5.15覚書」）が交わされた。ここで京都府と二つの団体との間で2回にわたって覚書が交わされたのは、すでにこの時期に京都の教育現場で「南北」の分裂が始まっていて（中島 1981: 118）[35]、朝鮮人側が共同代表団を構成することが困難であったためである。「京都5.15覚書」においては、「一般の小学校及中学校において義務教育を受けている朝鮮人児童、生徒のみを以て学級を編成」（第6項）することや、「選択教科、自由研究の時間に朝鮮の国語、歴史、地理、文学、文化等朝鮮人独自の教育を行うことができる」（第2項）こと

---

34 主に中島（1981）と松下（2004、2008）を参照。

35 当時、京都には主な朝連主導の学校として京都七条朝連国民学院（1946年4月開校、1947年京都第一朝連初級学校と改称）と京都朝連西陣小学校（1947年4月開校）があった。また、1946年9月の京都朝鮮人教育会（後の大韓民国京都教育会）の結成により、1947年5月には京都朝鮮中学校（現在、京都国際中・高等学校）が開校した（中島 1981: 118）。

が合意されており、これが京都市立小学校の中に民族教育の場を設ける根拠となった。

「京都5.15覚書」に準じる形で、1948年10月には京都市教育局(同年11月には「教育委員会」として発足)と朝連との間で「朝鮮人児童への特別な教育」(以下、特別教育)に関する覚書が交わされ、特別教育を行う際の条件や特別教育に使える学校と教室数が明記された[36]。その主な内容は、①特別教育は原則として放課後に教育課程外のものとして、校長の指導のもとに行われること、②特別教育中の建物・設備損壊に対する弁償及び教員への給与・諸経費については朝連が負担すること、③覚書に違反する行為及び正課教育に悪い影響を与えるようなことが発見された場合には、部分的、あるいは全般的に特別教育が中止されるとの内容であった(松下 2004: 122、傍点は筆者)。この時点では、すでに公立学校の校舎を借りて授業を行っている朝鮮人学校もあり[37]、この覚書は両者が改めてその状況や特別教育を行う際の条件などを確認する側面もあったとの解釈(同書: 119)もあるが、この覚書には、公立学校での民族教育を行政や学校側の判断によりいつでも中止させることができるという民族教育の中止基準も定められていた。

特別教育に対する行政側の位置づけは、民族教育が行われる空間と管理・監督の主体を除いたすべての部分、たとえば、授業時間や教員、費用や支援などが学校の外側に置かれているようなものであった。また、「正課教育に悪い影響を与えるようなことが発見された場合」という主観的で曖昧な表現が、行政や学校側の判断や必要によっていつでも民族教育を中止させることができる基準となっていた。この特別学級をめぐる措置がその後の民族学級に直接的に適用されたかどうかについては確認されていないが、こうした措置は、公立学校の中に民族教育の場の運営を許

36　覚書の中で定められている特別教育のために使える学校と教室数は、以下の9校の19教室である。学校ごとの教室数は、紫竹小学校2教室(以下、教室省略)、陶化小学校4、吉祥院小学校2、上鳥羽小学校1、養正小学校2、養徳小学校2、安井小学校2、桂小学校2、住吉小学校2であった(松下 2004: 122)。

37　たとえば、もっとも規模の大きかった京都第一朝連初等学校は、1946年頃に七条朝連国民学院という名称で、南区東九条にある陶化小学校の4つの教室と職員室を借りて授業を行っており、その規模は児童数からみて100名から200名程度であった(松下 2008: 14)。

容していながらも、その背景に「民族共生」を目指すような発想はなく、「管理と監視」という側面が強かったことを表している。

特別学級の公立学校の校舎使用をめぐっては、翌年4月の新学年が始まる際に、すでに朝連側と京都府教育委員会側との間で「紛争」[38]が起きていた。1949年5月に軍政部の指示を受けて京都府教育委員会が朝連代表と協議会をもったが、その席で京都軍政部の教育課長は、公立学校内に特別学級の設置を認可できない理由を明かした。その理由として「乏しい施設を更に割くことになり望ましくない」ことや、「教育の機会均等にもとる」こと、「日本国憲法違反である」ことを挙げていた（中島 1981: 119）。このような、公立学校の校舎を使用して行われた特別教育に対する行政側の態度の変化は、行政側が当初、特別教育を認めたことが、朝鮮人側との葛藤を緩和させるための一時的な収拾策に過ぎなかったことを物語っている。

さらに、1949年10月の朝鮮人学校の閉鎖改組に関する文部省通達を受けて、京都府においても12校[39]（認可9校、無認可3校、対象児童数約1,300人）に対する通達が出され、それにより、11月5日には9校に対して閉鎖命令が出された。残りの3校に対しても京都府が大韓民国京都教育会と京都朝鮮学院の二「財団」が合併して一本建で再申請すれば（猶予期間は2日）認可するとしたが、その後、その話し合いはつかなかった。その結果、武装警察が配置されるなど強制的に朝鮮人学校の閉鎖が執行され、1,000人を超える児童が日本の公立学校に転校させられることになった。こうした一連の過程をめぐって、「改組」という条件付きの朝鮮学校の閉鎖措置は、最初から改組よりは閉鎖を前提としたものであったことが指摘されている（同書: 118-9）。

38　その一つの例としては、七条朝連国民学院の陶化小学校の校舎使用に対する不許可措置(1949年4月)が挙げられる。同年9月に「強制執行」の形で特別学級は閉鎖され、100名を超える児童が追い出されることになった。11月には、付近のアパートを借りて、自主学校として授業を続け、京都朝鮮第一初級学校として継承されている（松下 2008: 14）。

39　松下によると、当時、閉鎖命令が出されたのは、認可校10校と無認可校4校を合わせて14校であったとされている（同書: 17）。

1.2. 授業方式をめぐるせめぎ合いと「抽出方式」

　京都府と朝鮮人側との間の交渉を経て、「京都5.15覚書」に基づき公立学校における民族教育の場の保障が認められたにもかかわらず、その取り組みの実際の開始をめぐって自治体側や学校側の態度はきわめて消極的であった。それに対して、在日韓国・朝鮮人側からは、その実施を要求する運動が起きており[40]、その結果、1951年、6校の小学校の中に、放課後に在日児童が民族学級で授業を受ける課外方式での民族学級が設置されるようになった。その設置校は、養正小学校（左京区）、紫竹小学校、柏野小学校（以上北区）、嵯峨野小学校（右京区）、南大内小学校、陶化小学校（以上南区）であり、そのうち、陶化小学校と養正小学校などは、戦後、朝鮮人学校が校舎を借用して民族教育を行っていて、1948年には「特別な教育」が認められた学校でもあった。

　京都では、民族学級が設置された後にも、その授業方式をめぐって在日韓国・朝鮮人側の闘争運動が続き、行政側との交渉を経て、京都独自の民族学級の運営方式が定まったという歴史的な経緯がある。1951年に課外方式での民族学級が設置された後、民族学級の親たちをはじめとする在日韓国・朝鮮人側から、その授業方式への問題提起があり、1952年から1953年にかけて、在日韓国・朝鮮人児童のみで編成され、日本人児童と分離して授業を行う特別学級を要求する運動が展開された。具体的な運動方法は、学校の近くの公園でのデモや学校の校長室や裁縫室の占拠、在日韓国・朝鮮人児童たちの集団欠席などにまで至っており[41]、それに対して、

40　当時の京都新聞（1950.12.2）の記事分析を行った中島の整理によると、1950年12月1日、朝鮮人児童約50名と父母50名が京都市役所を訪れ、「朝鮮人課外教育」を認めることや、即時開始などを要求しており、それに対して、市側は「五条署ならびに市警警ラ隊約百人」を出動させ、父母7名を検挙したとされている（京都新聞1950.12.2、中島（1981: 120）から再引用）。

41　具体的には、1952年4月24日に、養正小学校のすぐ近くにある公園で阪神教育闘争を記念するデモが行われ、40名のグループ代表が同校校長と交渉した。1953年9月には在日韓国・朝鮮人の父母が同校を押しかけ分離授業を要求し、9月7日には在籍児童66人が抗議のために集団欠席をする事態にもなった。また、同日に、柏野小学校においては、70人が学校の裁縫室を占拠し、朝鮮人のみの分離授業を要求することもあった（京都新聞1952.4.25と1953.9.8、中島（1981: 120）から再引用）。

1953年12月に京都市教育委員会と朝鮮人代表との間で覚書が交わされ、「朝鮮人のための特別教育実施要綱」が定められ、1954年1月より、同要綱に基づき、当初、民族学級の授業方式とされていた「課外」方式のほかに、「特別」方式と「抽出」方式が加えられた。特別方式とは在日韓国・朝鮮人のみで学級を編成し、公立学校の中にありながら日本人児童とは分離されて授業を受ける朝鮮人学校に最も近い形態であり、抽出方式とは在日韓国・朝鮮人児童が一部の時間のみ（国語・社会など）、民族学級の教室に移動して授業を受ける方式である。同要綱においては、特別施設として特別学級と抽出学級を設け、実際の出席児童数が40名以上の場合は特別学級を、20名以上になった場合は一つの抽出学級を編成するようになっており、課外学級は抽出学級に準ずるとされていた。民族学級設置学校のうち特別方式の民族学級へと転換されたのは、運動が最も激しかった養正小学校1校のみであり[42]、課外方式は2校（嵯峨野小、朱雀第四小）、そして一種の妥協策のような位置づけをもった抽出方式での民族学級が6校（陶化小、山王小、南大内小、柏野小、待鳳小、上賀茂小）の中に設けられるようになった。しかし、民族学級の方式の決定基準は必ずしも同要綱で明記されている民族学級に参加する在日韓国・朝鮮人児童数ではなく、各学校における民族教育の場を要求する親たちの民族教育運動の強弱とかかわっていたことについて、中島（1981: 120-1）は、在日韓国・朝鮮人児童が200名近くであった西京極小学校の場合には課外の民族学級さえ設置されなかった例を挙げて明らかにした。

　このように、京都地域においては、1950年代初頭、公立学校の中に民族教育の場が実現された後にも、政府が許容した「公立学校における放課後の民族教育」の場（課外学級）に満足せず、正規授業時間中の朝鮮人のみの民族教育の場（特別学級）を求めていた。彼らの要求は、在日側の民族運動や自治体側との交渉を重ねていく

42　養正小学校においては、3年生と4年生で1学級と、5年生と6年生で1学級、合わせて2学級の特別方式の民族学級が編成された。各学級には、朝鮮人教員と日本人教員が一人ずつ配置され、二言語での授業が行われた。国語は朝鮮語と日本語が各5時間、社会は3時間（5、6年生は4時間）、音楽は1時間であり、算数、理科などのほかの科目は日本語のみで行われた。当時、特別学級への参加を希望した児童数は、対象児童198名のうち140名であった（京都新聞、1954.1.8、中島（1981: 121）から再引用）。

中で、部分的には実現された。特別学級の設置が実現されたのは養正小学校1校のみであったが、課外方式のみを許容する政府や地域行政側と、特別方式を要求する朝鮮人側との間での交渉過程で一種の折衷・妥協策として抽出方式が登場し、養正小学校の授業方式が特別方式から抽出方式へ転換された1967年から2008年に至るまでの41年間、京都地域において民族学級の授業方式とされてきたことは興味深い。その意味で、この時期における民族学級の設置や授業方式をめぐる在日韓国・朝鮮人側と地域行政側とのせめぎ合いは、今日の京都地域の公立学校における民族学級を基礎付けており、公教育における民族教育の場の位置づけにも大きな影響を与えてきたといえよう。

1.3. 民族学級の衰退期における総聯

民族学級は、1954年に特別・抽出・課外という京都独自の方式をもって9校の14学級として再整備されて以来、その形態は1965年までそのまま維持された。京都におけるこのような状況は、ほかの地域での民族学級の状況とは大きく異なっていた。この時期においては、全国的に民族学級数が減少し続けていたが、京都地域では当初の学級数を維持していた。なぜ、京都では、1950年代から1960年代にかけて、民族学級が減少せず、当初の学級数を維持することができたのだろうか。

まず、全国的に民族学級数が減少した原因について整理してみよう。民族学級の減少の理由としては、①講師の任用をめぐる行政側の消極的な態度、②在日韓国・朝鮮人の日本での定住化傾向や総聯の発足（1955年）による朝鮮学校の再建[43]や帰国事業開始（1959年）などの影響などによる民族学級の参加児童数の減少、③「日韓基本条約」と「在日韓国人の法的地位に関する協定」の締結（1965年6月）後、文部省から「日本人子弟と同様に取り扱うこと」、「教育課程の編成・実施について特別取り扱いをすべきではないこと」との内容が含まれた通達が出され、自治体側がそれを「公立学校において在日韓国・朝鮮人の民族教育を認めない」ことと

43　京都には、1960年代末、総聯主導の京都朝鮮第一初級学校と京都朝鮮第二初級学校、京都朝鮮第三初級学校に加えて、京都朝鮮学校中高級部が新設されており、韓国系の韓国中学校・高等学校（最初の名称は京都朝鮮中学校であり、現在、京都国際中・高等学校）も整備されていた。

して解釈し、それに準じる措置を行ったこと、つまり、民族学級は在日韓国・朝鮮人児童への「特別取り扱い」を行ってきた取り組みとして行政側から解釈され、一部に対する閉鎖措置が下されたことなどが挙げられる。

　この時期に、京都ではこれらの要因の影響が直接的に及ばなかったわけであるが、その背景には総聯の存在があった。第一の要因と関連して、京都では、1961年まで民族講師の任用期間の制限がとくになかったが、1962年に京都市教育委員会は講師に対して1年単位で毎年辞令を交付するという一方的な措置を出した。しかし、当時、京都市の民族学級の講師については、総聯に「講師の派遣が委託されていたため、講師の手当てを補助し後任を送りこむことによって」（中島 1981: 122）、民族学級数の減少を防ぐことができたのではないか推測できる。また、こうした民族学級の講師の派遣を担っていた総聯の役割は、第二の要因である児童数の減少により民族学級がすぐに閉鎖されることを防ぐことにもつながった。このような背景から、京都においては、ほかの地域とは違って、1950年代半ばから1960年代半ばにかけて、参加児童数の減少を経験しながらも初期の民族学級数を維持することが可能だったのである。しかし、第三の要因は、京都にもほかの地域と同様の影響を与え、1966年に1校の民族学級が閉鎖されたことをはじめとして、1967年には2校の民族学級が閉鎖されたほか、唯一の特別方式であった養正小学校の民族学級が抽出学級へと転換された。1969年には3校における課外方式の民族学級が閉鎖されることになり、民族学級は養正小学校と陶化小学校、山王小学校の3校のみに抽出方式で残るようになった。すなわち、1966年から1969年にかけて、9校の民族学級の設置校のうち6校における民族学級が閉鎖されており、3校においては、授業方式が抽出方式に統一され、残るようになったのである。

　京都地域での民族学級の歴史においては、強制解散させられた朝連を再整備し、1955年に発足した総聯がどのように民族学級との接点をもつようになったのかが、民族学級の展開過程を説明するのに最も重要な要因の一つである。1950年代の初頭から活動を始めていた民族学級の講師の中には、閉鎖された朝鮮人学校の教師たちが多く含まれており、朝連にかかわっていた人もいた。1949年に朝連と朝鮮人学校は閉鎖されたものの、そこにかかわっていた人たちは、総聯が発足した1950年代半ばまでの間も民族学級の設置や設置後の授業方式の再整備をめぐる運動にかかわっていた。1955年の総聯発足後、民族学級の講師たちと総聯側がどのように接

点を模索し、関係を構築していたのかを、以下の語りはよく表している。

　　歴史を勉強してみても、シアボジ〔夫のお父さん〕に聞いてみても、当
　時、〔在日韓国・朝鮮人の〕知識層には共産主義者が多かったんですね。共
　産主義者というよりは、思想的には民族主義に近かったと思います。そ
　のような民族主義者の知識層を支えていたのが総聯だったから、〔筆者が
　聞き取りの中で、ほかの論文などで総聯が民族講師の派遣先となってい
　ることが書いてあることを挙げて、その背景を聞いたところ〕民族講師
　を総聯が派遣したという表現が正しいかどうかはちょっとわかりません
　が……当時の民族講師たちを組織的に支援し力になってくれたのは、総
　聯だったんですね。総聯は、その意味で同胞の知識人をたくさん確保し
　ていました。そのような背景からみると、民族講師が総聯の人だったと
　か、というよりは、総聯と人間的につながっていた知識人たちの中から
　民族学級の講師として適任者を推薦することができたのではないかと思
　われます。当時、民族学級の講師任用に当たっては、京都の行政側か
　らも、講師として任用されるためには思想的に共産主義者でないことが
　求められたと思いますし、実際、講師たちが共産主義者でない人だっ
　たかもしれませんが、民族運動という面で、また人間的な面では、総聯とつ
　ながっていた人たちが多く、彼らを総聯は民族組織として手伝うとか、支援
　するとか、そういうことをしていたんですね。当時、とくに、京都では総聯
　が強かった面もありますし、京都や大阪などには日本人の中でも進歩的な人
　たちが多かったんですね。また、当時、行政側からも〔朝鮮人側との〕衝突
　を避けようとする動きがあったと思います。[44]

　以上の聞き取りの内容からも、京都においては、朝連や朝鮮人学校は閉鎖された
ものの、朝鮮人学校の元関係者や教師が民族講師となり、閉鎖された朝連の元関係
者たちとの関係を維持しながら、1950年代前半における民族学級の開設や授業方

---

[44]　2011年9月1日、京都市立C小学校の民族講師KCさん（在日3世、女性、40代）
　　　への聞き取りより。

式をめぐる運動にかかわっていたことが窺える。1950年代半ば、総聯の発足ととも
に、一連の運動にかかわった人たちは総聯を中心に再集結することになり、総聯
はその後、民族講師の活動、とりわけ行政側との交渉に当たって民族講師を支援す
る組織として機能し、民族学級の縮小・廃止の危機の際には運動組織として対応し
てきたのである。

　京都地域における旧朝連・総聯を中心とした民族学級の運動は、閉鎖された朝鮮
人学校を日本の公立学校の中に再現しようとしたものであり、言い換えると、朝鮮
人学校での民族教育に最も近い民族教育の場を目指す運動でもあった。そのため、
1951年、行政側との交渉を経て課外方式での民族学級が取り組まれ始めた後にも、
公立学校の中の「特別方式での民族学級」への転換を求める抗議活動が相次ぎ、そ
の結果として特別・抽出・課外といった京都独自の民族学級の授業方式が定められ
たのである。1950年代半ば以降、民族学級が衰退していく中で、京都における民
族学級をめぐる在日側の運動は、その場の存続をめぐる運動であると同時に、今ま
での運動の成果として得られた授業方式（特別方式と抽出方式）を守ろうとする運
動でもあった。こうした授業方式の固守を核心とした運動の流れは、京都地域での
民族学級運動を特徴づけながら、2000年代に至るまで民族学級のあり方に影響を
与えてきたといえる。

表5	京都市における民族学級の設置校数の変遷と内訳		

年度	設置校および運営形態	学校数 学級数	備考
1951	課外：養正、紫竹、柏野、嵯峨野、南大内、陶化	6校	京都市教育委員会の承認によって発足
1954	特別：養正 抽出：陶化、山王、南大内、柏野、待鳳、上賀茂 課外：朱雀第四、嵯峨野	9校 14学級	「朝鮮人のための特別教育実施要綱」により三形態で発足
1966	特別：養正 抽出：陶化、山王、南大内、柏野、上賀茂、朱雀第四、嵯峨野	8校 13学級	1校の民族学級の閉鎖：待鳳（1966年）
1967	抽出：養正、陶化、山王、南大内、朱雀第四、嵯峨野	6校 7学級	養正：特別→抽出 2校の民族学級の閉鎖：上賀茂、柏野（1967年）
1969	抽出：養正、陶化、山王	3校 5学級	3校の民族学級の閉鎖：朱雀第四、南大内、嵯峨野（1969年）
2009	課外：養正、陶化、山王	3校 5学級	2009年度から3校ともに抽出→課外へ転換。

＊出典：1951年から1969年までは松下（2004: 124）から作成。2009年は筆者による。2012年、陶化小学校と山王小学校（南区）は、近隣の陶化中学校と東和小学校とともに統合され、凌風学園（京都市立凌風小学校・京都市立凌風中学校）となり、民族学級設置校数は2校となっている。

1.4.「民族教育の自主性」というジレンマ

　1950年代半ばから1960年代にかけての朝鮮学校の「再建」は、「民族教育は民族学校で受けるべき」という立場を、民族講師側だけでなく、学校や日本人教師側にも共有させるきっかけとなった。この時期に京都では、1校のみだった朝鮮初級学校に、1校の中・高級学校と2校の初級学校が加えられ、公立学校に通っていた

児童が朝鮮学校へ転校していったが、転校せず日本の学校に通い続けた児童の方が多数であった。このような状況の下で、「朝鮮人の民族教育は朝鮮学校で朝鮮人の手で行うべき」という「民族教育の自主性」の問題は、民族講師側だけではなく、在日韓国・朝鮮人の教育問題に関心をもつ日本教職員組合（以下、日教組）の教師側、そして民族差別的な立場であった人たちにも、様々な理由で共感を抱かせていた。

　総聯や民族講師にとって、公立学校での民族教育の場は、朝鮮人学校から公立学校へ転校させられた児童のための臨時的な民族教育の場、つまり朝鮮学校に代わる「小さい民族学校」でもあった。この時期において、彼らにとっての民族学級は、朝鮮人学校に通えなくなった在日韓国・朝鮮人児童に民族教育を行う一種の経由地であり、最終の目的地ではなかった。

　1950年代後半以降、民族学校の再建の動きにより、公立学校で民族教育を受けることを主張することは、より困難で複雑な状況となった。なぜならば、民族学級は民族学校（朝鮮人学校）の強制的な閉鎖から誕生した取り組みであったため、民族学校の再建は民族学級の存在の理由を弱める側面もあったからである。民族学級に対しては「民族教育を受けたいなら民族学校に行けばいいじゃないか」、「在日朝鮮人の民族教育をなぜ日本の学校で受けたがっているのか」というその存在自体に対する反対の声も出てきた。

　在日韓国・朝鮮人教育の問題に関心を示す日教組の教師たちにとっても、民族学級の位置づけは曖昧なものであった。当時の状況をみると、1960年代に日朝交流という形で日本の公立学校と民族学校（とりわけ、総聯系の朝鮮学校）との交流が始まっており、「日本人教師にできることは日本の学校にいる朝鮮人の子どもを朝鮮人学校の門まで連れていくことだ」という考え方が支配的であった。しかし、彼らの転校が容易ではなく、多くの児童たちが公立学校に通い続けている現実を受け止めてから、公立学校における在日韓国・朝鮮人児童に対する教育の原則は「日本人と区別しない教育」という方向性となった（松下 2004: 126）。具体的に、公立学校の中で在日韓国・朝鮮人の教育の問題とかかわって、日本人教師にできることは、「朝鮮人児童を日本人児童と区別・差別しないこと」、そして「日本人児童のほうに平和・民主主義のための教育をすること」であった。しかし、「日本人の平和・民主主義教育」は、日本人としての意識の涵養を強調する国民教育的な要素を多く含んでいた。以下の文章は、当時、2校の民族学級設置校の学区内にある陶化中学

校の教師が、1962年に部落問題研究所の紀要『部落』に書いたものである。

　　日本人生徒に対する民族教育と朝鮮人生徒に対する民族教育、この二つ
　の側面は根底には同じものがあるが内容として異なった面がある。民族教育
　は、母国語でする。……これらの生徒〔公立学校に通う在日韓国・朝鮮人の
　生徒たち〕にどんな民族教育をするか、それを述べる前に日本人生徒の民族
　教育をどうすすめるかを述べればこの問題はある程度解決できるであろう。
　日本人教師として日本人生徒に民族としての誇りをもたせ胸をはって歩ける
　生徒にすることは、朝鮮人、中国人生徒に対する以上に重要であり当然のこ
　とである。この当然のことを可能にするには、教師が日本の独立と平和民主
　主義のために、又日本が暮しやすい国にするために努力している者でなくて
　はならないだろう。……日本人生徒が自覚と誇りをもち学習するようにな
　り、日本民族のことを教師と共に考えられるような教育ならば、朝鮮人生徒
　もそうなるであろう。……〔その例として〕昨年何回か朝鮮の映画をみに
　いった日本人生徒が、自主学校〔朝鮮学校〕にすすんで見学に行き、日本人
　としての意識が高まるなかで朝鮮の友達に自主学校に行くようにすすめてい
　たのは、小さい例であるが、民族教育は本質的に同じものをもっていること
　を教えてくれている（河合 1962:90）[45]。

　当時の平和・民主主義の教育問題が、民族をめぐる非対称的な構造への視点を欠
いたまま国民教育の土壌の上で議論されており、民族教育の自主性、つまり「民族
教育は民族学校で受けるべき」という立場への強調が、自然に「分離主義的な民族
意識」につながっていることが窺える。ここでは、在日韓国・朝鮮人生徒への理解
を深めるようになった日本人生徒が、公立学校における在日韓国・朝鮮人教育問題
の解決策として、「朝鮮人生徒に朝鮮学校への転校」を勧めたことを、教師として
肯定的に捉え、評価している。ここで焦点の一つは日本人生徒の意識の進歩の問題
であり、もう一つは公立学校に多く在籍している在日韓国・朝鮮人の教育問題の解
決策が公立学校の中ではなく、公立学校の外、つまり民族学校で探られていること

---

[45]　この内容の引用に関しては、松下（2004）が参照されている。

である。民族教育の自主性の原則やそれに対する共感は、在日韓国・朝鮮人教育の問題を日本人教師の手から離された問題にさせ、必要な場合にはマジョリティ側が公立学校の中に多く在籍している在日韓国・朝鮮人の教育問題に対する責任から逃れるところで、動員されうるという側面をもっていたのである。

　民族教育の自主性をめぐる解釈や共感が、結果的に公立学校の中にある民族学級の位置をさらに弱める要因になっていた状況は、京都だけではなく、大阪をはじめ、公立学校における民族学級と民族学校が共存しているほかの地域でも同様であった。しかし、民族学校と民族学級の取り組みに総聯が同時にかかわっていた京都において、こうした状況は総聯をジレンマ的な状況に直面させることにもなり、民族学級の立場をより弱めることにもつながった。

1.5.「抽出」されるアイデンティティ
: アイデンティティの承認環境の不連続性と抽出方式

　こうした状況の中で、「総聯から来た」民族講師から学ぶ民族学級に、原学級から「抽出」され参加することは、子どもたちにとってはどのような経験だったのだろうか。1960年代に民族学級が設置されていたD小学校に通っていた在日韓国人2世のKGさんへの聞き取りの内容に基づき、それを検討していく。

　　先生〔民族講師〕は、総聯のバッチをつけて、黒いチマ・チョゴリを着て〔学校に〕きてたのね。私たちも、周りの子たちも、先生が総聯から来たことくらいは、たぶん知ってたと思う。でも、それを別に気にしたりはしてなかったんじゃないかな。学校の中に、朝鮮人の子を大切にしてくれる大人がいて、チマ・チョゴリを着て学校で私たちと遊んでくれる、そういうことは、とにかく、嬉しいことだったのね。朝鮮人の子なんかに、関心をもってくれる人はいなかったからね。……親たちもね。少数の民団とかかわっていた人たちはどうだったのかよくわからないけど、ほとんどの庶民たちはね、学校で朝鮮語を教えてくれるからいいと思ってたんじゃないかな。……学芸会のようなものもあって、練習してみんなの前でセットン・チョゴリ〔主に韓国・朝鮮の伝統的な子ども用の上着〕を着て発表したりもしたの。民族学級で名前は、名前に「トンム」をつけて、○○トンム（トンムとは、朝鮮民主主義人

民共和国式の呼び方）と呼んでいたのね。朝鮮語や歌を習った記憶もある。歌の中にはね、今、考えると北朝鮮の歌も多かったような気がする。どんな歌だったのか忘れちゃったんだけど、歌の途中に「アボヂ」という歌詞が出てきたのもあって、家でそれを歌いながら遊んでると、お父さんがそれを聞いて「だれがお父さんなの」と怒られたこともあったの。「あれっ、なんで怒ってるんだろう」と思ったんだけどね（笑）。[46]

　この語りからは、まず、当時の民族講師は「総聯の人」としての強いアイデンティティを、民族学級や学校の中でも表していたことが窺える。「黒いチマ・チョゴリ」や「総聯のバッチ」、「○○トンムという呼称」、そして「北朝鮮の歌」などは、民族講師らの「総聯の人」としてのアイデンティティを十分に表すシンボルであり、こうしたシンボルのもつ意味を在日の児童たちも感知していたようである。しかし、それにもかかわらず、民族講師の国籍や所属などは、韓国籍の子どもにとって負の意味や特別な意味をもたせてはいなかったことも窺える。民族学級に参加していた在日韓国人の児童にとってより重要だったのは、民族講師が総聯の人なのかどうかではなく、学校の中に自分を大切にしてくれる同じ民族の人がいるかどうかということであった。つまり、平沢（2006: 120-35）の表現を借りると、学校の中で周辺的な位置に置かれていた自分たちを歓迎し、「居場所感・所属感」を与えてくれる民族講師が存在していることが、重要であったのである[47]。

46　2006 年 10 月 5 日、KG さん（在日 3 世、女性、50 代）への聞き取り。京都市立 D 小学校の民族学級（1960 年代に閉鎖）に通った経験をもつ。聞き取りは韓国・朝鮮語で行われた。

47　平沢（2006: 120-35）は、多文化教育を「多文化状況を生き抜くエンパワメントのための教育」と定義し、効果的な多文化教育の要素として、①居場所感・所属感の提供、②自尊感情の育成、③コミュニティや社会との協働を挙げている。ここで、居場所感が重要である背景について以下のように述べている。「家庭、地域、職場、あるいはその他の場所において、あなたが歓迎されていなかったり、存在が認められていなかったりしたら、不安になったり、心地よくありのままの自分でいられなくなったりするだろう。その結果、無理にまわりにあわせようとしたり、自分の気持ちにそぐわなくてもまわりの期待に応えようとしたりして、自分に対する自信を失い、本当の強さや潜在的な能力を発揮できなくなってしまうかもしれない。」

また、以下の KG さんの語りは、授業時間中に原学級から取り出され、民族学級の授業に参加するという抽出方式での授業が、当事者たちにとって、どのようなことを日常的に経験させており、どのような意味をもたせていたかを伝えてくれる。

　　　民族学級の授業は、確かに正規授業中にあった記憶がある。でも、〔参加する子どもたちは〕きっと少なかったんだよね。集まる子が少ないから、先に〔民族学級に〕来ている子を〔民族講師が〕教室〔原学級〕に呼びに行かせたり、先生〔民族講師〕が〔原学級に〕来たりして、「○○トンム、○○トンム、来て」と呼び出すのね（笑）。自分の名前が呼ばれると、周りの子たちから『え、朝鮮人だったの』といわれたりもして、すごく恥ずかしかったの。そういうこともあって、どんどん面倒くさくもなってきて、民族学級にはほとんど行かなくなったり。私もそうだったけど、ほかの子たちも〔民族学級への参加に〕そんなに積極的ではなかったの。黙っていると〔自分が在日韓国・朝鮮人であることを〕周りの子も別に意識してないのに、民族学級に行ったり、帰ってきたりすると、やっぱり見られちゃうんだよね。〔民族学級から原学級に〕帰ってくると、確かに気まずかった記憶がある。[48]

　KG さんは、自分の民族的アイデンティティが承認されうる民族学級の場を通じて、「居場所感」や「所属感」を感じていたにもかかわらず、その場に参加することに対しては消極的な姿勢を取っていたと語った。その背景としては、民族差別的な雰囲気が強かった当時の社会的状況の中で、とりわけ、授業時間中の民族学級への参加が「自分の民族的ルーツがより明らかにされること」、「まわりからみられること」、つまり、在日韓国・朝鮮人という負のポジショナリティが与えられ、彼女を拘束することを意味していたことが考えられる。周りの児童、とりわけ、原学級における日本人児童から自分に在日韓国・朝鮮人としてのポジショナリティが優先的に付与されることが、当事者にとって、負のものとして、そして一種の「拘束」として感じられたことは、当事者が民族学級では居場所感や「民族」をめぐる共感・承認を感じていても、原学級においては自分に対する「承認の不在」や「歪められ

48　2006 年 10 月 5 日、KG さんへの聞き取りより。

た承認」（Taylor 1994: 25 = 1996: 38）を感じていたからである。学校側から民族学級にきわめて周辺的な位置性が付与されている環境の中で、正規の授業時間中に民族学級と原学級を往来することは、当事者たちにとっては「自分が歓迎されるような居場所感」と「気まずさ」の経験の繰り返し、つまり、差異やアイデンティティの「承認をめぐる不連続性」（竹ノ下 1999: 59）の反復的な経験でもあり、当事者たちにジレンマ的な状況をもたらしていたことが窺える。

　確かに、「民族」の場が学校空間の中に設けられていたことは、当事者たちに居場所感を与えるなど肯定的な評価を得ていた。しかし、民族学級への参加がより目立つ抽出方式の採用は、当事者たちに二つの空間（原学級と民族学級）の間に存在するアイデンティティや差異の承認をめぐる不連続性をより大きく感じさせており、その不連続的な環境は当事者に民族学級が提供していた肯定的な部分まで放棄させることにつながったのではないか、と思われる。

1.6. 民族学級の孤立と授業の「課外化」

　こうした民族学級の状況に対して、学校側は民族学級に対して「関与しない」という暗黙の原則の下で傍観者的な姿勢を取っていた。その背景には、民族学級は学校や教師が望んで設けられたのではない、という意識が教師の間で蔓延していたこともあり、結果的に民族学級は1970年代半ばまで「ほったらかしのまま」の状況に置かれていた。学校側は、民族学級側と、教える児童や学校の内側の空間を共有していたにもかかわらず、民族学級にかかわらないようにする姿勢を、1950年代初頭から1970年代前半までの20年以上の間、取り続けてきたのである。

　　70年代の民族学級は、今とは事情がまったく異なっていました。朝鮮人児童が民族学級に行っている間、教室では算数や体育など、学習が進んでいて、親たちも、朝鮮人の子たちの中でも民族学級に行きたがらないとか、そういう状況でした。……もともと、民族学級の運営とか、教育内容とか、朝鮮人の自主的な教育だから、民族学級は日本人の子どもとか、日本人の先生とは何の関係もなかったんですね。民族学級は、厳密にいうと、日本人の教員や児童、親が希望してできたわけではなかったとか、そういうところもあって、日本人の教員たちの間では、民族学級とはかかわりたがらないとか、そうい

う意識がありました。そのとき、学校側は「民族講師としてだれが来るのか」、「民族学級でどんな内容を教えているのか」、全然知らなかったんですね。[49]

　「民族学級を学校側から完全に分離させる」という学校側の姿勢は民族講師側の立場とも共通していた。総聯や民族講師側にとって、民族学級は閉鎖された朝鮮人学校の代わりに公立学校の中に確保された民族教育の場であったため、学校側とは関係のない一種の分離された空間であった。1970年代初頭まで、民族学級の教室には朝鮮民主主義人民共和国の金日成主席の顔写真が掛けられており、民族講師たちも「総聯の人」としての強いアイデンティティに基づき、日本人教師との限られた話し合いの場でも政治色を帯びた発言をする場合もあったという[50]。また、民族講師側は公立学校の中に位置していながら、民族教育の自主性を確保することが求められている現実を踏まえて、学校や教師、日本人児童からの干渉を防ごうとした。たとえば、民族学級の教室の窓に紙を張って外側から民族学級の中がみえないようにするなど[51]、「みせたくない」、「関与させたくない」という意思を民族学級の空間を分離させていく方向で表明していたのである。

　両者の「関与しない」／「させない」というそれぞれの立場は一種の共謀関係を築き、学校側からの民族学級の分離・孤立を促した。両者の関係は依然として対抗性に基づいており、このような雰囲気の中で在日児童の民族学級への積極的な参加を期待することは困難であった。何よりも、学校の協力が確保されていない環境の下で、「帰国」が優先的な選択肢とされていた1950年代前半に定められた抽出方式

49　2005年7月19日、KEさん（男性、60代）への聞き取りより。KEさんは、1970年度から1975年度まで、民族学級が設置されているB小学校に教師として勤めた経験をもつ。

50　KEさんは、この経験についてこう語った。「1960年代末頃、日本の知識層は、韓国の独裁政権を支持しないで、相対的に総聯を相手にしていたところがありました。当時、私は、学校の中で民族学級とつながらないといけないと思って、民族講師たちと個人的な連帯を作ろうと試みましたが、彼女たちが私たちにした話は、金日成への賛美とか、政治的な話ばかりで、ちょっとびっくりしました」と。同上。

51　2005年7月19日、京都市立B小学校の民族講師KBさん（在日2世、女性、50代）への聞き取りより。

を、在日韓国・朝鮮人の日本での生活の展望や、親や児童の意識、朝鮮半島の南北関係、そして日本と朝鮮半島との関係などにおける変化が進んできた1970年代の民族学級にそのまま適用することは、様々な困難を生み出していた。その最大の困難は在日韓国・朝鮮人の児童たちが民族学級に来ないという状況であった。民族学級の位置づけが「学校の取り組み」とされていなかった当時の状況からすると、抽出方式での民族学級への参加は、原学級での授業に欠席することを意味していた。学校の中での民族学級の周辺的な位置性は、その場に参加する児童たちにとっては、周辺性を一層加速化させる側面もあり、一種の負担でもあった。こうした中で、民族学級の参加児童数は減少し、そのほとんどは「たまに来る」非定期的な参加者となっていた。月間または年間の中長期的なカリキュラムに沿った授業を行うことは困難であった当時の状況を、民族講師の以下の語りは伝えてくれる。

　　授業時間になっても、だれも来ない日もありました。授業を進めようとしても、先週来た子が今週は来ないし、今週来た子がまた来週には来ないし、そういう状況でした。授業時間は週2回、抽出形態であったことは、今と同じでしたが、民族学級の時間に2時間続く図工の時間や、体育、算数、国語などの時間が編成されていて、子どもたちが民族学級に来たくてもなかなか〔原学級での正規〕授業を抜けて来られる雰囲気ではありませんでした。授業時間にだれも来なかったある日、私は授業中の教室〔原学級〕に〔民族学級の〕子どもたちを迎えに行ってみました。すると、正規の授業が進んでいて、私は、先生〔担任教師〕に「すみません。今、民族学級の授業時間です。○○ちゃんと○○ちゃん、お願いします」と声を掛けました。しかも、親の中でも、これから日本で暮らすから、漢字一文字でも覚えたほうがいいと思っている場合もありました。民族学級に来ている子の中には、親に民族学級に通っていることがばれたら怒られるからといって、こっそり通っている子もいました。[52]

52　2005年7月21日、京都市立A小学校の民族講師KAさん（在日2世、女性、50代）への聞き取りより。

このように、正規授業時間中に別の教室で行われる民族学級の授業には、在日児童の参加が減っていき、1970年代には「課外化」が進んでいるなど、民族学級は多くの運用上の困難を経験していた[53]。その背景には、日本での定住傾向による親や児童の意識変化などもあったが、その最も根本的な原因は行政や学校側の排除的な立場に基づく「学校の取り組みとされていない」きわめて周辺的な民族学級の位置性が続いていたことであった。こうした点は、以下で検討する1970年代末における民族学級をめぐる変化が民族学級の位置づけの転換をもたらし、その結果、参加児童数が一気に増えたことからも明らかである。

2 民族学級の位置づけの転換と「抽出方式」の再実現 ：1970年代後半

　学校と対抗的な関係の下で、学校の内側に存在しても外側にあるような取り組みとして位置づけられていた京都地域における民族学級に、1970年代後半に変化が訪れた。

　その時代の背景をみると、1960年代から、学区内に被差別部落がある公立学校において、同和教育・人権教育の一環として学力補充学級などの取り組みが行われているなど、被差別部落の問題を中心にマイノリティや差別、人権の問題への関心が高まっていた。中島（1998）も指摘しているように、初期の同和教育は国民国家の枠に閉じ込められており、被差別部落の中の「民族」の問題は議論の対象外とされていたが、大阪などの一部の地域においては、1970年代初頭に在日韓国・朝鮮人の集住地域を中心に同和教育・人権教育の気運が在日韓国・朝鮮人の教育問題にまで広がり、民族教育の問題が公の場で言説の対象となり始めた。しかし、京都地域においては、事情が異なっていた。京都では、部落解放運動が在日韓国・朝鮮人運動に広がることはなく、両方の運動組織が連帯することもなかった。京都における民族学級の設置校の3校のうち1校は同和地区（養正地区）として指定されてい

53　2005年7月19日、京都市立B小学校の民族講師KBさんへの聞き取りより。

た地域に位置しており、2校が位置している東九条は同和地区（崇仁地区）に隣接しているなど、民族学級は地理的には同和地区と密接な関係に置かれていた。「被差別部落の子どもたちの人権や教育問題への関心が高まる中で、在日韓国・朝鮮人の問題にも気を使う校長や教員が配置されやすい環境が醸成される傾向はあった」とされているが、それはあくまでも教員の個人的な傾向に止まっており、民族学級とかかわる具体的な実践の取り組みにつながることではなかった。こうした両者の接点の不在は、学校の中だけでなく、地域においても同様であり、部落解放運動の組織と民族学級・民族学校とかかわる組織（総聯・民団）が、交流・連携し、共同運動を展開することはみられてなかったことについて、民族講師KCさんはこう語った。

　　両側の協力とか連帯とか、そういう関係はなかったんですね。かえって、両者が互いを避けようとしていたとか、差別していた側面もありましたね。最近は、朝鮮学校を支援する集いに、部落組織の人が来ているとか、少し連携が現れてはいますが……また、同胞たちも当事者の意識がまったくないですね。同じところに住んでいても、そのような意識〔共同性の意識、同じマイノリティとしての連帯感のような意識〕がなかったわけです。行政とか〔被差別部落以外の〕日本人のほうは、同じくみているとか、同じマイノリティの人たちとしてみているとか、そういうところはあったかもしれませんが。総聯と部落解放運動の組織が連携しようとすることは、先輩たちの話を聞いてもまったくなかったんです。[54]

こうした中で、学校の一部の教員の中では「人権教育・同和教育が盛んに行われてきたが、同じ公立学校にいる在日朝鮮人生徒には何もしてなかったのではないか」とか、「在日韓国・朝鮮人の教育をこのままほったらかしたらだめではないか」[55]との問題提起が行われていた。行政側からも、公立学校の中の在日韓国・朝鮮人の教

54　2011年9月1日、京都市立C小学校の民族講師KC（在日3世、女性、30代）さんへの聞き取りより。

55　2005年7月19日、KEさんへの聞き取りより。

育問題を「何とか整理したい」、「目処をつけたい」というニーズが浮かび上がっていた。1978 年 9 月、「日本社会に存在する在日韓国・朝鮮人への差別をなくすことを目指して」（京都市教育委員会 1992: 1）京都市立学校教員と指導主事を中心に外国人教育研究推進委員会が結成され、「外国人教育の基本方針」の試案（1981 年）作成が始まった。この過程で、京都市立学校に在籍する在日韓国・朝鮮人児童たちの教育問題に対する実態調査が行われ、長い間、「ほぼ放置」されていた民族学級の講師たちとの話し合いも進められた。とりわけ、在日韓国・朝鮮人児童の在籍率が高く、民族学級の設置校が 2 校も位置している東九条地域に注目が集まり、民族学級の規模が最も大きかった B 小学校の在日韓国・朝鮮人児童の実態や民族学級の取り組みが研究されるなど、在日児童の教育方案が行政レベルで模索され始めた。そこで、民族講師側による抽出方式での民族学級授業の実質的な実現に対する要望が受け入れられ、参加児童が減少し、課外化が進んでいた民族学級に大きな変化が訪れるようになった。

　一方、民族学級の問題が行政や学校側の関心を集めたこの時期には、民族講師側にも変化が現われていた。1970 年代後半に新しく赴任した第 2 世代の若い民族講師たちは、学校側とは分離されていた民族学級の位置に違和感を抱いていた。民族講師たちは、有名無実化していく抽出方式の民族学級の機能や位置を公立学校との関係の中で取り戻そうと試みていた。彼女らの主体的な実践は、まず、外の世界（＝学校側）を遮断し、学校の中で孤立したまま存在し続けてきた民族学級を、学校側の一部分として位置づけてもらおうとする「小さな」試みからスタートした。具体的には「民族学級の窓に張ってあった紙を剥がすこと」、「それで、民族学級の外側からも民族学級の中がみえるようにすること」、「民族学級の教室を『民族』をテーマとした可愛い絵や工作物で飾ること」、「学校のほかの空間と同様に学校側に管理を要請すること」などの実践であった[56]。

　こうした民族講師側の変化には、民族だけを全面に押し出すことが、民族学級の対象児童の家庭や地域で、どのように受け止められているかに対する実感もあった。家庭訪問時の経験についての民族講師の語りは、それをよく表している。

---

[56]　2005 年 7 月 13 日、京都市立 B 小学校の民族講師 KB さんへの聞き取りより。

〔民族講師として〕赴任して民族学級の児童の家庭訪問をしたとき、私は〔児童の家の〕扉の前で大きな声で挨拶をしました。朝鮮語で『アンニョンハセヨ』〔こんにちは〕と。そうしたら、ドアも開けず、向こうからは冷たい返事が来ました。「朝鮮いらん」と。私はショックを受けました。一旦後退し、考えました。本当に衝撃でした。しばらく経ってから、今度は作戦を変えて学校を背負うことにしました。『こんにちは。〇〇小学校から来ました。〇〇小学校の民族学級について説明させて頂きたいです』と話しかけたら、ドアを開けて〔私を家の〕中に入れてくれました。[57]

　1970年代後半、定住がより確実な現実となるにつれて、在日韓国・朝鮮人児童や家庭の「民族」への態度の変化、そして子どもたちが通っている日本の学校に対する態度の変化などを、民族講師たちは現実として重く受け止め、対応策として、学校との関係や学校の取り組みとしての民族学級の位置を模索し始めたのである。

　行政側の在日韓国・朝鮮人教育問題に対する「目処をつけたい」とのニーズに、民族学級と学校側との関係に対する新しい世代の民族講師たちの認識の変化や新しい実践が加えられ、民族学級を学校の取り組みとして位置づけようとする動きが迅速に進められた。具体的な変化の一つは、民族学級の授業時間において原学級で重要科目の授業が進まないような授業編成が行われたことであった。たとえば、民族学級の授業がある時間には、原学級で算数の復習、読書、習字、自由研究などの時間が編成されたのである。それは、民族学級へ参加することが在日韓国・朝鮮人児童の学力低下をもたらすことや、それを懸念した親や児童たちが参加を躊躇することを防ぐための措置であった。また、民族学級への対象児童が在籍するクラスの担任教員からは、民族学級の授業時間になると対象児童が気軽に民族学級へ行けるような雰囲気を醸成するなどの実践も現れた。民族学級の授業時間になると、担任教員が民族学級の対象児童の状況を把握した上で、その児童に「いってらっしゃい」と声をかけたり、民族学級から帰ってくると「お帰りなさい」、「何を習った」のような反応をみせたりすることもあった[58]。

57　同上。

58　2005年3月9日、京都市立A小学校の民族講師KAさんへの聞き取りより。

行政側が民族学級を学校の取り組みとして位置づけた後、学校側がそれを遂行していく過程で、民族学級への参加児童数は「驚くほど」増加し、民族学級の空間が不足するようになるなど、民族学級をめぐる状況は一変した。学習に支障があることなどを理由に民族学級への参加を躊躇していた児童や親たち、そして総聯と関係のあるとして民族講師への拒否感を示していた親たちの態度も、学校側が民族学級の授業を正規授業時間中に編成し、民族学級への参加を勧めることで、大きく変わった。

　しかし、こうした民族学級の位置づけの転換や活性化をめぐる外部の評価と、民族講師側の解釈や意味づけとの間には乖離があることにも注目する必要がある。抽出方式という「進んだ」民族学級の授業方式が行政側の関与により再び実現されるようになったとして、それが必ずしも民族学級の制度化や安定した位置の確保を意味してはいないという意見も民族講師側から出ていた。民族学級の変化に直接的な影響を与えたとされる 1981 年の「外国人教育の基本方針」の試案の中に、在日韓国・朝鮮人の歴史や差別、民族的自覚の重要性が言及されつつも、公立学校における民族教育の歴史を表している民族学級のことについては一言も言及されていないという事実は、その一面を表していると解釈されている。こうした点は、岸田（2001：138）の民族教育問題に対する行政側の態度への批判、つまり、「在日韓国・朝鮮人を主体とした運動の成果として、在日外国人（主として韓国・朝鮮人）教育に関する方針等として制定された」にもかかわらず、「移民等とは異なる在日韓国・朝鮮人の独自の歴史的背景を言及しつつも、その民族的教育課題への対応という性格を正面から打ち出しえないという状況」への批判的な指摘ともつながる場面である。

　以上でみてきたように、京都地域における民族学級の位置づけの転換は、「下からの要請」よりは「上からの変化・管理」により触発された側面が強い。こうした当時の民族学級の位置変化の背景は、1990 年代前後からの多文化共生の潮流の中でも民族学級の拡大を求める運動へつなげることができず、行政側から定められた枠組みの範囲内でのみ、その実践を維持・展開することに止まったことを説明してくれる一要因でもあると考えられる。そのほかの要因としては、民族講師の推薦先と認識されていた総聯（朝鮮半島の南北のうち片方の政治組織としての総聯）を、行政側が公立学校における代表性をもつ民族教育の担い手として受け入れにくかったこと、そして、総聯にかかわっている民族講師たちが民族学級の支持基盤の拡大を積極的に模索しにくかったことなどが挙げられるだろう。

　本章では、京都市立小学校における民族学級の事例を取り上げて、京都地域の公教育の中に「分離・民族型」教育実践の場が生成・維持されてきた背景を明らかにし、その教育実践のあり方とその場が抱えている葛藤の歴史的な背景の解明を試みた。

　京都市立小学校における「民族型」教育実践の場は、戦後の政治的・葛藤的な関係の下で生成されており、その「民族型」実践の特徴を継承してきた背景としては、公教育の中の民族教育の授業方式として抽出方式をめぐるせめぎ合いが続いたこと、そして民族学級の場の維持や講師への組織的な支持基盤として総聯の存在が重要であったことを明らかにした。また、1970 年代後半から 1980 年代初頭にかけて、民族学級の位置づけの転換が地域行政の主導の下で行われたことや、この時期に、民族学級の授業が原学級の授業と連動する形で行われ、対象児童が民族学級に安定的に参加できる体制になったことを確認した。こうした一連の変化をめぐる当事者たちの声を確認し、今日の「民族型」教育実践のあり方とその背景を解明するための材料として提示した。

　本章の内容を要約すると以下のようである。1948 年の阪神教育闘争の後、京都では暴力的な事態を避けようとするムードが醸成されており、政府レベルの収拾策として「1948 年覚書」が出された後、わずか 10 日後に京都府と朝鮮人側との間でその内容を具体化した覚書が交わされた[59]。この覚書に基づく形で、朝鮮人児童の多くが転校していた市立小学校を中心に 1951 年に放課後の民族教育の場（課外方式）が開設されたが、その直後から親たちを中心に授業方式をめぐる闘争が相次いだ。その後、1954 年に特別方式・課外方式・抽出方式という 3 方式が行政側によって定められたが、1960 年代後半から約 40 年間は抽出方式のみが残り、京都市立小学校における民族学級の授業方式の原則として認識されてきた。京都地域における民族教育の歴史は、ある意味では、その授業方式・取り組みのあり方をめぐる

---

[59]　政府レベルでの「1948 年覚書」が交わされ、各自治体に通達が出された後、京都地域で、府側と朝鮮人側との間で民族教育に関する覚書が交わされた時期は、阪神教育闘争が激しかった大阪地域（大阪で、両側の間で覚書が交わされたのは、1948 年 6 月 4 日）よりも早かった。

闘争の歴史でもあった。そのため、特別方式から抽出へ、再び課外へという授業方式の変更は、民族教育の実践家側にとっては、民族教育の抑圧や民族学級の衰退を意味しており、1960年代後半、3校の中に民族学級が抽出方式をもって残るようになって以来、抽出方式を守ること自体が最大の課題の一つでもあった。

このような一連の過程において、民族学級の存続や運営に重要な役割を果たしてきたのは、総聯であった。1955年に発足した総聯は、在日社会の知識層であった民族講師たち（彼らの多くは閉鎖された朝鮮人学校の元教員、一部は旧朝連の関係者）と、民族主義に基づく連携関係を維持しながら組織的に民族講師を支援しており、行政との話し合いの場では講師たちを支える運動組織としての役割を果たしてきた。調査時点においても、聞き取りの中で、行政側や学校側の関係者の中に、総聯が「民族講師の推薦先」であり民族学級の講師たちは総聯から来ているとの認識をもっている人もいた。総聯は、民族講師を組織的に支援・支持することで、1950年代半ばから全国的に始まった民族学級の閉鎖・縮小の流れをほかの地域と比べて遅らせており、参加児童数が減少し抽出方式が有名無実化していく中でも個々人の民族講師たちを結束させる役割を果たし、その場を維持させてきた側面があった。

しかし、朝鮮学校を主な教育事業としている総聯にとって、民族教育を受けるための究極的な目的地は公立学校ではなく朝鮮学校であったため、民族学級の拡大や活性化のための積極的な運動を展開することはみられなかった。また、朝鮮学校を中心とする総聯の立場は「朝鮮人の民族教育は朝鮮人の手で」というスローガンに同調する民族教育問題に関心をもつ一部の「進んだ」日本人教員たちにも受け入れられ、在日児童に朝鮮学校への転校を勧める形にもつながった。

こうした京都地域での民族学級の位置づけの転換が現われ、2005年調査時点の形を備えるようになったのは、1970年代末から1980年代初頭にかけて「外国人教育の基本方針」の試案を提示するための一連の準備過程においてであった。ほぼ放置されていた民族学級を「何とか整理したい」という行政側の気持ちや、「同和教育に照らして、在日韓国・朝鮮人の教育問題が見逃されてきた」ことに対する一部の教員たちの反省の声から触発された「外国人教育の基本方針」の試案の作成・提示過程の中で、民族学級の位置は「学校の外側にあるような存在」から「学校の内側での取り組み」という位置へと大きく転換された。実際には、課外化が進んでいた民族学級において、学校の支援の下で抽出方式での授業が行えるようになったの

である。

　さらに、この時期においては、民族学級を学校側から自ら分離させ、孤立させていた第一世代の民族講師に代わって、新しく赴任してきた第二世代の講師たちは民族学級を「学校の中で孤立しない、学校の取り組みの一環」として位置づけようと試みており、こうした内部からの変化も民族学級の位置づけの変化に影響を与えた。この過程を経て、民族学級の授業と原学級での正規授業を連動させる体制が3校の中で整えられた。

　民族学級に変化が訪れた1970年代末以前の状況は、民族学級側と行政・学校側との間で、その取り組みへの十分な理解や共感が形成されていない限り、その取り組みの本来の意義を生かすことが困難であることをよく表している。実際、1950年代から1970年代半ばまで、行政や学校の協力が得られなかった状況の中で、抽出方式は、かえって民族学級と原学級との間での不連続性の問題を当事者たちにより大きく感じさせ、その場への参加を躊躇させ、結果的には民族学級の孤立を深化させた側面もあった。学校側から民族学級に周辺的な位置性が付与されていた環境の中で、民族学級と原学級を往来することは、当事者たちにとっては「自分が歓迎されるような居場所感」と「気まずさ」の経験の繰り返しであり、「アイデンティティや差異の承認をめぐる不連続性」の反復的な経験でもあった。つまり、学校や周りの児童たちから十分な差異への理解や共感が得られない状況の中で、さらに抽出方式で民族学級に参加することは、当事者たちにジレンマ的な状況をもたらしていた側面があった。こうした点は、民族学級に参加していた当事者たちにとっては、その授業形態や内容に先立って、学校や地域におけるその場の位置性や、その場と参加児童に対するほかの児童や保護者、教師、地域住民からの共感が、優先的で身近な問題であったことを示唆している。

　次章では、こうした歴史をもつ京都地域の公教育における民族教育の場で、どのような民族教育が行われており、学校側や多文化共生教育とはどのように相互作用しながら二つの教育の間での接点が模索されているかを検討していく。

第
4
章

京都市立小学校の民族学級
：2005 年の調査

京都市立小学校の民族学級児童（4年生）作品。授業時間中に作った翌年のカレンダー。2005年8月2日、筆者撮影。

第4章

京都市立小学校の民族学級
：2005 年の調査

京都の市立小学校における民族学級実践は、戦後のきわめて政治的・葛藤的な背景の下で生成された公立学校における民族教育の原型を多く継承している。そこでは、チョソン（朝鮮）あるいは在日の民族コミュニティに根差している民族的アイデンティティの涵養を目指しており、多文化共生教育とは調和しにくい面がある。果たして、戦後の政治的・葛藤的・対抗的な土壌の上で生成されてきた公教育における民族教育問題と切り離すことなく、「民族」と「共生」の間の連続性、つまり、歴史に基づく多文化共生という視点を重視しながら、両教育を接合し発展されることは可能だろうか。

本章では、京都市立小学校における民族学級の実践への参与観察および民族学級の講師や保護者、児童、学校の教員、地域行政の関係者への聞き取り調査に基づき、民族学級のあり方や、民族教育と多文化共生教育との相互作用について検討した。まずは、民族教育の場でどのような日常的な実践が行われているかを、その取り組み方やカリキュラム、民族講師の教育観、学校側や行政側との関係に注目し、それを踏まえて、民族教育と多文化共生教育との間ではどのような相互作用が行われており、どのような方向性を帯びているかについて調べた。葛藤的な様相をみせながらも多文化共生教育との接点を広げている最近の変化にも注目した。検討の際には、

民族学級の講師側と行政側の間の立場の相違にも注意を払い、その葛藤の背景への解明を試みながら、今後の公教育現場における二つの教育の間での葛藤を乗り越えるための一つの方向性を提示する。

1　外国人の状況と民族学級の概観

　京都市の外国人の特徴をみると、韓国・朝鮮籍者の割合が高く、その中でもオールドカマーである在日韓国・朝鮮人の割合が高い。ニューカマー外国人の割合は、ほかの地域と比べてはるかに低い[60]。2010 年末現在、京都市における外国人登録者数の 41,289 人のうち韓国・朝鮮籍者は、その 61%（25,207 人）を占めており、全国平均（27%）を大幅に上回っている。在留資格別にみると、特別永住者が全体外国人の 50% を超えており（22,218 人）、そのうち韓国・朝鮮籍者が 90% を占めているなど、オールドカマーの在日韓国・朝鮮人が外国人の主なグループとなっていた[61]。すなわち、京都市の外国人は、ある意味では、外国人というよりは、外国にルーツをもっている人々が多数を占めているという特徴がある。

　こうした特徴は学校現場ではより明らかである。京都市教育委員会の調査によると、市立小学校と中学校における外国籍の児童生徒は、2007 年 7 月現在、それぞれ 780 人（1.1%）と 455 人（1.5%）で、小中学校全体の 1.2% の児童生徒が外国籍である。そのうち韓国・朝鮮籍者が約 80% を占めており[62]、京都市の全体外国人

60　たとえば、2010 年末現在、外国人登録者のうち最大グループである中国籍者が占める割合は、全国平均で 32% であるが、京都市においては 23% に止まっており、第 3 グループのブラジル籍者の割合も 0.4% に過ぎず、在日外国人のうちブラジル籍者の全国平均の割合（1.7%）をはるかに下回っている。

61　京都市のホームページ（http://www.city.kyoto.lg.jp/sogo/page/0000025308.html）より。2011 年 7 月 19 日取得。

62　京都市教育委員会、2008、「外国籍及び外国にルーツをもつ児童生徒に関する実態調査のまとめ」。調査対象は、京都市立小学校、中学校、総合支援学校（小学部、中学部）である。京都市教育委員会ホームページ（http://www.city.kyoto.lg.jp/kyoiku/page/0000059348.html）より。2010 年 12 月 1 日取得。

の構成比より、教育現場における韓国・朝鮮籍をもつ児童の割合が高い。また、片方の親が外国籍である「外国にルーツをもつ」日本国籍となっている児童・生徒も小中学校在籍者全体の1.2%を占めている。その中では、韓国・朝鮮にルーツをもつ場合が約50%で最も多く、続いて中国にルーツをもつ場合が約20%、フィリピンにルーツをもつ場合が約10%である。

　1951年に課外方式として始まった京都地域における民族学級は、1954年、特別・抽出・課外の三方式へ転換された後、1967年以降、養正小学校・陶化小学校・山王小学校の3校のみに抽出方式での民族学級が残るようになり、2008年度までその体制が維持されてきた。しかし、2009年4月より3校[63]での民族学級の授業方式は再び課外方式へ転換された。

　2005年7月現在、3校においては5学級の民族学級が設置されており、そこでは3年生以上の39人の韓国・朝鮮にルーツをもつ児童が、在日の民族講師から、学年ごとに週2時間程度（年間55時間）の授業を受けていた。参加児童のうち23人は韓国・朝鮮籍者（朝鮮籍者は2人のみ）であり、16人は帰化や親の国際結婚による「ダブル」の日本国籍者であった。韓国籍者の中には2人くらいのニューカマー児童も含まれていた。民族講師はすべて日本生まれの在日であり、一人の韓国籍の講師を除く4人（女性）は朝鮮籍であった。在籍時期や期間には差があるが、講師は全員が民族学校に通った経験をもっており、聞き取り調査はすべて韓国・朝鮮語で行われた[64]。

63　2012年、そのうち2校が1校に統合され、民族学級設置校数は2校となった。

64　民族講師たちへの聞き取りや筆者との食事のときの会話は、すべて韓国・朝鮮語で行われた。聞き取りの後、日本語で翻訳する手間を避けるために、私が日本語で答えてもいいことを伝えても、彼女たちはすべての質問に対して韓国・朝鮮語で答えた。ここで引用している語りは、筆者の翻訳によるものである。

2 「抽出方式」の意味と現実

　2005年の調査時点で、京都市立小学校における民族学級の最も大きな特徴は、「抽出方式」という授業方式であった。民族学級の授業時間になると、対象児童のみが別の民族学級の教室に移動して民族学級の授業を受けていた。民族学級の授業時間は、3、4年生の場合は2時間目から5時間目、5、6年生の場合は4時間目から6時間目の間であり（表6）、学校行事などにより授業時間の変更がある場合は、学校レベルで曜日や時間が調整されていた。

　実質的に抽出方式での授業を可能にしたのは、先述したように、1981年の「外国人教育の基本方針」の試案作成過程の中で、「学校の取り組み」としての民族学級の位置転換が行われ、民族学級の授業時間中には原学級で新しい内容の学習が進まないようにしたことであった。たとえば、A小学校の4年生の時間割をみると、民族学級の授業は水曜日の5時間目と木曜日の3時間目に行われており、2005年前期（4月8日〜10月14日、夏休み期間を除いた24週）における授業時間数は、14週にかけて総27時間であった。民族学級の授業が進んでいる間、民族学級の児童2人が属する原学級では、水曜日には「算数」や「勉強会」の時間が設けられ算数の復習が行われており、木曜日には「国語」の時間が設けられ読書が行われた（表4-2）。毎週金曜日に全児童に配られる来週の授業時間編成表には「国語（読書）」や「勉強会（算数の復習）」などの科目名・内容の下に括弧をつけて「（民族）」または「（民）」という字が書かれており、その時間に民族学級の授業があることを表していた（写真1）。

	行事	I		II		III		持ち物
9月26日（月）	朝の会	**道徳** 分化や伝統を大切に 分化や伝統を大切にしよう	**国語** 新聞記者になろう 記事を仕上げよう	**ドリームタイム** 知りたい、聞きたい、調べたい 「花育の物知りはかせになろう」 調べたことを発表しよう 他のグループの発表を聞こう		**学級活動** 友だちのよいところをしょうかいし合おう	**算数** かどの形を調べよう かたむき分度器を使おう ふく習	マスク28〜8 エプロン16〜25
9月27日（火） じゅぎょうさんかん こんだん会	15分間読書	**国語** 漢ド5 00のテスト	**行事** 身体 計測	**体育** たかとび 自分の記録にちょうせんしよう	**理科** （中島先生） とじこめた空気や水をおしてみよう テスト 星や月（1）星の明るさや色のちがいを観察しよう 季節と生き物	**算数** はしの大きさの表し方を考えよう 小数の意味と表し方を知ろう	（こんだん会）	読書の本 体育の用意 星座板
9月28日（水） クリーンキャンペーン		**算数** はしの大きさの表し方を考えよう 長さや重さのはしたを小数で表そう	**音楽** 楽器と友達になろう グループで合奏をしよう	**図工** お話の絵「山ばあばと影オオカミ」 主人公や登場人物の気持ちをそうぞうしながら、それに合う色を使って表現しよう		**勉強会** （民族） 百マス計算・算数の復習をしよう	**国語** 新聞記者になろう 新聞を読み合い感想を交流しよう	絵の具セット 新聞紙 リコーダー けんばんハーモニカ
9月29日（木） ベーシック		**国語** ローマ字 ローマ字を読んだり書いたりしよう	**ドリームタイム** 英語活動 Let's enjoy English! 英語で楽しく活動しよう	**国語** （民族） 読書 読書の世界を楽しもう	**社会** 安全なくらしを守る さい害について考えよう	**国語** 漢字の広場 三年生で習った漢字②を使おう		読書の本
9月30日（金）	15分間読書	**算数** はしの大きさの表し方を考えよう 小数の大きさを考えよう 小数のたし算ひき算をしよう		**音楽** 楽器と友達になろう グループで合奏をしよう	**国語** ローマ字 ローマ字を読んだり書いたりしよう	**社会** 安全なくらしを守る 消ぼうしょの仕事について考えよう	**学活**	読書の本 リコーダー けんばんハーモニカ
10月1日（土）	1日のおよその計画を立てよう。	8　9　10　11　12　1　2　3　4　5						

（おうちの方へ）9月27日（火）のIIIブロック前半（1：45から2：30）は授業参観。IIIブロック後半は懇談会です。授……子どもたちの学習の様子をご覧いただくとともに、懇談会では学級全体で前期の学習や生活の様子をお話するよい機会……ください。先週お知らせしましたように「花背山の家」の写真掲示・申し込みもします。明日から、また3連休になり……とってもらうとともに、ようやくもどった生活のリズムがくずれないようにご注意ください。週末に日記を書く習慣を……ジ全部書けるように励ましの声かけもお願いします。

* 2005年9月23日（金）に、京都市立A小学校の4年生の児童たちに配られた週間授業時間編成表（2005年9月26日〜30日）。水曜日（9月28日）の5時間目には「勉強会」（算数の復習）が、木曜日（9月29日）の3時間目には「国語」（読書）の授業が編成されており、その中には「（民族）」と書かれ、民族学級の授業があることが示されている。

表6 京都市立小学校における民族学級の授業時間編成（2005年9月現在）

設置学校（学級数）	所在	時間編成
A小学校（1学級）	左京区	3年生：木2時間目、金5時間目 4年生：水5時間目、木3時間目 6年生：木5時間目、金6時間目
B小学校（2学級）	南区	3、4年生：水3時間目、金5時間目 5、6年生：水4時間目、木5時間目
C小学校（2学級）	南区	3、4年生：水5時間目、金3時間目 5、6年生：月6時間目、金4時間目

* 民族学級の授業時間編成は、学校行事や連休などにより、変更される場合がある。

表7　民族学級の授業時間における原学級での授業編成

民族学級の授業の編成時間	民族学級の授業編成時、原学級における時間編成
2005.4.20（水）5時間目	算数：3年生の復習をしよう
2005.4.21（木）3時間目	算数：3年生のまとめのテスト
2005.4.28（木）1時間目	国語：読書の楽しさを味わおう
2005.5.18（水）6時間目	算数：算数の復習をしよう
2005.5.25（水）5時間目	勉強会：算数の復習をしよう　百マス計算、割り算
2005.5.26（木）3時間目	国語：読書の世界を楽しもう

* 2005年4月と5月に、A小学校の4年生に配られた週間授業時間編成表から作成。

　抽出方式においては、原学級の担任教員の協力は欠かせない。学校の行事などにより民族学級の授業を予定通り行えなくなった場合には、民族講師側の要請を受けて担任教員が保護者に電話をかけ、その授業時間の変更事項を知らせるなど、抽出方式での授業を進めるための学校側からの協力が備わっているところも観察されたが、それは個人的な判断によることもあり、担当教員と民族講師の関係にもよることがわかった。民族学級の授業を知らせる編成表の作成や保護者への授業変更連絡は、民族講師と友好的な関係であった4年生学級の担任教員の個人的な判断による

ものであったことが翌年に5年生の編成表から確認された。翌年、4年生であった民族学級の児童が5年生になったとき、新しい担任教員が作成した編成表には、クラスの30人のうち2人の児童が参加している民族学級の授業時間は表示されておらず、原学級での時間割だけが掲載されていた。抽出方式での民族学級をどのように捉えるかの問題——具体的には、ほかの科目のように捉えるかどうか、それをどのくらいまで顕在化させるか——は教員の個人的な判断に任されていたのである。

　民族学級の授業方式をめぐっては様々な議論があった。頻繁に出された意見は、抽出方式で民族教育を受けることが原学級での学習遅滞をもたらすという指摘であった。先述したように、1970年代末、民族学級への参加が参加児童の学力低下をもたらすことを避け、実質的に民族学級への参加ができる環境をつくるために、一つの方法として民族学級の授業時間中に原学級では主要科目の学習が進まないようにしてきた。週2回の民族学級の授業時間に原学級では実際に算数の復習や読書が行われており、全児童の家庭に配られる毎日の授業編成表には「算数」と「国語」という科目名の下に「算数の復習をしよう」、「読書の世界を楽しもう」などの説明が加えられていた（表7、写真1）。民族学級授業の前の授業が終わると、担任教員から「次の時間は自由時間ですよ」といった案内があり、その時間には算数のプリントが配られ、自主的な学習が行われた。民族学級の授業に参加していた児童たちの机の上にも、プリントが配られ、それを家に持ち帰って学習するようになっていた。学習したそのプリントを担任教員に提出する必要はなく、自主的な学習に使われていた。

　それに対して、日本人の保護者からは「学力の低下をもたらす」との批判的な意見が出された。とりわけ、週5日制授業になったことや英語科目が正規授業中に取り込まれるようになったことがその議論に拍車をかけた。さらに、民族学級の児童数が減少していく中で「クラスに一人か二人しかいない民族学級の子どもたちのために、週2時間もほかの子どもたちを待たせることになる」との意見もあった[65]。日本人の保護者が学校を訪ねて民族学級の取り組みに対して抗議し、校長面談を行ったこともあった。学校側は、抽出方式が「京都市が決めたことであること」、「学

65　たとえば、2005年現在、A小学校の民族学級には4人（4年生と6年生が各2人）の児童が参加していた。2005年7月19日、KEさんへの聞き取りより。

習には支障がないように進めていること」などを保護者側に説明することで対応してきた[66]。

　そのため、行政側と民族講師との話し合いの際には、民族学級の授業方式の転換、たとえば、課外方式や土曜学級などへの転換などの方法を模索できないか、という提案が度々あった[67]。民族講師側は、抽出方式から課外方式あるいは土曜学級への転換は、公立学校での民族教育の後退を意味するとして、強く反対した。むしろ、彼女らの願望は「3校ともに抽出方式で授業を行えるように」ということであった。なぜなら、京都市立小学校における民族教育の歴史は、課外（1951）→特別・抽出・課外（1954）→抽出（1967年）、再び実質的な課外化（1970年代）→抽出（1970年代末以降）[68]と、展開されてきたものであり、「抽出」という方式は、その運動の中で勝ち取った「達成」でもあったからである。かつての朝連による民族教育運動を引き継ぐ正当な担い手としての使命感さえもっていたのである。民族講師側は、朝鮮人学校の閉鎖措置の後に日本の公立学校の中に「民族教育の場」を移して教育を実践しているという認識を共有していたため、抽出方式は最大限の譲歩をした形であって、「課外」や「土曜学級」という形では、その存在の根拠を失ってしまうという切迫感さえもっていたのである。「課外化」の次の段階は民族学級が消滅させられることにつながるのではないかという不安もあった。

　　行政側から「抽出方式は、今の時代に合わない」とか、「放課後に、〔民族学級の授業を〕ゆっくりしたほうがいいじゃないか」とか、「〔日本人の〕保護者がうるさいから」、「参加者も少ないから」、いろいろいわれるんですけど、民族学級の授業が放課後になったら、民族学級の学校の中での立場も、その分、弱まるでしょう。子どもたちは敏感ですから、そうなると学校や教室の中で、あるいは子どもたちの心の中で、自分の民族のことや民族差別の問題が、そんなに重要な問題ではないと、思うようになるかもしれません。……授業時間中に民族学級の授業があるからといって、学校が損することはない

66　2005年6月10日、京都市立C小学校の民族講師KCさんへの聞き取りより。

67　2005年7月13日、京都市立B小学校の民族講師KBさんへの聞き取りより。

68　2012年には、行政レベルで課外方式となった。

でしょうね。学校の中で民族学級があって、民族講師がいて、ウリアイドゥル〔韓国・朝鮮人の子たち〕がいて、学校や〔日本人の〕先生も、そういうことに気をつける、それをみた子どもたちが自然に差別のことや人権のこと、ほかの民族のことなどを慎重に考えていく、そういうことになるんじゃないですか。最近、多文化共生教育とか、よくいうんですけど、私は正直に、その言葉に違和感があります。今まで、歴史的ないろんな問題をほっといて、都合のいい多文化共生というんでしょうか、〔未解決の民族教育の問題などを〕そういう新しいところへもっていこうとしているような気がしますね。……〔民族学級の授業が〕放課後になったり、土曜日になったりすると、その次は、民族学級がなくなることになるでしょう。だから、私たち〔民族講師側〕は、今までのこと〔抽出方式〕を生かしていきましょう、と主張しているわけです。[69]

　民族講師側は、近年の多文化共生教育をめぐる言説に違和感を表しており、その新しい教育の取り組みから民族学級が排除されていくのではないか、との危機感も抱いていた。彼女らの立場は、戦後の民族学級の誕生と民族学級の効果的な授業方式をめぐる闘争の歴史や、朝連から総聯へ引き継がれていた民族教育闘争の歴史に基づいており、その立場から、多文化共生の考えについては、戦後からの「民族」問題を未解決のままにする、都合の良い、いわばスローガンとして受け止めていた側面もあった。

　さらに、民族講師らが抽出方式に付与する意味は、ほかにもあった。民族講師らは、民族学級の授業が、国語や算数、社会などの正規科目と同じ重さで、学校の中に位置づけられるべきであり、そのために「抽出」方式は必要であると考えていた。それは、子どもたちに、民族学級の児童だけでなく、日本人児童に対しても、期待できると思っていた。そうすることによって、学校や教室の中で「朝鮮」や「朝鮮民族」の存在や差別の問題などについて、ほとんど言及せず沈黙するという「言及の恐怖 (fear of naming)」(Fine: 2003) の問題を乗り越えることができるのであり、そのために、抽出方式での民族学級は必要とされていたのである。抽出方式こそが、

学校の中で民族問題を共通の関心事・言説の対象とする、より確実な方法であるという認識であった。

3　何を教えるのか、学ぶのか

3.1. 想定されている祖国
　　　：チョソン（朝鮮）を引き継ぐ民族コミュニティ

　京都市立小学校における民族学級では、3年生以上を対象としており、毎年4月中旬から下旬にかけて、民族学級の新しい対象となる韓国・朝鮮籍の児童やルーツをもつ3年生児童の家庭に、民族学級の取り組みを紹介する手紙が送られていた。手紙は、各学校の校長名で、担任教員を通じて送られていた。1990年代以前、その手紙には「〇〇小学校の民族学級」だけが書いてあったが、1990年代に入ってから、民族講師側の要請により、校長名で送られるようになったという[70]。

---

[70]　2005年7月21日、京都市立A小学校の民族講師KAさんへの聞き取りより。

3 年生
保護者の皆様へ

京都市立○○小学校長

○○ ○○

民族学級担任

民族学級からのお知らせ

　陽春の候、皆様方には益々ご健勝のこととお喜び申し上げます。
　平素は、本校教育推進にご支援ご理解を頂、お礼申し上げます。
　さて、日本という異国での長い生活は、在日朝鮮人とその子ども達の民族意識の後退という大きな問題を生んでいます。一世が守りぬき、二世が育んできた民族の心を、これから育ちゆく三世・四世が受け継いでいけるであろうかという問題です。朝鮮人が日本に住みながらも、朝鮮人として生き通す上で、この問題は避けては通れない、また、避けてはいけない大事な問題です。
　民族学級では、このような問題、日本における朝鮮人の在り方について真面目から取り組み、全ての同胞の子ども達が、民族の誇りと自覚を持って、堂々と未来を切り開いていける人間に成長してくれることを願っています。
　つきましては、右記〔下記〕の通り民族学級を開設いたしますので、子ども達を参加させてくださるよう、お知らせ致しますと共にお願い申し上げます。

【授業内容】母国語（クゴ）、社会（サフェ）、音楽（ウマッ）
【授業時間表】

	月	火	水	木	金	土
Ｉ	-	-	-	4年	-	-
	-	-	-	3年	-	-
ＩＩ	-	-	-	6年	-	-
	-	-	4年	5年	-	-
ＩＩＩ	-	-	5年	-	3年	-
	-	-	-	-	6年	-

＊ 上記の時間表で行います。
【担任】○○○〔韓国・朝鮮名の民族講師の名前。ふりがながつけられている。〕

＊筆者が手紙の内容を入力して作成。〔　　　〕の中の説明は筆者による。

この手紙にはいくつかの表現上の特徴がある。まず、在日韓国・朝鮮人または在日コリアンのような表現ではなく、「在日朝鮮人」または「朝鮮人」という表現が使われており、「異国としての日本」と「祖国としての朝鮮」という二つの表現が対を成している。そして、「日本という異国での長い生活」や「1世、2世、3世、4世」という表現からは、過去の歴史との連続線上で現在が語られていることが窺える。また、「日本という異国での長い生活」から「在日朝鮮人とその子ども達の民族意識の後退」がもたらされていることが、「大きな問題」として捉えられているが、ここで重点が置かれているのは、「日本」と「朝鮮」の共生や多民族共生のような視点ではなく、異国である日本で在日朝鮮人の子どもたちが「民族意識を受け継ぐ」という課題を民族学級がどのように遂行していくかという視点である。民族学級の目標とは「すべての同胞の子ども達が、民族の誇りと自覚をもって、堂々と未来を切り開いていける人間に成長」させる基盤を設けることであり、民族意識の涵養は規範性をもつ課題となっている。民族講師の以下の文章にも、こうした民族教育観がよく表れている。

　　本来、民族教育は民族学校で行うべきだと私は確信しています。民族学校という環境は、民族的要素が学校内を占めており、民族的自覚、自負心、力を養うために与えられる環境の度合いがきわめて高いです。異国で育つ児童が民族的要素を備えるためには、民族学校を除いて他にはないと思っています。しかし、今、8、9割の在日児童は日本の学校に在籍しています。民族との出会いすら経験していない子供がほとんどです。京都の約180ある小学校で民族学級が設置され、受け皿を持っているのがたった3校です。どういう形であれ、民族との出会いをさせてあげられる受け皿を増やしていけたらと今、切に願っています（金慶子 2006: 22）。

　このように戦後の民族教育の延長線上で語られる民族学級は、とりわけ、民族学校に通った経験や総聯との関係、在日朝鮮人のコミュニティでの生活や経験を共有している京都市立小学校の民族講師たちにとって、民族的アイデンティティの形成とかかわる「フルタイム・アイデンティティ」の形成環境である民族学校（朝鮮学校）との比較の対象ともなり、「民族性の涵養」のためには不十分な教育環境

（「パートタイム・アイデンティティ」の形成環境）として捉えられている。また、異国の日本と祖国の朝鮮という二項性が想定されていること、そして戦後の民族教育の歴史、つまり朝連・総聯を中心とした民族学校・民族学級の歴史が今日においても引き継がれていることが窺える。

3.2. 民族学級のカリキュラム

こうした民族講師側の認識の下で、民族学級においては韓国・朝鮮語をはじめ歴史や地理、文化などについての授業が行われていた（表8）。韓国・朝鮮語の教材としては2004年までは民族講師たちが作った独自の教材が使用されてきたが、2005年より総聯側が「日本の学校に通うウリアイドゥル用」（ウリアイドゥル＝我々の子どもたち）として発刊した『ウリ』（初・中・上級、ウリ＝我々）という3冊の教材が併用されるようになった。毎年11月初めに行われる学校全体の学習発表会では民族学級児童が発表するコーナーが設けられており、後期には発表練習を兼ねて、伝統の舞踊や楽器、歌の練習に重点が置かれている。また、京都市教育委員会と京都市小学校外国人教育研究会、京都市立中学校教育研究会外国人研究部会の主催で年1回行われている「民族の文化にふれる集い」に3校が交替で参加し、学校の学習発表会での練習はこの集いの準備を兼ねて行われる場合が多かった。

表8のカリキュラムでの「国語」とは、韓国・朝鮮語を指す。民族学級が設置されている学校の空間においては二つの「国語」が存在することになり、分かりやすく、またストレートなアイデンティティの主張である。今日の朝鮮学校の前身ともいえる終戦直後の「国語講習所」につながる、民族の言葉を主張し、回復しないといけない意識が科目名からも窺える。

しかしながら、その「国語」の科目の教育内容までが、強い民族主義に基づくものではなく、韓国・朝鮮語での挨拶や自己紹介、家族の呼称などを教えるという内容となっている。「社会」でも、韓国・朝鮮の伝統的な衣装や遊び、食文化、地理（有名な山や川など）などを学習しており、「工作」の時間には伝統的な紋様などを取り入れた工作物（ティシュ箱、カレンダー、ブックマークなど）を作り、授業後にも学校や家庭で使えるようにしていた。そのほかに、韓国・朝鮮の童謡やチャンゴなどの伝統楽器の練習が行われており、学校の調理室を利用して韓国・朝鮮の料理を作る時間も設けられていた。

表8　民族学級のカリキュラム（B小学校、2005年5月基準）

	3年生	4年生	5年生	6年生
1回目	あいさつ 名前（本名について）	国語 会話（名前は何ですか）	国語 パッチンについて	国語 会話（名前は何ですか）
2回目	民族学級について 説明	国語 会話（あいさつ）	国語 パッチンについて （発音）	国語 会話（あいさつ） 字の練習
3回目	国語 名前（読み方・書き方）	国語 会話（あいさつ）	国語 パッチンについて	国語 家族の呼び方 字の練習
4回目	会話 本名をつかっての自己紹介	国語 家族の呼び方	ウリナラの遊び 工作	国語 作文 字の練習
5回目	昔話 読み聞かせ	国語 家族の呼び方	ウリナラの遊び 工作	国語 作文 字の練習
6回目	音楽 「アンニョンハセヨ」（歌）	国語 作文（自己紹介）	社会 チョソン（朝鮮）と日本のつながり	音楽 「アリラン」（歌）
7回目	音楽 チャンゴ	国語 作文（自己紹介）	社会 チョソン（朝鮮）と日本のつながり	音楽 チャンゴ
8回目		音楽 「ドラジ」（歌）	音楽 「バンダル」（歌）	
9回目		音楽 チャンゴ	音楽 チャンゴ	

* 出典：連続講座「多民族共生教育を考える——京都における民族学級のいま」（2005年10月25日、講師：京都市立B小学校の民族講師金慶子）で配られた資料から作成。「国語」とは韓国・朝鮮語を指す。そのほかに、カタカナで表記されている固有語の意味は、以下の通りである。アンニョンハセヨ＝こんにちは、ドラジ＝韓国・朝鮮民謡の名前で、「ドラジ」とはキキョウ科の多年草、チャンゴ＝鼓の一種で中央部のくびれた胴の両側に皮を張って打ち鳴らす打楽器、バンダル＝韓国・朝鮮の童謡で弦月という意味、チョソン＝朝鮮、アリラン＝韓国・朝鮮の民謡。

「歴史」では総聯が制作した『ウリ』を教材としていた。『ウリ』の初級と中級では朝鮮半島の歴史が、上級においては、前半部では朝鮮半島と日本との関係が、後半部では植民地の歴史や戦後の民族運動の歴史が説明されている。しかし、民族学級の授業の中で、初級から上級までのすべての内容を学習するわけではなく、必要なところだけが参考にされているという。歴史について触れ始めるのは、5年生からである。5年生の授業では朝鮮半島と日本との関係や歴史への学習が行われているが、戦後の民族教育の歴史よりは戦前の歴史により重点が置かれていた。ここでは「チョソン」という「朝鮮」の韓国・朝鮮語での発音がそのまま使われており、歴史教育の中では戦前の朝鮮と日本との関係が重視されている。

表9　「歴史」および「風習」における主要内容

初級	歴史：国のはじまり、かがやかしい文化（ハングル、高麗青磁、金属活字、伽耶琴、亀甲船）、ウリナラの名将（乙支文徳、姜邯賛、李舜臣） 風習：伝統的な遊び、服装、食べ物
中級	歴史：三国時代、高麗王朝と朝鮮王朝 風習：お正月、チェサ（祭司）、お祝いの風習、伝統的な遊びなど
上級	歴史：文明の始まり、初期の朝日関係、三国時代と朝日関係（日本に渡った大陸の文化）、高麗王朝と朝鮮王朝（壬辰倭乱と李舜臣、朝鮮通信使）、江華島事件と植民地（江華島事件、乙巳五条約と韓国併合（原文のママ））、植民地と解放、在日朝鮮人運動

* 出典：『ウリ우리』（2004）の本文中のタイトルを中心にして作成。

　民族学級の授業では、本名または民族名の使用が重視されていた。ここで、「本名または民族名」という表現を用いるのは、帰化などの理由により、本名が民族名でない場合もあるからであるが、民族名使用を通じて、児童たちに「民族」とのつながりを自覚させ、民族性を涵養させようとする試みがなされていた。3年生の民族学級の授業が始まる5月の初めに、本名について説明し、自分の本名や民族名を知り、それで自己紹介をする時間が設けられていた。また、民族学級では参加児童の名前をお互いに本名や民族名で呼ぶようになっていた。
　最近においては、民族名をもっていない「ダブル」の児童が増えている中で、民

族講師側は本名・民族名使用については柔軟に対応していた。新しく入ってきた3年生の児童に対しては、民族学級でどの名前の使用を希望するのかを聞き、その希望に応じて民族名または日本名を使用するようにしていた。その背景についてC小学校の民族講師は以下のように語った。

　　3年生になって民族学級に入ってくると、最初の頃に聞いてみます。どの名前を使うのがいいのか。本名とか韓国・朝鮮名を使ってもとくに問題がないのは、お父さんが朝鮮人の場合です。C小学校の場合は、お父さんが日本人の場合はありません。大阪では、いろいろ問題が出てくる場合もあるようですね。本名で指導するのが強すぎて、日本名が本名なのに、母親の名前を付けたりして、それに反発するお母さんもいるから。京都ではそういう問題はないですね。個人的な考えですが、私は、自分の子が民族学校〔朝鮮学校〕に通っているから、かえって、名前の問題とか、目にみえるのがそんなに重要とは思えないです。日本名でも自分が〔民族のことを〕感じるのであれば、それでいいと思いますから。重要な問題でもありますが、私の個人的な意見としては、目にみえるのがそんなに重要とは思えないです。……私たち〔民族講師たち〕が、〔総聯にかかわっており、朝鮮学校の出身者であるから〕もっと本名使用とか、徹底的にするだろうと思われますけど、そうでもないです（笑）。[71]

　京都市立小学校の民族講師たちは、チョソン人のコミュニティで生活している人たちである。非常勤職である民族講師の中には、民族講師の仕事のほかに主に在日1世たちのための老人ホームでの仕事をしている場合もあり、自分の子どもたちが通っている朝鮮学校の「オモニ会」（オモニ＝母親）で活動をし、様々な民族行事にかかわっている場合もあった。このように、民族講師たちは民族のコミュニティの中で「民族」と日常的に接しながら生活しているため、「民族性」とは、自然に、当たり前に形成されていくというように考えている傾向があった。こうした考え方をもっているからこそ、かえって、民族学級の中で本名や民族名使用にとくに拘ら

71　2011年9月1日、京都市立C小学校の民族講師KCさんへの聞き取りより。

ないという逆説的な場面が、以上の語りからは窺える。

　民族講師たちはどのようにして民族性の涵養を目指しているのだろうか。カリキュラムからも窺えるように、民族学級の授業は韓国・朝鮮語や民族文化に触れることに多くの時間が当てられていた。言語の学習や文化体験中心にみえる授業において、民族講師たちが目指しているのは、その言語の学習や文化体験、民族講師との相互作用の中で、児童たちに民族への自覚や歴史への理解をもたせることである。以下の語りは、民族教育をテーマとした研究会（その研究会は総聯が中心となって開催されており、そこには、民族講師全員と数名の日本人教員や行政側の人が参加していた）で報告をした民族講師の発言であり、こうした点をよく表している。

　　　私達講師がいつも頭を痛めるというか、やはり力が入るのは、授業です。
　　　民族学級の授業をどう進めるか、どこまで教えるか、どう伝えるか。6年で
　　　卒業するとき、どれだけ朝鮮語を話せるようになるかとか、どれだけ書ける
　　　ようになるかとか。でも子供たちに一番教えたい事、伝えたい事は別にあり
　　　ます。子供の内面〔民族の心＝民族性〕なんです（金慶子2006: 21-2）。

　民族学級の授業の中で文化に触れることを通じて目指されているのは、民族性の涵養、つまり「民族の心をもたせること」であることを何度も強調していた。問題は、どのような民族意識の涵養が目指されているのか、という点であるが、ここでは、いわゆる祖国指向の民族意識ではなく、あくまでも、植民地化の歴史で「奪われた」名前と言葉を取り戻すことが重要なのであり、その延長線上において、日本と朝鮮半島との歴史を知るべき、と主張しているのである。したがって、「自分のルーツを隠さない」、「チョソン人であることを隠さない」という民族意識の涵養が目指されているのであり、その自己主張を通して、学校空間の中で、さらに授業時間中の民族学級への参加の中で、やがては日本社会に対して、かつての「弾圧と差別」を認めてもらい、またこれからも差別のない社会であることを求めているのである。だからこそ、抽出方式へのこだわりがあるのであり、こうした考えは、授業や学校の中でも、児童たちとの相互作用の中でも、よく現われていた。たとえば、A小学校の民族学級を担当している民族講師は歴史教育の問題についてこう語った。

授業の中には歴史や地理のことも含まれていますが、私の場合は、一人の歴史的な人物を中心に両国でどのように解釈されているかを説明することで、歴史について教えています。たとえば、伊藤博文についてですね。日本では、英雄かもしれませんが、ウリナラ〔我々の国〕の立場からみると、そうではないことを説明します。私は、学校に通っていたとき、日本の学校の教室の中で、歴史や社会の時間に座っているのが辛くて、肩身の狭い経験を何度もしました。短い時間でも自分の国の言葉や歴史を習う中で、朝鮮人であることを恥ずかしく思わず、それでよかったと思えるようになれる、と思います。私は、当時、自分の国の歴史を知らなかったから、肩身が狭かったんですが、もしちゃんと知っていたら、そうではなかったと思います。子どもたちは、自分の国のことを知る必要があり、大人はそれを教える義務があると思います。[72]

　民族学級での教育内容が原学級での内容と異なる場合は歴史問題だけではない。たとえば、自衛隊などの現在の社会問題に対しても立場の違いによる解釈の相違がみられることもあり、以下の語りはそれに民族講師がどのように対処しているかを表す一つの例である。

　民族学級に来ていた6年生の女の子が、今は卒業していますが、休みの時間に私に会いに来たんですね。あの子は、社会の時間に習ったことで悩んでいたようで、私に質問をしにわざわざ来たわけです。「先生、北朝鮮は、わるい国ですか。〔担任の〕先生は、北朝鮮は核や兵士をいっぱいもっているから悪いといっていますけど」という質問で。それで、私は「日本についてはどう思う」と聞いたら、彼女は「日本は軍隊をもってないし、平和を愛する国だから、いい国だと思います」と答えました。自衛隊が軍隊でないと教えられたから、そう思っているようで。軍隊の問題が、今、日本でどうなっているかという問題については、私は、自衛隊の問題を抜きにしては話にならないと思って、自衛隊に対する私の意見を話しました。[73]

72　2005年7月21日、民族学級設置校A小学校のKAさんへの聞き取りより。

73　2005年6月17日、京都市立C小学校の民族講師KCさんへの聞き取りより。

しかし、歴史をめぐる認識や現在の政治・社会問題についての考え方や捉え方が、マジョリティの空間である原学級と民族学級の間で対立・衝突している問題について、学校側との間で議論が行われることはほとんどなかったという。両者の立場からみて敏感な内容をその間にいる民族学級の児童たちにどのように伝えるかなどの問題は、避けられており、その背景には、国民教育の土壌の上に成り立っている公立学校の性格のほかに、民族学級の取り組みの曖昧な位置、つまり学校の授業時間中に編成され、学校の取り組みとして位置づけられていても、その実践の中身には学校側が関与しないという、取り組みのハード面とソフト面との間に乖離が存在していることが指摘できよう。通常、民族学級のカリキュラムや教材開発などの過程には学校側が一切かかわることがなく、また、民族学級の授業に日本人教員が参観することもほとんどなかった。カリキュラムや教材の開発が民族講師だけで行われており、総聯の制作した教材が使用されているなど、民族学級のソフト面が公立学校との関係ではなく、民族講師同士あるいは総聯との関係に依拠していること（政治色を帯びていることを意味してはいない）、そしてそれを学校や行政側も意識していることである。このように、民族学級の実践においては、主にハード面（授業の取り組み方）だけが学校との協働に依拠しており、そのソフト面（教育内容）は学校との関係よりは民族同士の協働や関係、判断に基づいている傾向があった。そうしたところが、民族学級の実践が抽出方式として学校の正規授業時間中に編成されているにもかかわらず、学校側との連携や協働実践の場がうまく広がらなかった、という京都地域における民族学級の限界の要因となっていたと考えられる。

　次は、民族学級の児童たちにとって学校の中の民族学級がもつ意味は何なのか、そして、原学級と民族学級を往復する生活が彼らのアイデンティティや学校の中での位置性（ポジショナリティ）にはどのような影響を及ぼしているのかについて検討する。

4 児童にとって民族学級に参加することの意味

　自分が在日であることを明らかにして授業時間中に定期的に民族学級に通うことは、参加児童にとってはどのような経験であったのだろうか。以下、参与観察や聞き取りから得られた民族学級児童が属している A 小学校 4 年生のクラスで起きた二つの出来事[74]を読み直すことで、これらの問いに対する答えを探っていきたい。

4.1.「親友」はだれか

　京都市の D 区に位置している A 小学校に民族学級が設置されたのは 1954 年である。2005 年現在、全児童約 200 人のうち 9 人が「ルーツをもつ」とされており、そのうち 4 人（国籍は、韓国 2 人、日本 2 人）が民族学級に参加していた。3 校の中で対象児童が最も少ない学校であり、当時参加児童は 4 年生と 6 年生だけであった。4 年生の教室には、29 人の児童のうち民族学級に参加する韓国籍児童 2 人（在日韓国人児童 KI とニューカマー韓国人児童 KJ）とニューカマー中国人児童一人（KK）の 3 人（3 人とも女子児童）の外国人児童が在籍していた。この学年には一つのクラスしかなかったため、学年が変わってもクラスの児童たちはそのまま上がることになっていた。こうした環境はクラスの中で形成された位置性の変化を試みることが容易ではないことを意味する。

　KI は在日韓国人 3 世であり、3 年生のときから民族学級に通っていた。父親は韓国籍で母親は日本人であるが、母親が途中で韓国籍に国籍を変えたため、KI は韓国籍となっていた。ニューカマー韓国人の KJ は、この学校に 3 年生の 9 月に転校してきて以来、10 月から民族学級に通い始めた。KJ は、5 歳のときに韓国から日本へ移住してきたため、調査時点においては日本語には支障がなかった。中国人の KK は 4 年生の春にこの学校に転校してきたが、日本に移住してきたのは 3 年生のときである。日本語でのコミュニケーションにまだ支障があったため、ボランティアの中国人の先生に学校の授業で通訳をしてもらったり、学校の外で日本語を教えてもらったりしていた。

---

[74]　二つの出来事に関する内容は、KA 小学校の民族学級に通う KJ と、担任教員の KF さんへの聞き取り（2005 年 5 月）に基づいている。

KJが民族学級に通い始めてから約4ヶ月が経ったある日、クラスの児童たちから「親友はだれなの」と聞かれた。女子児童たちにとって親友の問題は大きな関心事であり、それはまわりの判断に基づくよりは、本人からの「親友宣言」に基づくものであった。KJは親しくなった数人のうちから親友を選ぼうとしたが、そのとき、まわりの児童たちから「〇〇〇〔KIの下の名前〕ちゃんでしょう」といわれた。KJはKIとも親しくなっていると思っていたが、毎日一緒に下校している子や同じクラブ活動をしている子、同じ転校生の立場であって隣の席に座っている子など、親しみを感じていた女の子はほかにも何人かいた。自分の親友決定権を先取られてしまったKJは「でも、まだ大親友ではないよ」と答えることで、小さい抗弁をしたという（傍点は筆者）。

　KIやKJにとっては、家の位置や通学路やクラブ活動、教室での席、性格や志向、成績などの多様なアイデンティティの源泉があり、「親友」になるためには2人の間に「自分をどこに優先的にアイデンティファイするか」という問題をめぐる共感と親友宣言が必要とされる。しかし、ここでは、当事者であるマイノリティ児童の間の共感や宣言に基づくよりは、マジョリティの日本人児童たちの無言の合意、つまり「同じ民族であり、親友であろう」という合意が優先的に働いた結果として解釈されうるだろう。それは、ある特定の文脈において、マジョリティ側からマイノリティに付与されるポジショナリティと、マイノリティが自分をまずアイデンティファイしようとする優先されたアイデンティティとの間でのずれであり、葛藤でもある。

4.2. 括られる「外国人＝非日本人」
：アイデンティティとポジショナリティ

　もう一つの出来事からもこうした葛藤がみられた。このクラスの児童たちが、4年生の夏、2泊3日の野外学習に出かけたときのことであった。野外学習においては、いくつかのチームに分けられ、チーム別に行動するようになっていたが、中国人児童のKKが集まりの時間に遅れ、同じチームの児童たちに謝ることになった。この過程でKKは泣き出してしまい、担任教員（KFさん、女性、40代）は事情を聞き調べ、解決を求めようとした。KKや同じチームの児童たちから事情を聞いた担任教員はクラスの全児童に向けて、「こんなことはKKさんだけのことではないです

よ。KJ さんも同じ立場だし、KI さんも一緒でしょう」という言葉で、KK を慰め、ほかの児童たちからも理解を求めようとした。しかし、隣に立っていた KJ は「私は同じじゃない。私なら、そうしないよ」と反発したという。

　KK が遅れた理由には、担任教員の指示を完全に理解できなかったこともあったことが後で確認されたが、担任教員はそれを言葉の問題とせず、外国人の問題として取り扱おうとしていた。日本生まれで、日本語が第一言語である KI と、5 歳から日本で生活し始め、日本の幼稚園と小学校に通ったため、日本語にはとくに支障のない KJ までを含めて、「言語の問題ではなく、困難なことに会いやすい外国人の問題」として捉えようとしたのである。「日本語での説明が十分理解できず、打ち合わせの時間に遅れた KK の行動をめぐって、チームのメンバーらの間に葛藤が生じている」という文脈において、KK には「日本語が十分にできない外国人」、「そのため、困難に会いやすい外国人」というポジショナリティが浮上しており、この出来事とは直接的な関係のない、ほかのチームに属していた二人の民族学級児童（KI と KJ）にも「外国人」という位置性が「突然」に与えられ、KJ と同じカテゴリーに入れられたわけである。しかし、それを、KJ 以外の児童たちも、「突然」の位置性の付与として感じていたかどうかは確認されていない。重要なことは、問題の核心である「日本語が十分にできない」という部分が蒸発され、「外国人」という境界区分だけが残り、その場にいる日本語に支障のないほかの外国人児童らにもその位置性が改めて刻印されたことである。

　しかし、日本人／外国人という基準ではなく、待ち合わせの時間を厳守した人／厳守しなかった人という基準をもって自分を「厳守した人」にアイデンティファイしていた KJ にとっては、いきなりの「外国人＝非日本人」というポジショナリティの付与は、その場での状況から言い換えると、「待ち合わせの時間を厳守しなかった人（＝ルールを守らなかった人）」と同じカテゴリーに括られることでもあり、その位置性を受け入れたくなかったことが、後日の聞き取りから窺われた。

　以上の二つの出来事からは、多元的であり、文脈依存的・流動的であるはずのポジショナリティとしてのアイデンティティの問題を考えることができる。マイノリティ児童にとって、（主にマジョリティ側によって）アイデンティティは、単純化され、固定化される傾向があるということである。「マジョリティ側はよくマイノリティ同士の間にもある差異を無視あるいは軽視し」、「マイノリティあるいは非日

本人はわれわれとは異なり、彼ら同士は類似している」（鄭暎惠 2003: 29）という規範の働きの一面をみせてくれる一例でもあろう。このように外側から、とくにマジョリティ側からマイノリティ側にさりげなく行われる位置づけは、マイノリティ児童のアイデンティティの多様性や複合性をもつことへの自由を制限することにもなると考えられる。

5 まとめ

　本章では、京都市立小学校における民族学級を「民族型」教育実践の事例として取り上げて、抽出方式を採用していたその場がどのような空間であったのか、その場で学ぶ子どもたちはどのような経験をしていたのかなどを検討してきた。また、民族教育と多文化共生教育をめぐる最近の変化に注目し、二つの教育の間での葛藤や超克の可能性、接点の拡大の様子を確認した。その結果、以下のことを明らかにした。

　京都の公立小学校における民族学級が、戦後から現在に至るまで存続しており、さらに、そのほとんどの期間、抽出方式が採用されてきた点で、ほかの地域と比べて「進んだ」取り組み方が採用されてきたとの評価もある。ところが、民族講師側と学校や行政との間で、積極的な話し合いや、十分な合意のプロセスや協働作業が行われてきたとは言いにくく、1970 年代末に抽出方式での授業が円滑に行われるようになり、学校の取り組みとしての位置性がある程度確保されたにもかかわらず、民族学級はその決まった枠内の中でのみ、それなりの授業を行うことに止まっていた側面があった。さらに、民族学級の存在が学校全体、あるいはほかの市立小学校への波及効果をもたらすことがなかったことも注目に値する。

　カリキュラムをみると、民族名・本名使用を重視し、歴史への学習が行われるなど、従来の民族教育の原則や精神が守られていた。こうした「頑な民族へのこだわり」は、戦前からの日本とチョソン（朝鮮）の歴史、そして朝連が主導した戦後初期の民族教育闘争の歴史の連続線上で二項対立的な設定が引き継がれているところに基づいているともいえるが、それと同時に、こうした関係性は学校や行政、マジョリティ社会との関係、そしてマジョリティ社会からの民族学級への眼差しや位置づ

けなどにより形成されてきた側面もあるようにみえた。民族教育の中で最も重視されている問題は、日本と朝鮮半島の関係をどう伝えるかであり、それを通じて民族意識を涵養させていくことであった。また、日本の学校での歴史認識への違和感、そこからもたらされる民族への負の認識をどう克服するか、という点にも主眼が置かれていた。包括的なカリキュラムの中に、在日が抱えている歴史性や日本におけるチョソン社会とマジョリティ社会との間での対抗的な側面が、意識的にまたは無意識的に取り込まれているところも多くみられた。対象児童の家庭に送られる手紙の中でもみられるように、民族学級にかかわる人たちにとって、日本やマジョリティ社会は依然として「他者または異国」であり続けていた側面もあった。そこには、「異国としての日本」と「祖国としての朝鮮」という二項対立に基づく認識が示されており、「長い異国での生活による民族意識の後退」が懸念されているなど、「多文化共生」といった視点とは合致しにくいところも窺えた。京都の民族学級の取り組みでは、戦前後からのチョソン（朝鮮）が祖国として想定され、そこに現在の在日する民族コミュニティが加えられているように想定されていた。こうした想定の背景の一つとして、植民地や解放の歴史、つまり皇民化教育で失われた民族の言葉や民族性を、民族教育を通じて「取り戻す」という、戦後の民族教育の精神や1950年代の総聯を中心とした民族教育観が、民族コミュニティで生活する民族講師たちによって引き継がれていることが挙げられる。

　そして、民族学級児童のクラスでの二つのエピソードからは、抽出方式で民族学級に参加することが、参加児童に学校空間において「民族」区分に基づく位置性の固定的・優先的な付与により、アイデンティティと位置性（ポジショナリティ）との間での葛藤を経験させることも観察された。マイノリティ児童の位置性の固定化に授業方式が影響したかどうかについては確認できてないが、その相関関係を二つの問題だけではなく、その取り組みを取り巻く環境や様々な関係性の中から、検証していく試みが必要であることに、十分な注意を払いたい。

第
5
章

多文化共生の中の民族学級
：京都、2009 年の記録

京都市立小学校の民族学級児童（5年生）の作品。木材のティッシュ
ケースに、古いハングル文字の模様と、折り紙で作った伝統衣装で飾
られている。筆者撮影。

多文化共生の中の民族学級：京都、2009 年の記録

1 民族学級の課外化と名称変更

　抽出方式で展開されてきた民族学級の授業方式は、2009 年 4 月から全面課外方式へと転換された。民族学級の授業時間編成をめぐっては、以前からも少し変化が現れ、午前中に編成されていた民族学級の授業時間が部分的に午後の時間帯になったこともあった。京都市の説明では、授業方式変更の背景として主に 2 点が挙げられた。まず一つは、京都市の小中学校における在日児童数の減少、そして民族学級に在籍する児童数が減少したことであった。授業方式変更の 1 年前に京都市教育委員会が実施した「外国籍及び外国にルーツをもつ児童生徒に関する実態調査」(2008)の結果では、3 校における民族学級の児童数は、1970 年代には 150 人程度であったが、だんだん減少して、2000 年には約 60 人、2008 年には 34 人になったという(私の調査時点の 2005 年には 39 人であった)。もう一つは、民族学級授業時間が正規授業時間中の「固定」された時間に編成されていたため、全体の授業編成（時間割の作成）に学校側が困っているということで議論が続いたことが挙げられた。こうした議論は、さらに 1990 年代末に文科省の学習指導要領の改訂に伴い新設され

た「総合的な学習の時間」（2000 年から段階的に施行）の実施の際により広がった。以下の教育委員会の説明からは、民族学級の授業方式変更の背景が窺える。

　京都市の小学校、中学校に在籍している韓国籍・朝鮮籍の子どもたちもどんどん減少していきまして、在籍率が 1% 程度になっています。そういうことの中で、それぞれの 3 か校の中で色々変わってきたんですけど、形としては 1950 年代に作られたものがそのまま続いてきてですね。何とか変えていかないという議論がずっとあってきたんですけど、この年度になってはじめて踏み切ったという面があります。

　もう一つ、抽出という形について、行政的には課題となっておりまして、続けていくことの方が課題がたくさんあって。1965 年の文部省の通達の中で「教育課程内で特別なことはしない」というのがあって、現在にも生きているといったら微妙なところもありますけど、そういうこともある関係で、いわゆる授業時間中に特定の子どもたちが別のことをするということについては、教育委員会の中ではずっと議論があったんですね。とりわけ、3 か校の中でいいますと、授業時間に子どもたちを取り出すことについての学校の運営上のさまざまな問題というのか出てきて。たとえば、2000 年頃に総合的な学習の時間というのが学校に導入されて、それまでのいわゆる固定した時間割から 2 週まとめてフレキシブルな時間割を作るとか、あるいはこの週は、水曜日は午前中は全部総合的な学習の時間にして、その次の週は教科の時間を入れるとか、そういうことを学校自体がするようになりまして、3 か校ともに民族学級の時間を固定しておくのがしんどいと。[75]

　この話からは、民族学級の授業方式の変更の背景に、民族学級の参加児童数の減少と、正規授業時間中に民族学級の授業を編成することで全体授業編成に困難があるという学校側の立場以外に、より根本的で長い歴史をもつ背景が存在することがわかる。1965 年の「日韓基本条約」や「在日韓国人の法的地位に関する協定」の

---

[75]　2011 年 12 月 26 日、京都市教育委員会事務局の KE さんへの聞き取りより。京都市教育委員会事務局の会議室で行われた聞き取り調査には、非常勤の専門主事の KE さんのほかに、一人の常勤の担当職員が参加した。

締結後に文部省から出された通達の中に明記されていた日本における在日児童の教育に関する内容であり、通達が出されてから50年以上経過してもなお有効であることである。先述したが、同通達には、学校教育法第一条に規定する学校に在籍する永住許可者およびそれ以外の朝鮮人の教育について、「日本人子弟と同様に取り扱うものとし、教育課程の編成・実施について特別の取り扱いをすべきでないこと」が明記されており、それは1960年代に、民族学級の衰退をもたらした一つの要因でもあった。

　もう一つ、気になる点がある。それは「総合的な学習の時間」が民族学級の時間と摩擦している場面である。教科を超えた様々なテーマを取り入れることができる「総合的な学習の時間」は、その内容や運用における柔軟さが特徴である。京都市の説明にもあったように授業編成も固定されずフレキシブルである。実際、筆者が行ったほかの地域での調査においては、「総合的な学習の時間」が新設されたことで、民族学級の授業が正規授業時間中に取り込まれ、より活性化された例もあった。聞き取り調査を行なった民族教育実践家たちからは、その時間の新設により、地域に存在してきた「民族」が授業のテーマや素材となり、活用される機会が増えたという意見も多く聞こえた。なぜ、京都地域では、「総合的な学習の時間」の新設で、民族学級の授業時間の編成の困難を増したとされたのだろうか。

　こうした変更を、民族講師側はどのように受け止めていたのだろうか。民族講師たちも、以前から、行政や学校内部で、民族学級の授業と連動した授業編成の困難、対象児童や参加児童数の減少、特定の民族的背景をもつ一部の児童たちに対する「特別な扱い」などをめぐっての議論などがあることは十分認識していた。それに対して、民族講師たちは、歴史的な背景を挙げて3校で抽出方式を守りたいことを民族講師側の立場として表明してきたわけである。しかし、2009年2月、行政側から民族学級の授業時間の変更が民族講師側に伝えられ、京都市教育委員会からは、2008

年の学力強化を核心とする新しい学習指導要領[76]（以下、新学習指導要領）の告知・施行（小学校の場合は 2011 年度から本格的な実施）による授業時間の増加のため、週 2 時間の民族学級の授業を正規授業時間中に編成する余裕がないという説明があったという。1950 代の抽出方式の誕生と、1967 年以来、3 校の中で抽出方式での授業が行われてきたその歴史を考えると、民族講師側は「複雑な気持ち」であったが、「何よりも民族学級の取り組みを継続させる」という大原則の下で、行政側の通告を受け入れ、新しい授業方式に臨んだという[77]。以下は、それに関する民族講師の語りである。

　　〔2009 年〕2 月に市教委〔京都市教育委員会〕から通告がきたわけですので、「ある日いきなり」という気持ちもありました。新学習指導要領が大きく変わって、英語の時間が増えたから、民族学級の時間を入れることが難しいという説明でした。〔民族講師として活動した期間が〕長い先生たちは複雑な気持ちだっただろうと思いますが、でも、私たちは、〔民族学級の授業を〕継続することが大事だから、抽出〔方式〕にこだわることは避けることにしました。[78]

　民族学級の課外化は行政側の判断によって進められたわけであり、その過程に民族講師側が主体的に関与する機会は少なかったようにみえる。民族学級の位置性の変化をめぐる民族講師側の主体的な関与の欠如は、1970 年代末の民族学級の位置づけの転換をめぐる現象とも類似していて、また児童数減少と「特別な扱いをしな

76　新学習指導要領は、2008 年に告知され、移行期間を経て、幼稚園の場合は 2009 年から、小学校は 2011 年、中学校は 2012 年、高校は 2013 年からそれぞれ全面実施されるようになった。この改訂により、小学校においては、国語・社会・算数・理科・体育の授業時間数が 10%程度、中学校においては、国語・社会・数学・理科・外国語・保険体育の授業時間数が 10%程度増加することになった。文科省のホームページ（http://www.mext.go.jp/component/a_menu/education/micro_detail/__icsFiles/afieldfile/2011/03/30/1234773_001.pdf）より。2011 年 9 月 1 日取得。

77　2011 年 9 月 1 日、京都市立 C 小学校の民族講師 KC さんへの聞き取りより。

78　同上。

い」という原則の再認識の背景は1960年代における民族学級の衰退期とも類似しているようにみえる。

　一方、行政側への聞き取りでは、「事前に民族講師にも話をして進めてきた」という説明があり、講師側との間で認識のずれがあることも窺えた。以下は、京都市教育委員会事務局側の説明である。

　　　抽出という枠を外すことのメリットとデメリットがあるという中で、とりわけ、外すことになって、子どもたちが放課後ですから行きにくくなるのではないか、参加する児童の人数が減っていくのではないか、というのが、とくに講師の先生の側から心配としてありまして。ただ、なんとか教育課程内の時間として位置づけられてる時間から外した形で、2時間確保したいという、そういうことを2008年度に講師の先生とも学校長とも話をしながら提案しながらきたんです。……2008年から2009年に変わるときに、放課後になって人数〔民族学級への参加児童数〕が減ることは今まではないですね。したがって学校としての時間割の組み方と今まで大事にしてきた在日コリアンの民族教育をどのように両立していくかというのが、2008年度の課題でしたので。そういう形で、今年で3年目ですけど。当然講師の先生の不安みたいのもありましたけれども、2008年度に、こういう形で変えていきたいと考えていることを説明してですね、それで、そのときの希望とかですね、不安とかを出していただいて、学校との時間割を少し工夫していただくという形で相互とも理解を得ながら変えていきました。……2009年度からはこれまでいわれてきた抽出学級は、なくなったという、2008年の説明会にはまず講師たちに説明しましたし……[79]

　その後も、3校のうち参加児童数の最も多い1校においては、学校側の協力の下で、休みの時間などを調整し、民族学級の授業が正規授業の終了後ではあるが、まったく放課後の時間にはならないように工夫し、運営しているところもみられ、学校における様々な関係性も民族学級の運用に大きな影響を与えているところが窺

79　2011年12月26日、京都市教育委員会事務局のKEさんへの聞き取りより。

われた。

　民族学級の課外化により、民族教育の現場では、実際、どのような変化がもたらされているのだろうか。参加児童数はほとんど変化していないが、民族学級の位置づけには変化が現れていることを実感しているというのが民族講師側の説明であった。まず、授業としての拘束力がなくなり、欠席がより自由になり、学習という側面よりは放課後の活動という位置性が強くなったと認識されている。民族学級のカリキュラムは変わってはいないが、授業の進め方としては、児童たちの参加を促すような「勉強よりは文化体験」という性格が強まっている。しかし、放課後の授業になったことで、抽出方式では参加しなかった児童が来るようになったケースが出てきたのも、一つの変化であるという。その一つの理由として、授業時間が変更されたことで、抽出方式では民族学級の児童に優先的に付与されていた在日韓国・朝鮮人という立場からより自由になることが可能になり、その効果として新しい参加者が入ってくるという結果をも生み出しているのではないかという解釈も考えられる。

　民族学級の授業の課外化と同時に、民族学級の名称変更も行われた。民族学級の名称も「コリアみんぞく教室」へと変更された。今まで、民族だけで韓国・朝鮮民族を表していたのは、戦後、日本人以外のほかの民族は韓国・朝鮮民族がほとんどであったからだが、日本における多民族化の現象が進む中で、今までの「民族＝朝鮮民族」のような図式をそのまま維持させていくには困難であるという指摘が多くなり、「民族」の前に「コリア」という表現がつくようになった。京都市側は、民族学級の名称が「コリアみんぞく教室」へ変更された経緯について以下のように説明した。

　　「コリア」はカタカナで、「みんぞく」は子どもがわかるようにひらがなで、学級は「教室」に変えました。学級という名称が、現在の形態の中で適当なのかどうか、学級というと、たとえば、育成学級とか、子どもたちが教室に朝から所属してずっといるという形が学級ではないかと。これまでの民族学級ではある時間帯のみ一時的に週２回行っているので、一般的な名称からいうと、「教室」という名称のほうが適当ではないか。それから、民族というとね、民族は非常に抽象的な言葉ではないかと。関西では、「民族学級」とか「民族教育」というと、「コリアン民族」を対象とするというのが暗黙的ですけど。いろいろ検討をしたんですけど、民族という言葉はやっぱりずっと使っ

てきたこともありますし、そういう点で子どもたちも分かるように「みんぞく」というひらがなにして残そうと。名称として「コリアみんぞく教室」にしましょうと。[80]

　こうした名称変更の経緯についての説明からは、地域行政側が、多民族・多文化化という社会現象を反映しようとする方向性とともに、民族学級の「みんぞく」を残すことで「民族」と「多文化」の断絶を防ごうとする行政側の試みもみられた。
　しかし、一方で、「コリアみんぞく教室」に対しては、当事者側からは違和感を訴える声もあった。民族学級の元保護者の以下の語りはそれを表している。

　　今は、確かに「コリア」という言葉が好まれてますね。私は、「朝鮮」とか「韓国・朝鮮」のほうがいいと思いますけどね。今、朝鮮というと、拒否感〔を〕示す人も多いよね。植民地とか昔のことばかり思う人もいるでしょうね。それ〔朝鮮または韓国・朝鮮という表現を〕使うと、〔その表現を使った取り組みに〕人が、来ないかもね（笑）。でも、「コリアみんぞく教室」というと、私たち〔在日韓国・朝鮮人〕にとっては、なんか寂しい。前とは全然違う感じ。でも、明るい感じはしますね（笑）。[81]

　当事者にとって、「韓国・朝鮮」や「朝鮮」、「コリア」という表現は、歴史性との関連において異なる意味をもつ。「朝鮮」という言葉へのこだわりは、この表現が戦前の植民地の歴史、戦後の民族への弾圧や差別・抵抗の歴史を反映しており、「過去の歴史」を象徴するという認識の下でのこだわりなのである。したがって、朝鮮民族学級や韓国・朝鮮民族学級となると、こうした歴史性を反映する民族教育の場になるわけである。しかし、ここで、コリアという表現が使われることになると、当事者たちは過去とは断絶された今のコリアを連想することになり、そこで歴史性が消えてしまうような印象を受けているのである。

---

[80]　同上。

[81]　2011年6月13日、民族学級の元保護者のKHさん（在日3世、女性、40代）への聞き取りより。

2 「京都市土曜コリア教室」の開設

　民族学級の課外化と名称変更は、もう一つの取り組みとほぼ同時に進められた。民族学級が設置されていない小学校に通う在日児童を対象とする「京都市土曜コリア教室」（以下、「土曜コリア教室」）の新設であった。

　民族講師側は民族学級の課外化への抵抗感をもっていたが、授業時間中の編成を維持することに対して限界も感じており、民族学級が設置されていないほかの小学校に通っている在日児童たちにも民族教育の機会を広げるとの提案を肯定的に受け止めていた。2009年度より、課外方式での「コリアみんぞく教室」と「土曜コリア教室」が同じ年に開始されるようになった。

　京都市土曜コリア教室は、京都市内に在住する小学校3年生から6年生を対象とし、土曜日午後1時半から4時までの2時間半の間、年間11回の予定で、京都市総合教育センターで行われている。以下は、京都市による京都市土曜コリア教室についての説明である。

　　京都市内の学校には、たくさんの韓国・朝鮮籍児童や韓国・朝鮮にルーツを持つ児童が在籍し、日本人児童やいろいろな国の児童とともに学んでいます。文化やくらしは、国や民族によって様々なちがいがあり、互いのちがいを理解し、大切にすることが必要です。土曜コリア教室では韓国・朝鮮の簡単なことばを学習し、遊び・音楽・工作などを体験することで、韓国・朝鮮の文化やくらしについて理解を深めます。[82]

　2011年度京都市土曜コリア教室の参加児童募集案内には、参加を以下のような文章で呼び掛けていた。

　　韓国・朝鮮のことばや文字を学んだり、遊びや音楽にふれたりしながら韓国・朝鮮の文化やくらしを学ぼう！友だちの輪を広げよう！みんなで楽しく

---

[82]　京都市教育委員会が作成した「平成23年度 京都市土曜コリア教室 参加児童募集」の案内文より。

コリアのことについて学びませんか？ [83]

　民族講師側への聞き取りによると、民族講師側は、京都市との話し合いの中で、土曜コリア教室は民族学級が設置されていない京都市内の小学校に通う「ウリアイドゥル」（＝私たちの子どもたち）に民族意識の涵養の機会を広げるとの趣旨をもっていると受け止めていたが、実際に、同教室の参加者の約3分の2が日本人児童になっていたという。ルーツをもつ児童を含めても「ウリアイドゥル」は少ない状況になっていることに、民族講師側は戸惑いを表していた。韓流ブームの影響で韓国への関心が高まり、日本人児童の希望者が増加したことや、「民族」への取り組みに在日韓国・朝鮮人の参加希望者が少なくなっている現実があった。

　一方で、京都市側の聞き取りや土曜コリア教室の案内文をみると、この取り組みの主な対象が在日またはルーツをもつ児童に限定されていないことがわかる。この実践をめぐっても民族講師側と行政側との間で立場の乖離があることが窺えた。京都市関係者への聞き取りでは、「土曜コリア教室のほうは民族を限定してないので、日本人の子どもたちも来ています。国籍やルーツの把握はしておりませんが、半分近くはルーツをもっているのではないかという」という話があった [84]。その案内文における同教室への説明をみても、「韓国・朝鮮の文化やくらしについて理解を深める」主体や、「友だちの輪を広げよう」とする主体は、韓国・朝鮮人児童であるよりはむしろ日本人児童となっているとも解釈できる。「土曜コリア教室」の実際の位置づけ（とりわけ、行政側が定めようとする位置づけ）と民族講師側が期待する位置づけとの間の乖離について、民族講師は以下のように語った。

　　　私は、「土曜コリア教室」の新設をめぐって、行政側と話し合う中で、「土曜コリア教室」が民族学級のない学校のウリアイドゥルに民族教育を提供すると思って、そこで教えることを望んだわけですが……最初は、ウリアイドゥルが多かったんですけど、今は、3分の2以上が韓国・朝鮮とは関係のない日本人の子たちになっています。そういうこと〔日本人児童を対象とし

83　同上。

84　同上。

て韓国・朝鮮を紹介すること〕も意味があるとはいわれますけど。民族講師
の中でも意見が分かれるかもしれませんが、私は公立学校に通うウリアイ
ドゥルに民族のことを教えることが自分の役目だと思っています。[85]

　こうした変化への戸惑いは、公立学校の現場での民族教育を戦後の公立学校の中
の「ウリアイドゥル」のための民族教育の延長線上で受け止めている民族講師たち
の立場を反映しているものでもあろう。そのため、民族問題が抱えている歴史性を
抜きにして、言葉や文化の紹介を中心とする「コリア」を全児童または日本人児童
に向けて紹介するという国際理解教育・多文化共生教育的な取り組みに対して、民
族教育の実践家側は、それが「ウリアイドゥル」の民族的アイデンティティや差異
の「承認の不在」や「歪められた承認」を是正するに役立つとの認識をもっている
にもかかわらず、それに対する違和感を抱いており、歴史と断絶されている多文化
共生教育を一種のプレッシャーとして感じているところもあった。

3 「数の論理」としての多文化共生
：「民族の文化にふれる集い」における変化

　多文化共生の潮流の拡散が教育現場でもたらしている変化は、「民族の文化にふ
れる集い」における最近の変化でも窺うことができる。「民族の文化にふれる集い」
は、1992 年「京都市立学校外国人教育方針──主として在日韓国・朝鮮人に対す
る民族差別をなくす教育の推進について」(以下、「外国人教育方針」) が正式に策
定された後、韓国・朝鮮文化をテーマとして京都市教育委員会と京都市小学校外国
人教育研究会、京都市立中学校教育研究会外国人教育部会の共同主催で毎年行われ
ている行事である。実際、京都市小学校外国人教育研究会に属する教員の中には、
民族学級の設置校に勤めた経験をもつ教員や調査時点で勤めていた教員も少なくな
かった。彼／彼女らは、民族学級の実践がうまく進められるように協力しており、

85　2011 年 4 月 11 日、京都市立 C 小学校の民族講師 KC さんへの聞き取りより。

民族講師が教員研究会や研修会で民族問題について発言できる機会をつくるなど、民族学級の取り組みへの理解を広げようとしてきた。この集いには、民族学級の児童が京都朝鮮学校や京都国際学校、京都市立小学校の児童たちとともに参加し、公演を行ってきた。この集いは「豊かな韓国・朝鮮の文化・芸術・生活等にふれ、隣国のすばらしい文化に対する正しい認識を深めるとともに、古くから深い交流のあった互いの民族や国の文化・伝統の多様性やちがいを知ることで、それぞれ価値ある者として認めあい、尊重していく機会となること」[86]をその開催の趣旨として挙げている。

　この集いは1992年に策定された「外国人教育方針」の中に明記されている「本市教育の重要な課題」として、在日韓国・朝鮮人に対して「根強く存在」している「日本の植民地政策等の歴史的・社会的背景からの民族的偏見や差別」の解消に向けての取り組みとして始められた（京都市教育委員会 1992: 1）[87]。国際理解教育に対する「民族」側からの批判である「ただの外国の文化紹介」以上の、歴史や社会的な文脈を踏まえた文化紹介の行事としても評価される側面もあり、そのため、朝鮮学校や民族学級側もその場への参加や準備に積極的であった。1990年代にはその行事を観に来る日本人の児童や保護者、教員たちも多かったという。しかし、筆者が調査を開始した2000年の半ばには、参加児童や保護者、担当教員、主催側の担当者以外はほとんど来ないくらいに、すでに社会的関心は高くなかった。

86　京都市教育委員会などが作成した「第15回民族の文化にふれる集い──豊かな文化との出会いと交流」（2006年11月25日、京都こども文化会館 エンゼルハウス）のお知らせ（1次案内）より。

87　「京都市立学校外国人教育方針」の中には以下のように明記されている。「（前略）日本社会には、今なお、近隣アジア諸国等の人々を軽視したり、蔑視したり、忌避したりする等の意識が存在している。とりわけ、在日韓国・朝鮮人については、日本の植民地政策等の歴史的・社会的背景から民族的偏見や差別が根強く存在しており、その解消に向けての取組は本市教育の重要な課題である」（京都市教育委員会 1992: 1）。

表10 「民族の文化にふれる集い」の変化（2009年度前後の比較）

	第15回民族の文化にふれる集い	第19回民族の文化にふれる集い
開催日	2006.11.25	2011.1.30
根拠	1992年、「京都市立学校外国人教育方針――主として在日韓国・朝鮮人に対する民族差別をなくす教育の推進について」 ＊「外国人教育方針」の主眼点 ①すべての児童・生徒に、民族や国籍の違いを認め、相互の主体性を尊重し、共に生きる国際協調の精神を養う。 ②日本人児童生徒の民族的偏見を払拭する。 ③在日韓国・朝鮮人児童・生徒の学力向上を図り、進路展望を高め、民族的自覚の基礎を培う。	同左 2008年、「外国籍及び外国にルーツをもつ児童生徒に関する実態調査のまとめ」と2009年、「外国人教育の充実に向けた取組の推進について」 ＊「実態調査まとめ」の主眼点 ①外国籍の在籍人数の減少、外国籍とほぼ同数の外国にルーツをもつ日本国籍の在籍。 ②日本国籍をもつ在日韓国・朝鮮人の増加。 ③在日韓国・朝鮮人以外の中国やフィリピンなどの国籍やルーツをもつ新たな外国人が増加。日本語の学習支援が必要。
趣旨	「第15回民族の文化にふれる集い」は、京都市内の学校の取組の発表や演技などを通して、その交流を深めていくことを祈念して開催するものです。また、この催しを通して、多くの方が、<u>豊かな韓国・朝鮮の文化・芸術・生活等に</u><u>ふれ、隣国のすばらしい文化に対する正しい</u><u>認識を深めるとともに、古くから深い交流の</u><u>あった互いの民族や国の文化・伝統の多様性</u><u>やちがいを知ることで、</u>それぞれを価値あるものとして認めあい、尊重していく機会となることを願っています。	「第19回民族の文化にふれる集い」は、京都市内の学校の取組の発表や、演技などを通して、交流を深め、<u>韓国・朝鮮をはじめとす</u><u>る様々な国や民族の文化・芸術・生活等を知</u><u>り、それぞれの文化に対し正しい認識を持</u><u>ち、</u>価値あるものとして尊重していく機会となることを願っています。
プログラム	①嵯峨中：韓国・朝鮮童謡の吹奏楽 ②京都国際学園中・高等学校：韓国・朝鮮の舞踊 ③醍醐西小：日本語と朝鮮語での合唱 ④京都朝鮮第二初級学校：韓国・朝鮮の舞踊 ⑤京都朝鮮中高級学校：韓国・朝鮮の楽器演奏と歌 ⑥崇仁小：韓国・朝鮮の民話の劇 ⑦京都市立養正小民族学級：韓国・朝鮮の踊り ⑧郁文中：日本と韓国の合唱	①陶化中：韓国・朝鮮の歌と日本の歌の吹奏楽 ②洛友中夜間部：韓国・朝鮮の民謡の合唱 ③陶化小コリアみんぞく教室：日本、中国、韓国・朝鮮の舞踊・楽器演奏 ④京都朝鮮第三初級学校：韓国・朝鮮の舞踊 ⑤向島中日本語教室：中国、ポルトガル語の歌 ⑥醍醐西小アジア部・日本語教室（日、ニューカマー）：「日本語教室へようこそ」劇 ⑦陶化小6年生：「大きな輪をつくれ」歌 ⑧京都朝鮮中高級学校：韓国・朝鮮の楽器演奏 ⑨京都市土曜コリア教室：日本語と韓国語での合唱 ⑩京都国際学園中・高等学校韓国舞踊部：韓国・朝鮮の舞踊
特徴	韓国・朝鮮のテーマがプログラムの全体のテーマとなっている。	韓国・朝鮮のテーマ（約7割）に、中国などのニューカマーの出身国のテーマ（約3割）が加えられている。

＊ 京都市教育委員会のホームページの「民族の文化にふれる集い」案内および筆者の参与観察に基づき作成

2000年代後半には行事の中身にも変化がみられた。韓国・朝鮮を単独のテーマとし、韓国系と朝鮮系の民族学校や、京都市立学校、京都市立小学校の民族学級が参加していたこの集いは、2009年を境に、ニューカマー外国人の問題を取り入れるようになり、また「京都市土曜コリア教室」の児童たちも出演するなど、参加者やテーマがより多様化された。2011年1月30日に開かれた「第19回民族文化にふれる集い」では、2校の市立小学校の日本語教室のニューカマー外国人児童たちが出演し、中国語やポルトガル語での合唱などを行っていた。

　一連の変化の背景として、2007年、同委員会が、京都教育委員会の職員と京都市立小・中学校外国人教育研究会代表者、陶化小学校と陶化中学校の校長、大学教授の12名で構成された京都市外国人教育プロジェクトチームを設置し、「外国籍及び外国にルーツをもつ児童生徒の実態調査」を行い、その結果がこの集いにも反映されたことがあった。この実態調査のまとめには、①外国籍の児童生徒の減少とほぼ同数の外国にルーツをもつ日本国籍者の在籍状況、②在日韓国・朝鮮国籍者の減少と日本国籍をもつ在日韓国・朝鮮人児童生徒の増加、③中国やフィリピンなどの外国にルーツをもつニューカマー外国人児童生徒の増加と日本語学習支援の必要性などの調査結果を踏まえて、「新たな外国人教育の枠組みを構築する必要」があることが明記されていた。この実態調査のまとめは、2008年3月に、1992年に策定された「外国人教育方針」を補足するよう、各学校に通知された。

　このような行政側の外国人教育の枠組みの再整備が必要であるとの立場は、「民族の文化にふれる集い」にも変化をもたらした。こうした変化は、歴史的・社会的文脈の中で、韓国・朝鮮を指し示していた「民族」が、ニューカマー外国人の増加に伴い、より多様な民族をも包括していく過程であるが、そこでは「数の論理」が大きく働いていた。今まで京都の民族教育の場を形成していたメカニズムは、「数の論理」でもあると同時に「歴史の論理」でもあった。なぜなら、戦後から1980年代半ばまで、在日外国人の圧倒的なマジョリティは在日韓国・朝鮮人であったため、在日外国人を意識した取り組みを創設するに当たって、量的な基準と質的な基準（歴史的な意味をもつという意味で）のどちらかを適用しても、その結果は変わらなかった。しかし、在日韓国・朝鮮人の減少やニューカマーの中国人や日系ブラジル人、フィリピン人などのより可視化されたニューカマー外国人の増加、そして多文化共生の潮流の拡散は、今までの「数の論理」と「歴史の論理」の互換可能性

に変化をもたらした。二つの論理は互換性を失い、「数の論理」だけが支配的な論理となる傾向が多くの多文化共生の現場には現れている。歴史の論理がニューカマー外国人に向けては普遍的な論理でない、という認識もその背景にはある。最大の在日外国人グループであり続けてきた韓国・朝鮮籍者の集団は、2007年末、はじめて中国に続く第二グループとなった。さらに、その割合の減少は毎年続いている。京都地域では依然として在日韓国・朝鮮人が最大の外国人グループではあるが、こうした潮流の中で「韓国・朝鮮」の民族教育が今まで依拠してきた「歴史」と「数」という両軸のうち「数の論理」が多文化共生を目指している実践現場で、選択され、重視されるようになり、在日韓国・朝鮮人もほかの外国人集団と併置される過程の中で「歴史性」の希薄化を余儀なくされる傾向があるのではないか、という疑問も生じる。

4 まとめ

　本章では、2000年代末に、民族学級をめぐってのいくつかの変化が現われたことが確認できた。

　まず、一つの変化は、行政側の主導の下で2009年度から民族学級の名称が変更され、民族学級の授業が放課後の授業となったことである。それに伴い、民族教育の現場では変化が現われていた。民族講師側は、正規授業としての拘束力がなくなったため、欠席がより自由になり、授業内容においても学習という側面よりは放課後の活動（部活）のような位置性が強くなったと認識していた。基本的なカリキュラムは変わっていなかったが、参加を促すために「勉強よりは文化体験」の性格を重視するようになった。しかし、変更後に、抽出方式のときには来なかった児童が参加する例も出ていたことも一つの変化として受け止めていた。

　もう一つの変化は、京都市に住む小学生（在日と日本人の両方を含む）を対象とする「京都市土曜コリア教室」が開設され、そこで民族講師が「韓国・朝鮮」を紹介するようになったことである。強い「民族志向」「歴史志向」をもって展開されてきた公教育における民族教育と、文化の相対化により脱歴史化の方向性を帯びるとの指摘も受けている多文化共生教育との間でも、新しい関係が生まれ接点が模索

されている場面でもある。また、民族講師が京都市主催の「京都市土曜コリア教室」で講師として教えるようになったことは、京都市が小学生を対象とする多文化共生教育の場に、それなりに歴史性・ポストコロニアル性への問題認識を取り入れていることの表れでもあり、評価できる場面であると考えられる。しかし、二つの教育の交差の場を広げながらも、依然として民族教育の場で重視されてきた歴史性の問題については十分に議論されておらず、また、変化への合意に至るまでの十分な議論のプロセスも欠けているのではないかというのが、聞き取り調査の中で窺えた。

　要するに、「民族型」実践における葛藤の核心は、ほかの地域でも共通しているように「歴史志向」「特殊」「在日」と「多文化共生志向」「普遍」「ニューカマー」をめぐる葛藤であるが、とりわけ、京都においては公立学校の中に特殊な民族を対象とする授業を正規授業時間中に編成することをめぐる民族講師側と行政側との間での葛藤が中心的な懸案であった。その背景には、民族教育の主体が、戦後の民族教育が朝連から総聯に引き継がれる延長線上に置かれているという側面があることは、先述した通りである。強い歴史志向に基づく「民族型」教育実践においては、グローバル化とともに深化していく地域社会の多様性を反映しようとする文化共生教育とうまく調和しにくいという限界、そしてその接合をめぐる違和感をつねに露呈してきているところが確認された。

　しかし、一方では、こうした葛藤の超克の可能性も示唆された。1950年代初頭から現在に至るまでの60年以上の間、公教育における民族教育問題をめぐって持続的な議論（葛藤であれ、協働的であれ）の蓄積は、実際、公教育の場において、在日の歴史や民族教育の問題を、ほかの地域と比べて初期の民族教育の原型に近い形で継承し、取り入れることにつながった。京都の公教育における民族教育の内容や民族講師の教育観、講師の出自や支持組織、民族教育の場の取り組み方などの様々な「広義のカリキュラム」の中に、在日の歴史やポストコロニアル性が生かされている点、つまり、現代日本社会の公教育の中に歴史性を重視する方向性が継承されている点は、評価すべきところであろう。一例として、最近まで抽出方式が維持されてきたことや、民族講師が新設された京都市土曜コリア教室の講師として活動していることは、在日の歴史性を重視しようとする方向性に対する行政側の共感なしには実現できなかったはずである。民族講師側と地域行政側が、最近の歴史志向から多文化共生志向への重点のシフトをめぐって、立場の相違や葛藤をみせながら

も、グローバル時代に向けての新しい道を、協働作業を通じて模索している場面は、歴史性と多文化共生が完全に断絶していないことを表している。

　多様化されつつある現代日本社会において、戦後の政治的・葛藤的な背景の下で出発し、民族コミュニティへの所属意識や民族的アイデンティティを目指してその原型を継承しようとしてきた京都の公教育の中の民族教育の場が、どのように在日の特殊性・歴史性を保存あるいは変容しながら多文化・多民族との共生の道を広げるのか、そして地域行政側からはどのようにして地域における「民族」を消せず、「多文化」との調和を実現していくかが、今後の課題になるだろう。

補論：近年における変化

　京都では、2000年代末に、民族学級の授業時間や名称の変更、そして学校外における京都市コリア民族教室の新設といった一連の変化があった。2010年代に入ってからは、多少の変化はみられているものの、その取り組みは続けられている。しかし、民族学級の設置学校数には、学校統合による変化がみられている。2012年度に、東九条にあった民族学級設置校2校（陶化小学校と山王小学校）が、近くの小学校1校や中学校1校と一体化され、小中一貫校（凌風小中学校）となり、京都における民族学級の設置校数は3校から2校となった。

　2010年代にも、民族学級の授業は以前と変わらず週2回行われているが、その場の位置性には変化が現れている。先述したように、正規授業時間中から放課後に授業時間が変更されたため、民族学級には「授業」というよりは「放課後の活動」のような位置性が付与されるようになり、参加児童の意識や参加をめぐる民族学級や学校側の拘束力はより弱まっている。民族講師によると、授業内容も、学習よりは文化体験の方に重点が置かれるようになったという[88]。学校とのかかわりは学校による違いはあるが、民族講師が年数回程度、原学級に入って国際理解とかかわる授業を行なっていることは、2000年代と変わらない風景である。

　ところが、対象児童の構成には一層変化が進んでいる。京都だけの変化ではないが、参加児童の中には、韓国・朝鮮籍者より、日本国籍者（実際、重国籍者も多く含まれている）の方が多くなっている。以前には、民族学級の講師たちが、韓国・朝鮮籍者でない児童の中でだれがルーツをもっているかを把握することは、それほど難しくなかった。民族学級の

88　2020年6月22日、民族講師KCさんへの聞き取りより。

設置校が在日の多数居住地域に位置していることもあり、何人かに聞けば、民族学級の対象児童や家庭環境が大体わかるような場合が多かったが、最近においては、状況が大きく変わっている。ほかの地域からの移動も増えており、だれがルーツをもっているか、わかりにくい場合も少なくないという。こうした点は、民族学級の対象児童を把握する際に、学校側、とりわけ、担任教員の協力が必要となり、今後、民族学級の運営には学校側との協同的な関係がより必要とされるだろう。

　2009 年に新設された「京都市土曜コリア教室」にも、変化が現れている。同教室は、京都市内に在住する小学校 3 年生から 6 年生を対象とし、韓国・朝鮮の言葉や文字の学習、遊び・音楽・工作の体験などを通して韓国・朝鮮の文化や暮らしについて理解を深めることを目的とする京都市の国際理解教育事業の一つである。初年度の 2009 年から、年 12 回の授業が行われてきたが、最近においてはその回数が縮小された。2020 年度京都市土曜コリア教室の参加児童募集案内には、プログラムが 9 月からスタートして 5 回で終わる予定になっている。また、2020 年 1 月に、第 28 回を迎えた「民族の文化にふれる集い」にも変化が窺える。2020 年のプログラムの内容をみると、韓国・朝鮮をテーマとしたプログラムの割合（プログラムの出演数を基準にした場合）が、2000 年代と比べてさらに低下しており、また、この行事で韓国・朝鮮人の在籍率が高いと知られていた洛友中学夜間部[89] が、中国の歌を歌ったことも目を引く。こうし

89　洛友中学夜間部は、戦前後の混乱など様々な事情で義務教育を終了していない人や不登校などで授業の大部分を欠席したまま中学校を卒業した人たちが学んでおり、仕事や結婚などで外国から来日し、母国で義務教育を修了していない人も対象である。前身の夜間中学が 1968 年開設されて以来、632 人が卒業しており、2019 年度には韓国・朝鮮、中国、モロッコなどを含む 10 代から 70 代の 24 人が在籍している。朝日新聞（2019.10.24、https://www.asahi.com/articles/ASMBR3PZPMBRPLZB003.html）より。

た一連の変化の背景には、在日韓国・朝鮮人の減少やニューカマー外国人の増加現象があると考えられる[90]。今後、ますます在日韓国・朝鮮人の減少や複合化、そしてニューカマー外国人の増加が予測される中で、どのように実践が繰り広げられていくか、歴史性と多文化共生という視点がその実践現場でどのように現れていくか、注目に値する。

　最後に、京都の民族学級の講師たちにも変化がみられた。2010年代に入り、民族学級の講師は、すでに在日三世の講師たちが中心となっている。2000年代の調査時点で、1970年代以降の民族学級の様子や当時の変化について、生々しい話を聞かせていただいた二世の先生たちは、すでに引退されている。こうした新しい世代の民族講師たちは、2010年代に入り、大阪の民族講師たちやコリアNGOセンター、韓国の在外同胞への教育支援を行う京都韓国教育院とも交流や連携を広げている。大阪の民族学級との連携がほとんどなかった2000年代と比べると、最近では、交流や連携が広がっている様子が窺える。その背景には、民族講師の世代交代に加え、2012年には韓国政府が海外に居住する同胞たちに対して参政権を与えたことをきっかけに韓国社会から在外同胞への関心が高まる中で、主に海外にある韓国学校を対象としていた韓国政府の在外同胞に対する教育支援事業が、その周辺まで広がり、民族学級もその対象となったことも挙げられる。詳細については、大阪のところで後述するが、こうした新しい流れの中で、京都の民族学級の講師側も、大阪の民族講師たちと韓国の在外同胞教育関連イベントにも参加し、発言する機会や交流を通じて意見交換をする機会を広げている。こうした点は、京都地域の民族学級をめぐる重要な変化の一つとして思われる。

90　京都市における外国人の構成には変化が進み、2010年の調査時点で60%を超えていた韓国・朝鮮籍者の割合は2019年末には40%台となった。京都市情報館のホームページより（https://www.city.kyoto.lg.jp/sogo/page/0000193275.html）。

第6章

大阪の民族学級
：「覚書型」民族教育実践の
誕生から「長橋闘争」まで

第6章

大阪の民族学級
：「覚書型」民族教育実践の誕生から「長橋闘争」まで

　本章では、大阪の公立小中学校における民族学級を事例として、戦後の大阪地域における民族学級の生成背景や展開過程、その場の位置性の変化を中心に検討する。大阪地域において、民族教育が学校や地域行政側が導く多文化共生教育との交差・接合過程において、非歴史化することなく、両方の折衷・混交を試みていると判断される「折衷型」教育実践の土壌が、どのように形成されてきたか、その過程と背景を明らかにする。

　大阪地域の公教育における初期の民族教育は、京都と同様に政治的・葛藤的な背景の下で生成されたが、いくつか相違点もある。大阪では、民族講師側と民族団体の間の組織的な連携や民族学級の授業方式をめぐる本格的な闘争運動がみられなかったこともその一つである。また、1970年代初頭には、部落解放運動に対する在日児童の異議申し立てから触発された公教育における民族問題が、学校の教員を中心とした運動として広がり、「学校の取り組み」としての性格をもつ新しいタイプの民族学級を新設させ、その後も多くの学校へ民族教育の場を広げたことは、大きな違いである。

　ここでは、大阪地域において、戦後の民族学級の生成背景や、1970年代における民族学級の位置転換の背景、民族教育の原則や意義などを検討し、「折衷型」教

育実践の土壌を形成してきた一連の過程を辿る。まず、大阪事例における戦後の初期の歴史に焦点を当てて、その場の生成過程と初期の民族学級のあり方と特徴、位置性を明らかにし、1970年代における公教育現場における新しい民族学級の登場と拡散過程、そして、そのメカニズムの解明を試みる。

1 公立学校における民族学級の場の生成過程と位置性

1.1. 阪神教育闘争と「覚書型」民族学級

　大阪においても、京都地域と同様に、終戦直後、「国語講習所」という民族教育の場が設けられており、朝連結成後には朝鮮人学校として整備された。当時、大阪には、建国工業学校、建国高等女学院（1946年3月）、第一、第二ウリ学校（金鋼学園の前身、1946年4月）、生野ウリ中等学園（1946年4月）などがあった（民族教育ネットワーク編 1999: 99）。しかし、1948年1月、GHQと日本政府による朝鮮人学校への閉鎖措置が行われ、同年4月23日には、大手前公園（現在の大阪市中央区大阪城公園）で数千人が集まり、抗議集会が行われた。そこには、在日だけではなく、朝連との協働関係を築いていた日本共産党の人たちも多く参加していていた。朝連と共産党が連携した当時の状況から、GHQと日本政府は、民族教育の要求を教育問題としてではなく、治安・政治の問題として捉えていたとの解釈もある（稲富 2008: 40）。GHQは、4月25日、戦後唯一の非常事態宣言を宣布し、朝鮮人学校の閉鎖に反対するデモや抗議活動に対して武力的な鎮圧を行い、翌日には大阪府庁前で起きたデモに参加していた当時16歳の少年が警察の射撃により死亡したほか、多数の負傷者が発生した。参加者の中には検挙・拘束され、その後、長期にわたって投獄された人たちも少なくなかった（朴正恵 2008: 12）。この時期に民族教育の闘争が激しかった大阪地域では、その後も阪神教育闘争に対する集合的な記憶に基づく民族教育の精神が、ほかの地域と比べて、よりリアリティをもって引き継がれてきた。

　以後、収束に向けて話し合いが行われ、同年5月5日、文部大臣と朝鮮人代表との間に「1948年覚書」が交わされ、翌日にはその具体的な内容を規定した通達が

出された。「1948年覚書」とその後の通達を受けて、同年6月4日、大阪府知事と朝鮮人代表との間で覚書（「大阪6.4覚書」）が交わされて、そこでは、公立学校において、課外での民族教育を認めることなどが合意された。同覚書の第4項には、「朝鮮人児童・生徒の在学する大阪府下の公立小中学校に於いては、左の条件の下に課外の時間に朝鮮語、朝鮮の歴史、文学、文化等について授業を行うことができる」ことが明記されていた。なお、ここで「左の条件」とは、①右授業は当該公立学校長の管理と責任に於いて行うこと、②右授業を希望する児童生徒が一学級を編成するに足る人数であること（但し、児童生徒が少数の場合は、当該学校長と協議の上、朝鮮人側の委嘱する教師により授業を行うこと）であった。この覚書は、その後、公立学校における民族学級の設置の根拠となった（大阪市立中川小学校2000: 89）。

　しかし、1949年10月以降、再び朝鮮人学校への実質的な閉鎖措置が行われる中で、大阪では44校の朝鮮人学校に対する閉鎖命令が出され、そのうち、「中立的な立場」を堅持していた1学園3校（白頭学院建国小・中・高）を除くすべての学校が閉鎖された。それにより、多くの在日児童は日本の公立小学校に転校させられることになった。1950年には、「大阪6.4覚書」に基づき、大阪市の北鶴橋小学校、中川小学校、小路小学校（以上、生野区）、北中道小学校（東成区）、加美小学校（平野区）をはじめ、大阪府全体には33校の中に「特設学級」が設置され、放課後に授業が行われるようになった。最初に「特設学級」と呼ばれていたその名称は、その後、「朝鮮語学級」となり、また、その後、「民族学級」と呼ばれるようになった（朴正恵2008: 24-5）。民族学級という名称は、とりわけ、実践現場で好まれ、今日にまで使われている。その名称は、「特設学級」や「朝鮮語学級」などのように日本社会側から眺められ、呼ばれるような名称ではなく、在日側が自らをみつめ、その場の主体性を強調しようとする意志が含蓄されている名称なのである。なお、1950年代初頭に設置された民族学級は、1972年以降、学校側の自主的な取り組みとして生まれた新しい形態の民族学級[91]（以下、「1972年型」民族学級）と区分する形で、「覚

91　1972年以降に新設された民族学級（「1972年型」民族学級）に対しては、行政側から、1950年代初頭に覚書に基づく形で取り組まれた民族学級（「覚書型」民族学級）と区分する形で、「民族クラブ」という名称が使われているが、本書では、すべてに対して、民族学級という名称を使うことにする。ただし、「覚書型」民族学級と区分する必要がある場合には、「1972年型」民族学級という表現を用いる。

書型」民族学級という名称でも呼ばれている。

1.2.「赤」ではないことが求められた民族講師

　以上のような背景をもって公立小学校の中に取り組まれた民族学級は、実際、どのような状況に置かれていたのだろうか。1950年代初頭に大阪市立中川小学校と北鶴橋小学校の民族講師として務めた二人の民族講師の語りに基づき、検討していく。

　1950年に大阪府より任用された民族学級の講師たちは、閉鎖された朝鮮人学校の元教師が多数であったが、当局による一定の認定と適格審査を受けなければならなかった。当初、朝鮮人側は大阪府で閉鎖された朝鮮人学校（小・中・高校を含む）の360人のすべての教師の採用を府側に要求したが、それは受け入れられず、試験を受けて適格審査に合格した人のみが講師として任用された（金容海 1996: 3）。民族学級の開設の根拠となった「大阪6.4覚書」には、民族学級の講師と関連して「朝鮮人教員の資格は、教員資格認定を受けた者とする。但し、此の認定を受けられない学歴の場合、教員の経験をしたことがあれば協議をする」（第8項）ことと、「朝鮮人教員は日本人教員と同様に、適格審査委員会に於いて適格の判定を受けなければならない」（第9項）ことが明示されていたためであった。「認定試験」においては、民主主義に関する論文と英語、教育原理に関する試験、そして口頭試問と身体検査が、二日間にわたって実施された（イルムの会 20011: 66-7）。そして、「適格審査」においての重要な基準は、「赤かどうか」ということ、つまり、民族学級の講師採用を希望する人が旧朝連や共産党と関連があるかどうかということであった（大阪市立中川小学校 2000: 13、イルムの会 2011: 68）。全国的に朝鮮人学校の強制的な閉鎖を実行させた「朝鮮人学校に対する措置について」（1949年10月）という通達の内容からも明らかであるように、当時、日本政府やGHQが重点を置いていたのは、教育現場で共産党と連携していた旧朝連の勢力を除去することであった。

　このように、初期の民族学級の講師への応募者の中には、元朝鮮人学校の教師が多かったが、そのほかに、旧植民地の朝鮮で働いていた日本人の元新聞記者や教員、公務員も何人か含まれていた。しかし、民族学級の講師として任用されていた日本人の講師（北鶴橋小学校の初代民族講師）が教えることに対して、児童たちが授業参加をボイコットするなど、在日の児童や保護者側からの反発が強かったため、日

本人の講師による民族学級の授業は短い期間で終わることになった。その1年後の1951年、朝鮮人学校の元教師（朝鮮人学校に2年間勤務）であり、当初は合格の通知をもらえなかった在日韓国人（金容海）が同校の民族学級の講師として任用されたが、任用の際に生野警察署の刑事が何回も彼の自宅の周辺で聞き込みをしていたという。それに対しては、当時、試験を受けていた元朝鮮人学校の教師の中で、マルクス・レーニン主義者や共産党員でないことが判明された人を、行政側が後任の講師として任用したのではないか、と推測されている。学識より思想が重要であったことは、彼が英語試験のときに答えを出せず、白紙のまま提出したにもかかわらず、任用されたことからも裏付けられている（イルムの会編、2011: 66-8）。

また、中川小学校の初代民族講師として赴任していた元朝鮮人学校の教師（半年間勤務）の金満淵の以下の語りも、当時の採用の雰囲気を伝えている。

　　ぼくが〔1950年〕6月15日付で来た日から、中川小学校の民族学級は始まりました。それまでに50年1月だったか、大阪府教委の教員適性審査と論文テストを受けたけど、当時は占領軍の時代だったから適性審査にまずパスしないとだめだった。レッドパージにかかったらだめというけど。なかなか〔結果通知の〕連絡が来なかったね。後から知ったけど、東成の現在の中級学校、当時の東成朝鮮学園に半年おったということがひっかかっていたようだ。普通は4月付けで任命されるのに、2ヶ月遅れて任命されたわけです。[92]

1950年代初頭、「覚書型」民族学級の講師の任用に当たっては、閉鎖された朝鮮人学校の元教師たちの多くが試験を受けていたが、その一部のみが講師として任用された。実際の重要な基準となっていたのは、学識や朝鮮語の能力より思想、つまり、試験を受けた人が「共産主義者ではない」ということに対する行政側の判断であり、それを当事者たちもよく認知し意識していたことが窺える。

92　大阪市立中川小学校（2000: 13）から再引用（民族教育連絡会、『ウリキョユク』）。

1.3. 「覚書型」民族学級の位置づけ

1.3.1. 学校との関係

こうした選抜過程を経て、行政側から「赤ではない」と判断された民族学級の講師たちは、その後、大阪市教育委員会から任用され、公立学校の空間に入ることになるが、実際の授業を始めるに当たっては様々な困難に直面していた。以下は、1950年代初頭に民族講師として務めた二人の記録である。

> 6月に来てみたら、夏休みまでひと月しかないし、なかなか空くような教室がなかったし、校舎もボロだったしね。やっと、1年生の教室を使わせてもらうようになったけど、校長が「場所を提供するからやりなさい」というわけでなく、「教室の交渉は勝手に自分でやってくれ」というわけです。[93]

> まわりの管理職である校長や教頭、日本人教職員が全然協力しない。授業を見にも来ない。そういう状況ですから、民族教育の重要性は分かっていても、耐えきれない屈辱を浴びるのです。わたしたちは、もちろん、民族講師という辞令をいただいて行ったんですけれども、学校という施設の中で授業するわけですから、学校中の先生たちに、きっと、協力していただけるのだと思っていたのです。ところが、そうじゃない。とにかく、ほったらかしなんです。ですから、まさに、孤軍奮闘なんです。[94]

民族講師が赴任しても、学校によっては民族学級の教室さえ提供されておらず、空き教室を民族講師が探してその教室の担任教員と話し合い、民族教育の空間を確保しないといけない場合や、紙や石炭などの使用に当たっても学校側からの許可が得られない場合もあった。また、教材制作のための予算もまったく策定されておらず、その実質的な実施をめぐっては、民族講師の個人に任せられるような状況も

---

[93] 同書。金満淵は、1950年6月から、大阪市立中川小学校の民族学級の講師として務めた。

[94] 金容海 1996: 3-4。

あったことが記録されている（民族教育促進協議会 1995: 8-9、大阪市立中川小学校 2000: 16）。こうした環境の中で、民族講師たちを結ぶ組織的な運動体は存在しておらず、彼らのネットワークは隣接地域の学校の講師同士の私的なつながりに止まっていた。

1.3.2. 祖国との関係

　この時期において、民族学級の目標や授業内容は統一されておらず、民族講師によって異なっていたが、共通していたのは、母語の朝鮮語学習と、民族的自覚と誇りの涵養が重視されていたことであった。また、祖国との関係が強く意識されているところもみられる。たとえば、1950 年代における中川小学校の民族学級の教育内容をみると、朝鮮語学習の目標として、「祖国の文字や言語を通じて、外国で生活しながらも私達は国民としての正しい自覚をもち、将来、祖国の建設に寄与貢献できる人材を育成する」こととなっていた（表 11）。そこでは、「祖国」と外国としての「日本」という設定の上で、「国民としての正しい自覚」を涵養させることを通じて、「祖国の建設に寄与貢献できる人材を育成する」ことが、朝鮮語学習の目標とされていた。「本年度の目標」として「朝鮮人としての自覚とプライドを持たせることで……地域社会から尊敬されるように努力する」ことが設定されており、民族や祖国とともに地域社会も民族教育の成果を発揮する場として設定されていた。

表11　民族学級の授業計画案（1959年、中川小学校の民族講師の記録）

区分	内用
朝鮮語学習の目標	祖国の文字や言葉を通じて、外国で生活しながらも私達は国民としての正しい自覚を持ち、将来、祖国の建設に寄与貢献できる人材を育成する。
本年度の目標	朝鮮人としての自覚とプライドを持たせ、卑屈感、劣等感から解放させ、地域社会から尊敬されるように努力する。
学習実施について	1. 5年、6年を対象として義務的に学習させる。 2. 個人別事情や父兄のいろいろな要望もあるが、朝鮮語学習に関しては私のほうで処理させていただく。 3. 各学級では朝鮮語学習に差し支えないように協力していただく。
学習実施担当	月・木　3時20分〜4時20分　6年男子 火・金　3時20分〜4時20分　6年女子 水　　　2時20分〜3時20分　5年全
学習内容	1. 国語の言葉に聞き慣れさせる（1学期） 2. 民族意識と祖国について（1学期） 3. 文字・文章の初歩（2学期） 4. 歴史・地理のあらまし（2学期） 5. 簡単な文章の解釈（3学期） 6. 作り方、方法等に入る（3学期）

* 出典：大阪市立中川小学校（2000: 14）から再引用（金満淵、1959.4「雑記録」）。

1.3.3.　民族講師同士、そして民族団体との関係

　大阪市立小学校の民族講師たちは、民族学級の開設初期である 1950 年代前半に、民族学級の授業を互いに参観し、民族学級の教材や授業の質的な向上を図るために民族講師同士の交流を始めていた。民族講師の中には、日本の学校や行政側から得られなかった協力を、韓国側を支持する民族団体の民団側に求めている場合もあり、この時期においては民族講師と民団と協同的な関係が築かれていたという記録がある。生野区・東成区・平野区の大阪市の東南部に集中していた民族学級の講師たちは、

1950年代前半、「師友会」を結成し、互いに授業参加を行うなどの交流を進めていた。活動は、5、6年後、民団大阪本部文教部長の提案でKTA(Korean Teacher Association) と改名し、韓国領事館の「はからい」もあって韓国への研修や食事会など、民団側との関係をもちながら交流を広げていた。

　しかし、民族講師の間では、民団が民族学級にかかわることに不満をもつ場合や、思想やイデオロギーの面で対立する場合もあり、KTAは分裂し始めた。冷戦と祖国の分断、総聯と民団という二つの組織の存在という一連の状況は、講師たちのみならず、民族学級の保護者や児童の生活世界の中でも葛藤を引き起こすこともあった。民族学級は、1960年代の終わりから1970年代末にかけて、民団からも総聯からも組織的な支援を受けない状況が続いたが、唯一、韓国教育文化センター（現在の韓国教育院）が韓国政府文教部の予算で民族学級への支援を行った（イルムの会 2011: 94-7）と記録されている。

1.4. 民族学級の衰退とその背景
　　：1950年代後半〜1960年代末

　先述したように、学校や行政側の非協力的な態度に加えて、1950年代後半以降の民族学校の再建の本格化[95]や帰国事業の開始も民族学級の参加児童数の減少に影響を与え、民族学級数の縮小につながっていた。こうした状況は京都をはじめ、ほかの地域でも起きていた。1960年代末現在、大阪府には1950年代初頭の時点で33校だった民族学級設置校数は11校まで減少しており、最初の時点で36人だった民族講師も12人まで減っていた。その11校の中で、実際、民族学級の授業を行っていたのは大阪市立小学校の4校（生野区の北鶴橋小学校・中川小学校・小路小学校、東成区の北中道小学校）のみであり、大阪府内では授業を行っていないところや民族学級の本来の授業内容が変更されているところも出てきた。本来の民

95　当時、大阪地域においては、1949年朝鮮人学校の閉鎖措置で唯一に認可を得た中立的な立場であった白頭学園の3校（建国小・中・高校）と1950年に認可された金剛学園金剛小学校（韓国系）のほかに、金剛中学校（1954年）と金剛高等学校（1960年）が加えられた。また、1961年には、大阪府唯一の公立朝鮮人学校であった西今里中学校が自主学校として転換し、中大阪朝鮮初中級学校となるなど、1960年代には大阪市内においても民族学校が一層整備された。

族教育の授業ではなく、日本人児童も参加する形で英語や書道の授業を行う場合もあったという（金容海 1996: 5）。

　民族学級の授業を続けていた場合でも、民族講師側は様々な困難に直面していた。中川小学校の当時の民族講師（金満淵）の 1961 年の記録によると、民族学級が抱えている困難として、使用教室の不足問題や予算問題に加えて、補欠授業や雑務の負担、民族学級に対する保護者たちの立場の相違と児童たちが集まらない状況などが指摘されていた（表 12）。この記録からは、設置後 10 年も経過していたこの時点においても、民族学級が行政や学校側から協力を得ることができなかったことや、民族学級の場への参加をめぐる保護者や児童たちの意識や態度にも変化が現われ、民族学級の立場がより弱まっていたことが窺われる。また、第 3 章でも触れたように、日本人の教師たちの平和・民主主義教育において「民族」問題が徹底に排除されていた矛盾的な側面、つまり、公立学校における在日児童と民族教育の問題の解決の道が、公立学校の中で探られていなかったこともあった。当時の状況について、民族講師の批判的な立場が記録されている。

　　日本人にとって日本の社会は、この上ない安息所であり、憩いの場でもある。こうした条件の上にあぐらをかき、複雑厄介な朝鮮人のことになると煩わしく思っていないか。しかし、良心的な平和を愛する国民を育成するという教師の使命にのっとれば、否応でも人間としての一部の不幸は、やはり教師としての共鳴を呼ぶのではなかろうか。毎日の現場は、この生の生きた不完全な子どもたちの動きを否応でも見つめねばならぬ。[96]

---

[96]　大阪市立中川小学校（2000: 16）から再引用（金満淵、1961「雑記録」）。

| 表12 | 民族学級をめぐる困難（1961年、中川小学校の民族講師の記録） |

区分	困難の理由
民族講師	補欠授業、学校の雑務、生徒が集まらないし、一般教師の協力的態度が見られない、父兄の思惑もいろいろである、教育の場を与えない（教室不足）、予算、学校からの援助・指導がない。
児童	原学級の特別活動（掃除・行事）と時間的に重複する、課外活動として行うため、7時限、8時限となって、精神面・家庭面（用事・手伝い・宿題）と両立できない、計画的統一的に運ばれないため（先生が児童を使う）、学習に落伍者が出る、学習の励ましになるものがない（経費）、父兄の虚栄心と誤った考え方。
日本人教師の態度	日本人にとって日本の社会は、この上もない安息所であり、憩いの場でもある。こうした条件の上にあぐらをかき、複雑厄介な朝鮮人のことになると煩わしく思っていないか。しかし、良心的な平和を愛する国民を育成するという教師の使命にのっとれば、否応でも人間としての一部の不幸は、やはり教師としての共鳴を呼ぶのではなかろうか。毎日の現場は、この生の生きた不完全な子どもたちの動きを否応でも見つめねばならぬ。
教育委員会に望む	密集地域校に対する朝鮮人児童の教育対策とか方法を示して欲しい、同和教育的態度（融和?）を捨てて、抜本的な対策を講ずべきである、日本の学校行政に新しい要素を取り入れよ（予算・指導）。

* 出典：大阪市立中川小学校（2000: 15-6）から再引用（金満淵、1961「雑記録」）。

　こうした中で、大阪市で民族学級の授業を続けていた4校の民族講師たちは、先述のように民族学級同士の交流をはじめ、民族学級の子どもたち同士のソフトボールや卓球試合を行ったり、講師同士で交流し、教材の内容を共有したりしながら、その場を維持してきた（金容海 1996: 5）。しかし、その場や機能の維持が、行政側や学校側のレベルではなく、民族講師の個人的な力量に任せられ、行われた側面が強く、民族学級は1960年代末に至るまで量的にも質的にも衰退を続けた。

2 学校側の要望による民族学級の登場と位置づけの転換
　　：1970年代以降

　1970年代に入ると、民族学級をめぐる環境に大きな変化が現われ始めた。その変化の最も重要なきっかけは、在日韓国・朝鮮人の集住地域であり、「覚書型」民族学級の設置地域である大阪市の東南部から離れた西成区において、「覚書型」民族学級とは異なる新しい形態の民族学級（「1972年型」民族学級）が誕生したことであった。1972年、同和地区に位置し、在籍児童の約20％が在日韓国・朝鮮人であった大阪市立長橋小学校に、在日児童や保護者、そして日本人教員たちの要請による学校の自主的な取り組みとしての民族学級が誕生し、公立学校における民族教育の場の位置性にも大きな転換がもたらされた。以下では、どのような背景の下で、大阪の公立小学校の中に新しい形態の民族学級が誕生したのか、そして、その後、新しい民族学級の存在や拡散が、公立学校の中の民族教育の位置性にどのような影響を与えてきたのかについて検討していく。

2.1. 公教育における民族教育運動のもう一つの主体
　　：日本人の教師たち

　長橋小学校における民族学級の設置運動が起きた1970年代初頭、大阪市においては、在日韓国・朝鮮人の教育問題に関心が高まり、その教育の場を活性化させるきっかけとなったいくつかの重要な出来事があった。
　その一つが、いわゆる「校長会差別文書事件」であった。1971年4月に、大阪市立中学校校長会（以下、中学校校長会）が、「大阪市外国人子弟教育研究協議会」（以下、「市外協」）が教師たちに対して行った調査内容に基づいたとして刊行した「研究部の歩み」という小冊子の中に、在日韓国・朝鮮人に対するきわめて差別的な内容が「外国人子弟教育の実態と問題点」として多く書かれており、それに対して、

一部の日本人教員たちや在日韓国・朝鮮人側から問題提起が行われた[97]。この小冊子の発行先である中学校校長会は、市教育委員会とも密接な関係をもっている公的な機関であり、この冊子は市内の中学校に配付される公文書ともいえる性格をもっていたという点で、民団・総聯などの在日韓国・朝鮮人側だけでなく、日本人教員の中でも大きな波紋が広がった（稲富 2008: 45-53）。

　「校長会差別文書事件」は、在日韓国・朝鮮人児童への差別的な状況に問題意識を共有している市立小中学校の一部の教職員たちが、公立学校における在日教育の問題を運動として組織的に取り込むきっかけとなった。同事件から5ヶ月後の1971年9月、大阪市立東中学校で開催された研究集会[98]に集まった約400人の教育関係者によって、公立学校内の在日韓国・朝鮮人の教育問題と差別問題を運動の主なテーマとする「全国在日朝鮮人教育研究協議会大阪（＝日本の学校に在籍する朝

97　具体的な内容は以下の通りである。「研究部の歩み一抄一ママ」「外国人子弟教育の実態と問題点」1. 生活指導 A. 観察指導の観点より：家庭から受ける社会観、道徳観の影響はきわめて大きくものの見方、考え方に差があり自己顕示性が強く学年がすすむにつれて強くあらわれる。一般に利己的、打算的、せつな的な言動が多く、それが情緒不安定、わがまま勝手、ふしだらな傾向、実行の伴わない見せ掛けの言動となってあらわれる。罪悪感に欠け、性的早熟、自己防衛的でその場限りのウソも平然とつき同じ過ちも不注意もくりかえす。（中略）B. 生活指導の現象面より：叱られても注意されてもその場かぎりで、同じ過ちを何度もくりかえす。児童・生徒間の暴力的な行為が多い。言葉づかい、服装は粗雑、ウソも平気、見つかればもともととその場かぎりの言い訳、ばれたら自暴自棄（中略）2. 家庭環境：一般に貧困家庭が多く生活に追われ家庭教育にまで手がでない。また、経済的に余裕がある家でも放任され、事実上家庭教育は能力的に不可能である。一軒の家に数世帯の家族が同居し、家族構成もきわめて多く雑然としている。その上に家内工業的な職業に従事手伝いを兼ねた共稼ぎが多く、事実上の不在家庭で生徒は野放しになっており、家出生徒にも気づかず平然とした家庭がきわめて多いのが現状である（稲富 2008: 46-8）。

98　1971年7月15日、大阪市同和教育研究協議会事務局の石西尚一郎、大阪市立鶴見橋中学校の市川正昭、高槻市立第6中学校の吉田裕子の3人の呼びかけが行われ、7月31日大阪府教育会館で大阪教職員組合五島庸一教文部長の問題提起で討論集会をもって同会の結成へ向かった。全朝教大阪（考える会）ホームページ（zenchokyo.web.fc2.com/jikoshoukai.htm）。

鮮人児童・生徒の教育を考える会)(以下、「全朝教大阪(=考える会)」)[99] が発足された。

　全朝教大阪(=考える会)は、まず「校長会差別文書事件」と関連して大阪市教育委員会と校長会、「市外協」に対する問題提起を行った。もともと、「市外協」は、1965年、大阪市の委託事業として発足されており、「大阪市立小・中学校の教育効果を高めるため、外国人子弟教育のあり方を研究協議する」ことを主な目的としていた。その発足には、1965年の「日韓基本条約」の締結後、「無条件で在日朝鮮人子どもを受け入れるようになった日本の学校として、どのような対策をとるのか」という背景があった(稲富 2008: 51-2)。全朝教大阪(=考える会)と行政や校長会、市外協との協議の中で排外的な本質の改革の必要性が確認され、1972年、「市外協」は、名称を大阪市外国人子弟教育研究協議会から「大阪市外国人教育研究協議会」(以下、「市外教」)と改称し、組織を刷新し、再出発することになった。こうした変革の意志を込めて「再生市外教」とも呼ばれていた。全朝教大阪(=考える会)の運営委員会は、教育現場での実践の拡大や充実を目指して、自ら市外教に属し、その活動に参加していた。こうしたことがきっかけとなり、公立学校の在日韓国・朝鮮人の教育問題の問題に、全朝教大阪(=考える会)を中心として、市外教、そして大阪教職員組合がかかわるようになった(同書: 53)。全朝教大阪(=考える会)の発足やその後の民族学級の拡散運動に中心的にかかわった稲富進によると、三つの教職員組織は、以下のように役割分担をし、それぞれの活動を担ってきたという。

　　「市外教」は主として「何を、どのように教えるか(教育内容・方法)」の充実を担い、「考える会」は教育条件の整備をめざし、教職員組合への問題提起と交渉と要請活動、さらに運動の理念や方向性の共有化を図るシンポジウムなどを担うことになった。互いに役割を分担し、疾走しはじめた。[100]

99　結成当時の名称は、「公立学校に在籍する朝鮮人子弟の教育を考える会」であったが、発足後間もなく、今の名称となった。全朝教大阪(=考える会)のホームページ(http://kangaerukai.net/jikoshoukai.htm)。2007年2月15日取得。

100　稲富 2008: 53。

実際、それ以降、教職員の運動組織は、公立学校における民族学級の拡散と制度化、そして差別問題に組織的に対応するなど、「民族」とかかわる様々な運動を展開してきた。「再生市外教」が、その後、「日本の子どもたちがお隣りの国について勉強する手がかりになれば」との趣旨で発刊した、韓国・朝鮮の民話・生活・音楽・歴史などを紹介する「사람（サラム）シリーズ」は、調査時点でも、公立学校の多文化共生教育の現場で広く教材として活用されていた[101]。

　1972年4月には、「学校教育指針」に、全国ではじめて在日外国人項目が記載されるようにもなった。1970年代初頭、在日韓国・朝鮮人教育問題や民族差別問題の公論化は、「民族」問題を議論する主体に、公教育現場の教育主体である日本人教員たちの運動組織が加えられたことで、本格的に進むようになった。以下では、1970年代初頭、どのような問題意識や動きが公教育現場で顕在化し始めていたのかについて検討していく。

2.2. 長橋小学校における新しい民族学級の登場

2.2.1. 部落解放運動の矛盾への異議申し立て

　「全朝教育大阪（＝考える会）」が組織された翌年の1972年に、長橋小学校において、「覚書型」民族学級とは異なる、学校の教員、在日児童や保護者の希望による学校の自主的な取り組みとして、民族学級が開設された[102]。この学校の学区には同和地区が含まれ、被差別部落の児童たちの学力保障の一環として放課後に「学力補充学級」が運営されていた。しかし、20%前後の在日韓国・朝鮮人児童は、同じ

101　大阪市外国人教育研究協議会が発行した「사람（サラム）シリーズ」（サラムとは人を意味する韓国・朝鮮語）には、民話編1・2（1976年）、生活編1（1978年）、音楽編（1979年）、えほん1（1981年）、えほん2と戯曲編（1985年）、歴史編1などがある。稲富は、「사람（サラム）シリーズ」の発刊は、全国各地の在日韓国・朝鮮人教育実践に大きな影響を与えただけでなく、各地の地域に根差した「自主教材作り」を触発させたという点で大きな意味をもつと評価している（稲富2008: 100）。

102　長橋小学校に民族学級が開設される一連の過程については、大阪市教組大阪支部長橋小学校分会・日本の学校に在籍する朝鮮人児童・生徒の教育を考える会（1974）が参照されている。

同和地区に住んでいても、補充学級などの同和政策に基づく取り組みの対象外とされていた。それに対して、1970年、職員集会では「朝鮮人解放をぬきにした教育は、同和教育たりえても解放教育たりえない」、「長橋小学校に補充授業から排除されている2割の朝鮮人の子どもが在籍していることこそが民族差別のあらわれである」という民族差別問題に対する問題提起が行われた[103]。その中心には、「日本の学校なのに、なぜ、このように在日韓国・朝鮮人が多いのか」、「終戦後の民主教育・平和教育は十分だったのか」という問題意識をもって研究会や集会を行っていた若い教員たちがいた。2006年10月3日、筆者は、当時、新しいタイプの民族学級の開設に中心的にかかわっており、調査時点には引退され、支援活動を続けていた元教員の方に話を聞く機会を得た。以下は、1970年代の長橋小学校の雰囲気についての話である。

　　1970年代は、部落解放運動とかかなり進んできた時代でしたが、長橋〔小学校〕では、この時期に日本人の教員がかなり積極的に在日朝鮮人教育に取り組もうとした姿勢がありました。僕もそうですが、なぜ日本の学校にこのように朝鮮人が多いのか、理解できない。日本にこんなにたくさん在日朝鮮人の子どもたちが住んでいたことを大学の教育の中でも正しく学んでこなかった。教員として勤めるようになって、やっと、日本の小学校なのに、在日朝鮮人の子どもが、当時、3分の1くらい、35人の学級でしたけど、11人の外国人の子どもが在籍していたんですね。外国人の子どもはもちろん韓国・朝鮮籍ですが、なぜそんな子どもたちがいるのか。その勉強を始めて、いわゆる在日朝鮮人問題とか理解できるようになったとか。……長橋小学校の中で職員会とかで、僕は28、9歳でしたが、若い教員たちが集まって、戦後民主〔主義〕教育が本当に民主教育だったのか、戦後、平和教育、平和教育などいってきたけど。当時、たとえば、ベトナム戦争から。1950年代には、そういう戦場にこそ日本の軍隊、自衛隊という名前だったけど、たとえば、朝鮮戦争のときには日本の沖縄基地から米軍の軍隊がどんどん出て行ったとか、そういうことがいっぱいあって。ベトナム戦争でもそういうことがあっ

103　同書: 5。

た。そういうことを平和といっていいのか。平和・民主主義というのを掘り
下げなくては……それを僕らは、教職員、当時は格好よく「教育労働者」と
いっていましたが（笑）、教育労働者の立場で学生たちが言っているのを考
え直そうという。[104]

　当時、長橋小学校では、大学時代に学生運動を経験した若い教員たちを中心に、
公立学校の中に存在する民族差別の状況に対する問題提起が行われ、それに基づい
た研究や議論が蓄積され始めた。このような雰囲気の中で、1971 年 4 月、同校の
児童会選挙に、5 年生の在日児童の N 君が本名で立候補し当選する出来事があった。
児童会選挙で、4、5、6 年生の 700 人の前で、本名で自己紹介をした N 君は、民
族問題が排除されている部落解放運動の矛盾を指摘し、在日韓国・朝鮮人児童への
差別をなくし、補充学級の授業に入れるように要求することを以下のような言葉で
訴え、2 位で当選した。

　　（前略）長橋〔小学校〕では、部落差別をなくし、部落解放のためにいろん
　　なことをしていますが、朝鮮人差別の問題が忘れられていると思います。僕
　　も 3 年のとき、チョーセンと言われて差別されました。また朝鮮人は補充〔学
　　級〕に入れません。僕も朝鮮人差別をなくし、朝鮮人も補充〔学級〕に入れ
　　るよう要求していきます。[105]

　この出来事は、学校内に教員の間でも大きな反響を呼んだ。1972 年 11 月、民族
学級の開講直後に、長橋小学校の職員会議で決意された「民族学級開設具体策」の
中には、「在日朝鮮人の子どもたちに対する教育・朝鮮（人）を正しく教えること、
それをぬきにしての真の解放教育はありえない」と明記されていた。学校の中で展

104　2006 年 10 月 3 日、元小学校教師の OF さん（男性、60 代）への聞き取りより。
　　　　OF さんは、長橋小学校の民族学級の開設をめぐる一連の過程に中心的にかかわっ
　　　　ており、民族差別問題を傍観していた部落解放運動の矛盾を告発し、民族学級の
　　　　開設運動を触発させた在日児童 N 君の 4 年から 6 年までの担任教員でもあった。

105　大阪市教組南大阪支部長橋小学校分会・日本の学校に在籍する朝鮮人児童・生徒
　　　　の教育を考える会 1974: 6。

開されてきた被差別部落への差別反対運動・解放運動が、「民族」の問題を看過し、ある意味では回避していたことに対する自己反省的な問題提起が行われ、それに対する共感のムードが盛り上がった。

　授業の中でも「朝鮮」を取り入れた取り組みが広がり始めた。この時期に、学校では朝鮮の演劇や映画観賞、朝鮮人の講師を招聘して行われる講演会、朝鮮学校への見学などが行われた。また、在日韓国・朝鮮人の父母集会が学校の主催で行われ、学校側と在日の保護者側との間でも民族教育の問題に対する共感や議論が広がった。さらに、1972年4月には、6年生になったN君を含めた3人の在日韓国・朝鮮人児童が児童選挙に立候補し、「同和補充への参加」や「朝鮮問題研究部の設置」を要求した。こうした在日児童たちの要求を受けて、1972年5月には「朝鮮人の子どもたちの民族的自覚を高め、日本人の子どもたちの正しい朝鮮認識を深める」目的で、朝鮮人児童24人と日本人児童26人が参加する「朝鮮問題研究部」が発足されるなど、民族学級の開設（11月開講式）に向けての準備が進んでいたのである。

　ここでは、民族学級の開設運動に中心的にかかわっていた日本人教員のOFさんが、当事者として異議申し立てをし、民族学級の開設のきっかけを作ったN君の4年生から6年生までの担任教員であったことにも注目する必要がある。なぜなら、原学級で担任教員が民族問題をどのように捉えるのかは、そのクラスの在日韓国・朝鮮人児童のポジショナリティに大きくかかわっており、また、アイデンティティの形成やアイデンティティの承認をめぐって重要であるからである。担任教員の民族に向けての立場や態度、言動が、「民族」問題に対する日本人児童の態度や、原学級での雰囲気に大きな影響を与えるということはいうまでもない。OFさんの以下の語りは、学校の中で優位の位置を占めているともいえる担任教員の態度が、在日児童のアイデンティティの承認環境にいかに大きな影響を与えるものなのかをよく伝えてくれる。

教職員が民族学級で子どもたちが学んできたこと、とくに小学校1、2、3年生の低学年の子どもたちが、ソンセンニム〔「先生」を表わす韓国・朝鮮語、民族講師を指す〕に「아야어여（アヤオヨ）」〔韓国・朝鮮語の母音の一部〕を教えてもらったり、本当の言葉をね。〔在日児童が民族学級で〕「牛乳はウユ（우유）だ」とか教えてもらって、教室〔原学級〕に帰ってきて、「○○先生〔担任先生〕、今日、○先生〔民族講師〕に言葉を教えてもらったよ。牛乳って、ウユというのよ」とか。給食のときに「牛乳はウユというのよ」といいますね。6年生くらいになったらまわりをこう振り回してそんないうようなことは少ないですけど。そのときに、まわりの子どもたちが、「あいつ韓国語使う」とか、民族学級で学んできたことを否定的に捉えたりとか、あるいは笑いの対象にしたりするとか。そんなふうになる学級の雰囲気は、先生が言葉を取り上げて、「そんなこと勉強してきたの」とか、「牛乳をウユと韓国語でいうらしいよ」と取り上げるのであれば、がらっと変わりますね。韓国の歴史とか言葉とかを勉強することが自分たちの日本の勉強だけでなくて、韓国のことも学んで、すごく知識が開いていくとか、自分の世界が広がっていくとか、そういうふうになれば、子どもたちの意欲は本当に変わっていくんですね。[106]

　以上の語りは、民族学級に通う児童のアイデンティティの表出が、原学級において、どのようなポジショナリティが、だれから、どのような色が塗られて自分に与えられるかによって大きく変わることを表わしており、ポジショナリティの付与のプロセスに、非対称的な権力関係——それには民族的マジョリティとマイノリティとの関係だけでなく、教員と児童との関係も含まれる——が内在していることをも示している。こうしたプロセスは、アイデンティティの承認環境の変化にもつながることであり、こうした点は、今後、学校の教員（そのほとんどはマジョリティ側に属するが）とマイノリティ児童との関係を考える際に、大きな示唆点を与えてくれると考えられる。

---

[106]　2006年10月3日、OFさんへの聞き取りより。

2.2.2. 「7.4 南北共同声明」、そして「政治中立」へのニーズ

　長橋小学校での民族学級の開設運動の流れに大きな影響を与えたのは、1972 年 7月 4 日に、朝鮮半島の平和的・自主的・民族的な統一を約束する内容の「7.4 南北共同声明」[107] が発表されたことであった。在日韓国・朝鮮人の親や地域の青年たちの間では、韓国・朝鮮語の教育に対する関心が一層高まり、南北の分断を克服しようとする動きも広がった。こうした気運は、民族学級の開設の動きに、在日韓国・朝鮮人の保護者たちが多く参加し、さらに南北の対立を避け、中立的な立場の民族学級を築く重要なきっかけともなった。

　こうした一連の過程の中で、民族学級の開設を推進する運動体の中心には大阪市教組（大阪市教組南大阪支部長橋小学校分会）と全朝教大阪（当時の名称は「日本の学校に在籍する朝鮮人児童・生徒の教育を考える会」）の日本人教職員の組織があり、大阪市教育委員会や民族団体との話し合いの窓口の役割を果たしてきた。民族学級の開設をめぐって、民団と総聯側は、それぞれ自分のサイドからの講師の派遣を要望するなど、意見が分かれていたのに対して、学校と在日韓国・朝鮮人の保護者との集会では、民族団体に頼らず、学校、在日韓国・朝鮮人の保護者、中立的な立場であった朝鮮奨学会の三者で民族学級を開設しようとする動きが現われていた。多くの在日の保護者たちは「朝鮮人子どもの教育を守る会」（後に「民族教育を守る会」、さらに「長橋小学校で民族学級を支えるアボジ・オモニ会（お母さん・お父さん会）」と改称）に本名で入会し、子どもたちを民族学級に参加させるなど、学校側との信頼関係や連携の下で、民族学級の開設に中心的な役割を果たしていた。

2.2.3. 「学校の自主的な取り組み」という位置づけとその意味

　1972 年 11 月 9 日、長橋小学校の職員会議では、民族学級の開設に向けて以下のような教員側の具体策が決議され、「同和教育への自己批判」に基づく在日韓国・朝鮮人教育への意志を固めており、民族学級の取り組みが、在日の児童や保護者だ

107　「7・4 南北共同声明」とは、1972 年 7 月 4 日、大韓民国のソウルと朝鮮民主主義人民共和国のピョンヤンで同時に発表された声明である。その中では、統一とかかわって、①自主的統一、②平和的統一、③思想と理念および制度の差を克服した民族の大団結（＝民族的統一）という三原則が定められていた。

けでなく、日本人の児童や保護者ともかかわる取り組みであること、民族学級の開設をめぐる行政側との交渉においても学校側が責任をもって臨むことなど、学校の自主的な取り組みとしての民族学級の位置づけを明らかにした。

　　これまでの同化教育を行ってきたわれわれの自己批判と、日本人教員ができる範囲での「民族教育」実践への方向性を決意すべき試練の時である。今日においても、なおかつ我々が眠り続けるとするならば、教員であることをやめねばならないであろう。＜われわれの任務＞①在日朝鮮人の子どもたちの自覚を促し、民族学級の入級をすすめる。②部落差別・朝鮮人差別のかかわりを指導する中で、日本人の仲間に支持・連携されつつ、民族学級入級をすすめる。また、日本人の中で、民族学級への認識を正しく育てる。③民族学級運営の諸条件を整えるため、大阪市教育委員会と交渉する。④家庭訪問、懇談会を通して、在日朝鮮人保護者、日本人保護者双方への啓発。[108]

　このように、長橋小学校での民族学級の開設に当たって、教員の間では、在日児童の民族教育の問題は、部落差別問題と同様に一つの独立した問題として、日本の学校で責任をもって臨むべき問題であるという認識が顕在化した。民族教育は民族学校で受けるべきという従来の立場からの大きな転換であった。その変化の中でも、「民族教育が同じ民族の手で行われるべき」という従来の認識は引き継がれ、公立学校の中に在日韓国・朝鮮人の講師を呼んで民族教育を行うという方向性をもっていた。しかも、その講師が分断された両方を代表できるような人であることには十分な注意が払われていた。先述したように、在日韓国・朝鮮人保護者と学校との間で懇談会が進む中で、「民族教育を守る会」が結成され、保護者たちが民族学級の活動にかかわることで、教員と保護者、児童の要望による学校側の自主的な取り組みという長橋小学校の民族学級の性格がより明らかになった。

108　『우리말을 返せから 30 年』別冊資料（우리말＝我々の言葉、『長橋小学校民族学級開設 20 周年記念誌』）より。

表13	長橋小学校における民族学級の開設までの経過

年月	主な出来事
1969.6	「西成地区教育を守る会」結成。しかし、朝鮮人は対象外。
1970.9	職員会議「朝鮮人解放をぬきにした教育は『同和教育たりえても解放教育たりえない』長橋小学校に250名（2割）の朝鮮人の子どもが在籍していることこそが民族差別のあらわれである。」
1971.3	朝鮮民主主義人民共和国商品展覧会見学
1971.4	N君が児童会選挙に本名で立候補「長橋小では、部落差別についてはよく言われるが、朝鮮人差別のことは忘れている。ぼくは朝鮮人差別をなくすために立候補しました。」
1971.7	朝鮮人父母集会「解放同盟・教師がわれわれに同和対策を受けさせない。朝鮮人差別をしているのではないか。」
1971.12	映画「新しいチョソン〔朝鮮〕」観賞
1972.2	在日朝鮮中央芸術団観賞
1972.2~3	3.1独立運動　3.3全国水平社の特別授業
1972.3	本名での卒業式　5名
1972.4.29	西成朝鮮初中級学校見学
1972.5	児童の「朝鮮問題研究部」発足
1972.6~7.4	文学作品「最後の授業」と曹基亨氏（朝鮮奨学会）講演会
1972.7.4	南北朝鮮、自主的平和統一共同声明
1972.7.21	〔大阪市教組南大阪支部長橋小学校〕分会会議「同和補充学級と並行し、朝鮮人の民族学級を設置すべく、父母集会を開く」
1972.8.4~5	朝鮮人父母集会「7.4南北声明も出たことだから、朝鮮語の一つでも教えたっとくなはれ。中立の先生を頼みます」
1972.10.21	市教委交渉：市教委「来年度より予算化のため努力」／分会「来年まで待てない。自主発足する」／市教委「暫定予算を検討する」
1972.11.1	朝総連府本部教育部との話し合い「〔民族学級の〕講師は総連系にされたい。それでなければ支持できない」（継続討議）
1972.11.2	民団西成支団長との話し合い「〔民族学級の〕講師は韓国系にされたい」（継続討議）
1972.11.2	朝鮮人父母世話人会「総連・民団とはかかわらず、学校・父母・朝鮮奨学会の3者で、民族学級を開設しよう」
1972.11.8	解放同盟西成支部との話し合い「意義に賛成であるが、内部事情もあるので、学校の主体的責任で進められたい」
1972.11.11	「朝鮮人の子どもの教育を守る会」（後に、「民族教育を守る会」）の結成総会
1972.11.21	民族学級の開講式

* 出典：大阪市教組南大阪支部長橋小学校分会・日本の学校に在籍する朝鮮人児童・生徒の教育を考える会（1974: 5-6）から作成。表の中の名称や表現は原文のママ、〔　〕は筆者による。

1972年11月21日、長橋小学校に「在日韓国・朝鮮人児童や保護者の要望に応じた学校側の自主的な取り組み」という性格をもつ民族学級が設置されるようになった。民族学級の開講式は、長橋小学校の249人の在日韓国・朝鮮人児童のうち151人が参加する中で行われた。長橋小学校における民族学級には、政治的に中立な立場であった朝鮮奨学会から韓国籍者と朝鮮籍者の民族講師が派遣され、3人の民族講師でスタートした。民族学級の授業は、低・中・高学年の三学級に分けて、放課後に1、2時間程度で行われており、運営費用は保護者たちからの「1口500円のカンパ」などでまかなっていた。それに対して、大阪市教育委員会側は、「特別教育活動としての民族教育はよいことだと思う。……長橋小では500円カンパで運営費をまかなっているそうだが、市費負担を検討中」というコメントを出したが、民族学級への予算措置、つまり制度化は、1990年代に入るまで実現されなかったことが記録されている（大阪市教組南大阪支部長橋小学校分会・日本の学校に在籍する朝鮮人児童・生徒の教育を考える会1974）。

2.2.4. 民族学級開設をめぐる在日社会の南北葛藤 [109]

　長橋小学校における民族学級の開講は、翌日の朝日新聞（1972年11月22日付）にも大きく取り上げられるなど、社会的関心も高かった。その背景には、第2章でも検討したように、1970年代において、社会的弱者や差別の問題に対する社会的な関心が増大していく中で、在日の問題に対しても日本社会からの眼差しが変化し始めた状況もあった。

　また、民族学級の開設については、韓国領事館の奨学官が来校するなど、韓国・民団側からも関心を表していた。

　しかし、民族学級の開設の準備過程でも明らかであったように、民団側と総聯側は、それぞれ自分のサイドの講師のみが民族学級で教えることを望むなど、中立を保つという学校側の方向性とは異なる立場を示していた。実際、民族学級の授業が開始された後、民団と韓国領事館側は、民族学級に朝鮮籍の講師が含まれていること

109　中立的な民族学級の授業再開をめぐる一連の葛藤的な状況については、大阪市教組南大阪支部長橋小学校分会・日本の学校に在籍する朝鮮人児童・生徒の教育を考える会（1974: 27-49）を参考。

とを理由に強く反発し、3回の授業（1972年11月29日、12月1日、12月5日）が終わった後、講師の派遣先であった朝鮮奨学会が、民団側からの強い抗議を受けて講師の派遣を中止するに至った。その後、学校側は、日本人教員の指導の下で、民族講師の声を録音したテープを流す方法で民族学級の授業を行ったり、映画観賞や民族学校との交流を行ったりしながらその場を維持しようと試みていた。

　民団側は、長橋小学校に在籍する在日児童の多くが韓国籍であることを挙げて、「なぜ共産主義者の教師をわが大韓民国国民の子弟の前に立たせたのか」（大阪市教組南大阪支部長橋分会・日本の学校に在籍する朝鮮人児童・生徒の教育を考える会 1974: 33）と、学校側や行政側に対して強く抗議しており、地域の在日社会に向けても同様のメッセージを送っていた。具体的にみると、12人の民団側などの人たちが、民族学級の3学期の始業式があった1973年1月9日の夕方に、校長室を訪ねて抗議し、翌日には30人ほどが大阪市教育委員会を訪ねて集団的な抗議を行った。11日には、それを受けた市教育委員会が12日に予定されていた民族学級の授業の中止を電話で学校側に通達しており、同じ日に民団側からも学校側に授業中止を求める電話があった。結局、民族学級の授業は中止されることになった。翌年の1月23日と24日には、長橋小学校に在籍する在日児童の家庭に対して、民団大阪地方本部の団長名で、「わが子弟に対して浸透する共産教育を阻止しよう」（同書: 37-9）とのタイトルのビラが配られた。

　学校側は、1974年1月30日に、民族講師がいないまま、日本人教員の指導の下で自主的な民族学級の授業を開始し、2月2日には、長橋小学校教師集団名で、「民族学級は必ず開きます！——南北朝鮮平和統一共同声明のもと 韓国籍・朝鮮籍両方の先生の手によって」（同書: 40）というタイトルの手紙を、長橋小学校の在日朝鮮人の父母宛に送った。その直後には、総聯西成支部が、民族学級を支援するとの内容のビラを出すなど、民族学級の授業再開をめぐる葛藤は深刻さを増していた。その根底には、朝鮮半島の南北分断や対立という状況があり、また、それは在日社会においても民族団体を中心として深刻に現われていた。こうした葛藤は、公立学校の中の民族教育現場においては、中立的な立場に基づき、韓国籍と朝鮮籍者の両方の講師による授業を行おうとする学校側と、朝鮮籍講師を排除させようとする民団側との葛藤として現われていた。また、行政側は、民族学級の実践への理解や原則をもっておらず、こうした状況に対して「無策」的な態度を取っていた（朴正恵

2008: 35）。

　こうした中で、大阪市教職員組合大阪支部長橋分会をはじめとする長橋小学校側は、市や大阪教職員組合にも支援を要請したほか、解放同盟とも連携しながら、また韓国青年同盟と朝鮮青年同盟との話し合いを続けて、1973 年 9 月、在日韓国・朝鮮人講師による民族学級の授業を再開するようになった。民族学級は、その後、韓国青年同盟と朝鮮青年同盟からそれぞれ 2 名と 3 名の講師の推薦を受けて、中立性を保った長橋民族講師団（後の「大阪市民族講師会」[110]）を構成し、その後、大阪地域における民族学級の拡張に大きな影響を与えるようになった。

　このような、1970 年代初頭の長橋小学校における民族学級の新設過程や初期における一連の経験は、「政治中立・統一志向」という民族学級の方向づけの重要性を一層強化することにつながった。長橋小学校における中立的な民族学級の新設に当たっての民団側との葛藤について、今日の現場では、できるだけ言及を避けようとする一種の暗黙の含意が存在していることを、聞き取り調査の中で感じる場面があった。その一例として、2008 年に出版された、長橋小学校の初代民族講師である朴正惠の著書『この子らに民族の心を──大阪の学校文化と民族学級』の中で、それについての言及が短く収まっていることも、「民族」の内部の葛藤をできるだけ避けようとする意志の現われではないか、という印象を受けた。

110　長橋小学校の民族講師たちが中心になって活動してきた「長橋民族講師団」は、1997 年に 25 周年を記念する祝賀会をもって、「大阪民族講師会」に統合された（コリア NGO センターのホームページ（http://korea-ngo.org/kyoiku/kyoiku_pdf/minzokukyoiku_history.pdf）、2006 年 3 月 1 日取得）。当時、「大阪市民族講師会」の事務室は大阪市立長橋小学校内に置かれていた。

2.2.5. 「統一志向」「政治中立」の視点を保つこと、伝えること
：長橋小学校の初代民族講師の語り [111]

　こうした中立的な立場（＝朝鮮籍者の講師が含まれること）が、韓国籍者が多数であった民族学級の保護者たちに受け入れられることは、けっして容易なことではなかった。初期の長橋小学校での民族学級の授業においては、標準的なカリキュラムが備わっていなかったため、朝鮮学校の教科書をコピーして使うこともあったが、多数を占めていた韓国籍の親からは、それを警戒し、拒否感を示す場合も少なくなかった。それに対して、民族講師側は保護者の意見を積極的に受け入れ、中立性が疑われることを最大限に避ける方向で、実践を進めていた。「7.4 南北共同声明」に基づき、「統一志向」「政治中立」という立場に立った「1972 年型」民族学級の講師たちは、「南」と「北」を問わず、できるだけ多くの人々のニーズに応じて、多様性をもつ多くの人たちを民族学級の場に参加させることを最優先にしていた。こうした立場は、公立学校における民族教育の場を広げる手段としても活用されてきた。また、1970 年代に、大阪市の講師たちは、その一環として京都市立小学校の民族講師側との交流を進め始めた。しかし、「統一志向」「政治中立」という立場を、総聯側とつながっている京都の民族講師側と共有することは困難であり、大阪と京都地域における民族学級の連携は実現されなかった。以下の OA さんの語りは、中立的な立場を優先し、民族学級の活動の場になるべく多くの人たちを参加させてきたことや、中立的な立場を優先していた大阪の民族講師側と、総聯とかかわっていた京都の民族講師側との交流が広がらなかった背景を伝えてくれる。

111　ここでのすべての語りは、長橋小学校の民族学級の設置当時から民族講師として活動した OA さん（在日 2 世、女性、60 代）への聞き取りから引用している。聞き取りは、2006 年 7 月 28 日に、長橋小学校の校長室で行われた。長橋小学校に民族学級が開設された当時、朝鮮籍者である OA さんの経歴（朝鮮大学を卒業し、朝鮮学校の教員として務めた経歴をもつ）を、民団側が問題化し、大阪教育委員会や長橋小学校側に強く抗議することで、民族学級の授業が 3 回で終わる事態まで至った経緯があり、OA さんの存在は、「統一志向」「政治中立」を志向してきた大阪市の民族学級運動の歴史を象徴しているといえよう。

我々〔「1972年型」民族学級の講師たち〕は、統一の視点でしてきたので、政治的なものは一切なく、7.4共同声明が機軸になって、民族教育が必要であるというふうに。講師たちの基本は、7.4〔南北〕共同声明です。統一を望みながら、力を合わせられる人はみんなやりましょうと。それで、今はいないですが、前は領事館〔駐日大韓民国総領事館〕に勤めながらここで講師をやる人もいたし、民団の仕事をしながら講師をやる人も。現在もいます。ウリ学校〔民族学校〕の卒業生も、日本学校の卒業生も、多様な人たちが、日本国籍者もいて。その人たちが子どもたちのために統一の立場で統一された国を願いながら、子育てができる人は集まろう、というような機軸でやったため、ちょっと京都でやってきたのとはつながりにくかったんですね。京都と交流があったけど、京都と離れた理由がこれです。……1970年代に、京都のソンセンニム〔「先生」を意味する韓国・朝鮮語〕と交流をしていましたが、京都のソンセンニムは、「3校を守る」と、「拡大は考えていない」と、いっていました。それで、私は当時の学校〔京都市の民族学級設置校〕の教育内容も、それを広げるには相当難しいと思っていました。それは、総聯と垂直に運動を展開していて、〔民族学級の設置運動が〕なかなか広がらなくて。私はそういうものではなく、統一の視点で、民団であれ、総聯であれ、北であれ、南であれ、すべての人たちができる民族教育の場でなくてはならないと考えていたので、京都のソンセンニムとは対立する側面もありました。方向が違うから、教育内容も異なってきたわけです。[112]

　しかし、「統一志向」「政治中立」という視点に立って民族学級の実践を展開していることを、児童や保護者側に伝えることも、けっして簡単なことではなかった。民族学級の児童や保護者は、朝鮮籍者よりは韓国籍の人たちが主流であり、韓国籍の保護者側からは、民族学級の実践の内容が少しでも「北」の色を帯びていると判断されると、それを訴えてきた。それは、教材の内容から伝統衣装の形に至るまで多様なところから出ており、民族講師側は、それが保護者の誤解であり納得がいかない場合であっても、その意見を尊重し収斂していった。民族学級が「北」にも「南」にも傾いてない中立的な取り組みであることが、保護者側からも十分認めてもらえ

112　OAさんへの聞き取りより。同上。

るように、努力を積み重ねてきたという。以下の語りは、民族講師側が民族学級の中立性を保護者や外部の人たちに伝え、より多くの人たちにその意義を認めてもらうために、どのような努力を重ねてきたかを伝えてくれる。

　　その時期〔1970年代〕から教材を作りました。でも、見本がなかったので、朝鮮学校の教科書を借りて、コピーして、それを学習帳〔教材〕にして授業をやりました。韓国の歌も歌って、朝鮮学校の歌も歌って。でも、親たちはどちらかというと、韓国に往来する場合が多かったんですね。総聯というと若干忌避する親たちも多く、それで、要求も多かったんですね。たとえば、朝鮮学校で教える歌の中に「セットンチョゴリ」という歌があります。何も政治的な内容はないです。でも、親たちがそれは「パルゲンイ」〔「共産主義者」を示す韓国・朝鮮語の俗語〕の歌だからやめましょうというと、私は、納得はつかないけど、ほかの歌にしましょうと。子どもたちのチマ・チョゴリは短いスカートを着せるんですね。でも、オモニ〔お母さん〕たちの中では、それは「パルゲンイ」のスカートですよ、というと、また長いスカートにしましょうと。子どもたちには、長いスカートよりは、短いほうが動きやすいし、いいでしょうけど、親たちの要求があると、それに合わせて、変えながら、やってきたんですね。[113]

　中立的な民族学級の方向性を保つことや、それを在日の保護者たちに受け入れてもらうことはけっして容易ではなかったが、民族講師側は、何よりも「7.4南北共同声明」の自主的・平和的・民族的統一という視点を大原則として、なるべく多くの人たちの意見を受け入れ、また多様な立場をもつ人たちを運動に参加させようと試みていたのである。

113　同上。

2.3. 「長橋闘争」の意義と民族学級の制度化運動

2.3.1. 民族学級の位置づけの転換

1970年代初頭、長橋小学校における民族学級の誕生をめぐる一連の過程（以下「長橋闘争」）は、「公立学校における民族教育」の問題の位置づけに大きな転換をもたらした。その後、1990年代に公立学校における民族教育や民族学級の活動が大阪市の事業の中に取り込まれたこと、2000年代に「在日外国人教育基本方針」（2001年）や「大阪市外国籍住民施策基本指針」（2004年）などに民族学級の取り組みが明記されたことにもつながり、公教育現場における民族教育の場の拡大にもつながった。公立学校での民族教育問題において、「長橋闘争」がもつ意義は以下のように整理することができよう。

第一に、長橋小学校における民族学級の開設は、民族教育の弾圧から付随的に生まれたともいえる「覚書型」民族学級とは異なり、学校内部のニーズから触発され、学校の自主的・主体的な取り組みとして誕生した点で、民族学級の位置づけの転換に重要な役割を果たした。「覚書型」民族学級に代表されていた公立学校における民族教育の場は、その登場背景からみても、民族教育を抑圧するマジョリティ社会に抵抗する、マイノリティ側の対抗的な民族教育という位置性を強くもっていた。しかし、「長橋闘争」では、民族差別という社会的不公正の問題に対して、マジョリティ側の日本人教員とマイノリティ側の在日の保護者や児童が、学校の構成員として「公立学校の中での民族教育」という共通の関心事を共有し、共同で闘争するという運動の性格をもっていた。長橋小学校では、日本人教師、在日児童や保護者という学校内部の運動主体に、学校の外側の教職員組織、解放同盟や南北の民族青年団体という協力者が加わることで、マジョリティ社会に対抗的民族教育というそれまでの設定を、学校や学区（地域）のレベル、大きくみると、大阪市の公教育のレベルで、民族差別という不公正の問題に対してマイノリティとマジョリティがともに戦うという設定へと転換させた。公立学校における民族教育の問題に、マジョリティ側の教員が中心的にかかわったことは、長い間沈黙が強いられてきた在日側の保護者や児童たちに、公教育の場で言説の資源が与えられること、つまり、学校の中で「民族」問題が在日だけの私的な問題ではなく、学校全体の共通の関心事となることにつながった。

第二に、大阪地域における民族教育の問題、とりわけ、公立学校における民族教育の問題を、部落解放運動から分離させ、独立した議題にさせるきっかけとなった。在日児童が部落解放運動が民族問題を排除している矛盾した状況の改善を求めたことから始まったものの、やがては、民族運動と被差別部落解放運動が、行政側との交渉などの形式的・方法論的な面では連携できても、その目的や内容を共有することは困難であることを明らかにした。長橋の直後、ほかの地域でも被差別部落が学区の中にあり、同和教育の取り組みが実施され、反差別の機運が培っていた学校を中心に、民族学級の開設が広がり始めたことからも、それが窺える。

　第三に、朝鮮半島の南北分断から生じた在日韓国・朝鮮人社会の分断の克服を最も重要な課題の一つとして設定し、教育現場でその克服を試みており、こうした政治中立的で、南北統一志向の立場は、マジョリティ社会からの協力を得るにもより有利に働き、公教育現場における民族教育の取り組みを広げることにつながった。

　捕捉すると、統一志向・政治中立という立場は、民族学級の開設準備の真っ最中であった1972年7月に「南北共同声明」が発表されたことから大きな影響を受けており、こうした時代的な和解のムードは、在日韓国・朝鮮人社会で希薄化し続けていた民族教育への熱気を再び盛り上げる大きなきっかけとなった。さらに、長橋小学校に民族学級が開設された後、民族講師の中に朝鮮籍の講師が含まれていたことを理由に、民団側から強い反発があったことも、民族学級の政治中立の必要性への共感をより広げることにつながった。政治中立性や南北統一志向の立場は、後述するが、調査時点においても貫かれており、その精神は、授業内容だけではなく、民族学級の発表会・作品展の内容や民族学級とかかわる様々な行事場を飾るポスターや旗などの中にも表れていた。運動現場で、「長橋闘争」以降に開設された民族学級に対して「1972年型」民族学級という呼称が使われている背景には、その年に長橋小学校に新しい形態の民族学級が開設されたということ以外にも、自主的・平和的・民族的統一を南北統一の3大原則とした「7.4南北共同声明」が発表された1972年当時の統一に向けての在日社会の気運を想起させ、引き継ごうとする願望があった。

2.3.2. 1980 年代以降、民族学級の制度化運動と拡散

1970 年代以降、民族学級は同和地区にある学校を中心に広がり始め、その後、在日韓国・朝鮮人の多住地域にある学校の中でも開設が進められた。1970 年代だけで 14 校、1980 年代には 21 校の中に民族学級が開設された。

「1972 年型」民族学級の広がりの中で問題として浮上したのは、その取り組みにかかる費用が保護者や教員のカンパなどで充当されていることであった。当時、民族学級は、予算の面で二つに分かれていた。「覚書型」民族学級に対しては、戦後から大阪府の予算で講師が任用されていたが、大阪市との交渉の中で新設された「1972 年型」民族学級に対しては、市側から予算が措置されておらず、保護者や教員のカンパが中心となり、民族講師はほぼボランティアとして働いていた。さらに、「覚書型」民族学級においても、民族学級が誕生してほぼ 30 年が過ぎた 1980 年代の時点から、新しい問題が発生していた。1950 年代初頭に赴任した初代の民族講師たちが、1980 年代には定年退職を迎えるようになったが、大阪府からは彼らの退職後に後任の講師の任用措置が行われなかったのである。

「覚書型」民族学級の後任講師の措置を要求する運動は、1980 年代後半、「1972 年型」民族学級が広がり、民族学級の制度化（行政側が民族講師に対する人件費などを予算措置することを含む）を求める運動が拡散していく流れの中で、ともに広がった。その中心には、「長橋闘争」のときから民族学級の新しい基盤を築いた全朝教大阪（＝考える会）や「大阪市教組」などの教職員運動集団のほかに、民族講師や保護者を中心とした「民族教育の存続を求める会」、そして 1984 年の「在日韓国・朝鮮人児童・生徒に民族教育の保障を求めるシンポジウム」に参加していた各団体が立ちあげた「民族教育促進協議会」（以下、「民促協」）が加えられ、民族学級をめぐる運動はより組織的に行われた。民促協は、「すべての同胞の子どもに民族教育を」というスローガンを挙げ、保護者と教員、民族講師の互いの協力を促進しながら、行政に向けて民族教育の制度的保障を求める運動を展開し続けた。

その成果として、1980 年代後半からは、大阪府から「覚書型」民族学級の後任講師が措置されるようになり、1990 年代には大阪市から制度的な保障が部分的に行われ始めた。その背景には、1990 年に、日本と韓国の政府間で、在日韓国人 3 世以下の子孫の地位に関する協議が行われ、1991 年 1 月 10 日、「日韓法的地位協定に基づく協議の結果に関する覚書」（以下、「在日韓国人の法的地位に関する覚書」）

が交わされたこともあった。教育問題については、「日本社会において韓国語等の民族の伝統を保持したいとの在日韓国人社会の希望を理解し、現在、地方自治体の判断により学校の課外で行われている韓国語や韓国文化等の学習が今後も支障なく行われるよう日本国政府として配慮する」（3条2項）という方向性が提示された。こうした中で、1992年には、「大阪市立学校民族クラブ技術指導者招聘事業」の実施によって、民族学級にはじめて予算が充てられるようになり、1994年からは「覚書型」民族学級の講師職が常勤職となった。1997年からは、小額謝礼制度であった「民族クラブ技術指導者招聘事業」が、同事業の実行委員会から民族講師に業務委託する形となり、民族講師に非常勤の嘱託として人件費が支払われるようになった。5人から始まった嘱託講師数は、徐々に増え続け、調査時点である2006年度においては17人になっていた。そして、この制度は、2007年に、新たに発足された「国際理解教育推進事業」に一括され、17人の民族講師は大阪市教育委員会から「国際理解教育推進非常勤嘱託職員」として雇用される形となった[114]。

このように、1980年代からの公立学校における民族教育活動を支持し、その制度化を求める運動が続く中で、1990年代においては、課外の民族学級の活動に対して政府レベルで配慮することが明記された覚書が、日韓政府の間で交わされ、民族学級が地域行政側から事業として取り組まれ始めた一連の流れの中で、民族学級の設置校数は一気に増加し、1990年代だけで45校の市立小中学校に民族学級が新設されるようになった。2008年現在、全体の大阪市立小中学校の20%を超える105校の中に民族学級が設置されている。

---

114 1980年代における民族学級の制度化をめぐる運動については、民族講師 OA さんへの聞き取り（2006年7月28日）と、『民団新聞』（2007年4月4日付）、コリアNGO センターのホームページ（2007年2月7日取得）が参照された。

表14 ● 大阪市における年度別民族学級の開設校

年代	年度	民族学級の開設校		
		小学校	中学校	備考
1950年代	1950	小路、中川、北鶴橋、加美		「覚書型」民族学級
	1952	北中道		「覚書型」民族学級
1970年代	1972	長橋	矢田南	初の「1972年型」民族学級
	1974	矢田		
	1975	大成、矢田東	淡路	在日韓国・朝鮮人多数在籍校の大成小学校に民族学級開設→多数在籍校にも民族学級開設が広がる。
	1976	啓発、西淡路、生江	中島	
	1978		梅南	
	1979	城北、北津守	鶴見橋	
1980年代	1980	巽	新生野、大池	大阪市から「消耗品費」が出る。その後、増額していく。
	1981	田島		
	1982		平野北	
	1984		生野	
	1985	平野	矢田	
	1986	加美北　敷津浦		
	1987	矢田西、依羅	加美、矢田西	
	1988	矢田北、住之江	巽、住之江	大阪府教育委員会が「在日韓国・朝鮮人問題に関する指導の指針」策定。民族教育に関して公的な文書にはじめて記載
	1989	高殿、御幸森、北巽		

1990年代	1990		旭陽	「在日韓国人の法的地位に関する覚書」→これ以降、民族学級の設置がより広がる。
	1991			大阪市が「民族クラブ指導研究費」を措置
	1992	松之宮	住吉、我孫子	「大阪市民族講師会」発足、大阪市が「民族クラブ技術指導者招聘事業」予算措置
	1993	生野南	勝山、鶴橋	
	1994	加島、清水、巽東、東小路、舎利寺、加美東、天下茶屋	天満（夜間）	「覚書型」民族学級の後任講師が1名常勤化→以降順次的に常勤化が進む。
	1995	栄、加美南部、平野南、橘、住吉	文の里（夜間）、加美南	
	1996	喜連西	東生野、我孫子南	
	1997		美津島、宮原、天王寺（夜間）、天下茶屋	大阪市が総括技術指導者（5名）を配置→これを機に教育課程内や研修などに参加する機会が増え、市内の民族教育・国際理解教育における民族講師の役割が拡大
	1998	北中島、鳴野	旭東、大宮、難波、田島、新巽、東生野（夜間）、長吉六反	大阪府教育委員会が「本名使用」原則を明示
	1999	三国、西三国、友渕、東中川、山之内	玉津、玉出	大阪府が策定した「人権教育方針及び人権教育推進プラン」で、民族学級に関する言及がなされる。

2000年代	2000	清江	新北島	大阪市が「民族クラブ技術者」を17名措置
	2001	平野西、鶴橋	真住	「在日外国人教育基本方針」の策定
	2002	中浜、玉出	新北野	
	2003	中本		
	2004	東桃谷、巽南、瓜破東、南津守		
	2005	新北島、中道、桑津		大阪市内民族学級設置校数が100校を超える。
	2006	育和、梅南		
	2007	生野		「民族クラブ技術指導者招聘事業」から「国際理解教育推進事業」へ転換。大阪市としてはじめて民族講師を非常勤嘱託職員として配置
	2008		今宮	

* 出典：朴正恩（2008: 173-74、227-35）から作成。民族学級が取り組まれている中学校41校のうち、4校には夜間学級に民族学級が設置されている。正規学級と夜間学級の両方に民族学級が設置されている場合（東生野中学校と東生野中学校夜間学級）は、2校としてカウントされている。

3 まとめ

　本章では、大阪地域の公教育における民族教育の場の生成と変容過程を検討し、「折衷型」教育実践の土壌の形成過程と背景を明らかにした。戦後、公教育における民族教育が政治的・葛藤的な背景の下で生成された点では京都地域の民族教育と共通しているが、1970年代初頭からは、公立学校の取り組みとしての性格をもつ

ようになり、さらに民族学級の設置校数が大幅に増えた点では、京都の事例とは大きく異なっていた。その特徴は、以下のようにまとめることができよう。

　第一に、阪神教育闘争の中心地である大阪地域においては、GHQと日本政府から共産主義運動としてみなされ、弾圧を受けてしまった朝連の民族教育闘争（朝鮮人学校の閉鎖反対闘争）と、そのための犠牲についての集合的な記憶があり、徐々に民族団体や政治からは距離を置く雰囲気が醸成されていた。大阪地域は、阪神教育闘争の際に、死者や多くの負傷者と投獄者が発生するなど、激しい衝突や犠牲があり、民族教育の弾圧と抵抗の歴史がよりリアリティをもっている地域であった。阪神教育闘争には在日だけでなく、日本共産党の人たちも多く参加しており、その中心地であった大阪地域においては、朝連および朝鮮人学校の閉鎖後に公立学校の中に新たに民族学級が設置された際に、講師の採用に当たっては、「共産主義者ではないこと」が行政側からも厳しく求められていた。任用された初期の民族講師たちは、閉鎖された朝鮮人学校の元教師たちが多かったが、彼らは、特定の民族団体に属したり、持続的な支援を受けたりせず、距離を取っており、この点は、多くの民族講師が総聯との関係をもっていた京都地域との重要な違いである。1950年代前半には、講師同士の交流を始める過程の中で民団や韓国領事館との関係が生まれたこともあったが、結局は、民団側が民族学級にかかわることをめぐって葛藤が生じ、長く続くことはなかった。その後、民族講師側は、どちらの民族団体とも運動体としての組織的な連携を築くことを避けていた。しかし、民族学級が公立学校の中に位置していても、学校側から学校の中での取り組みとしての位置性を確保することができず、様々な困難に直面し、1960年代末までに衰退していたことは、京都地域での民族学級と同様であった。

　第二に、1970年代初頭に、大阪地域では、それまでの民族学級とはまったく異なる、「学校の取り組み」、「政治中立的な取り組み」としての性格をもつ新しい形態の民族学級が登場し、大阪地域の公教育における民族教育の位置づけを大きく転換させた。朝鮮人学校の閉鎖過程で一種の妥協策として付随的に生まれた民族学級という位置づけから、学校の教員や児童、保護者たちの要請や運動による「学校側の自主的な要望による取り組み」という位置づけへの転換であった。その過程においても、深刻な「南北分断」やイデオロギーの問題が浮上し、実践現場では、南北分裂や政治色を克服することが強く意識されていた。さらに、大きな影響を与えた

出来事として、大阪では長橋小学校における民族学級の開講式を目の前にした時期に、「7.4 南北共同声明」が発表され、民族教育や統一への熱望が盛り上がったことも挙げられる。このような当時の雰囲気は、その後の民族学級の性格や方向性を規定する重要な要因となった。

　第三に、「民族」問題を公立学校の中の不公正の問題としてみなし、その是正に積極的に取り組んだ若い日本人の教員たちが、民族学級の拡散運動の中心的な主体として加わり、行政側との交渉の窓口としての役割を果たしたことも、大阪地域の公教育領域における民族教育の最も大きな特徴の一つである。「1972 年型」民族学級の拡散過程においては、大阪市中学校校長会の差別的な文書に触発されて、一部の日本人の教員たちが「公立学校の中の民族教育」をめぐる問題を中心テーマとする運動体（全朝教大阪（＝考える会））を組織し、そのメンバーらが所属している大阪教職員組合や市外教などのほかの教員組織とも連携し、協力を得ながら、公立学校の中に民族学級を続々と開設させてきたことが、重要な背景である。1970 年代初頭、全朝教大阪（＝考える会）の組織と運動においては、当時、「学校の中のマイノリティ・差別問題」の代表性が「部落解放運動・同和教育」に置かれていた状況の中で、学校の中に在日児童が多く在籍しているにもかかわらず、「民族」問題が排除されてきた矛盾的な状況を明かし、それに教職員の運動体が組織的に対応し始めた点で、その後の展開に大きな転機が設けられた。学校の中に存在する「民族」とかかわる不公正の問題を是正しようとした教員たちと、日本の学校に通う在日韓国・朝鮮人児童にも民族教育の機会を提供しようと、ほぼボランティアの立場で民族教育を行ってきた在日の実践家たちは、「公立学校に通う在日児童の民族教育権（＝民族教育を受ける権利）の確立」という共同の目標を立てて、民族学級の設置を続々と実現させ、2000 年代においては、大阪市立小中学校の 20% を超える学校の中に民族学級が取り組まれるようになった。また、日本人の教員たちの運動体と在日の実践家たち、そして公立学校における民族教育を求める運動体は、保護者たちや民族学級を支持する地域の運動組織の支援を受けながら、行政側と交渉していき、1990 年代に入ってからは、徐々にではあるが、民族学級の取り組みが大阪市の事業とされ始めた。

　要するに、大阪地域の公教育において、民族教育が歴史性を保ちながらも、多文化の共生を目指す教育と折衷していく「混合型」「折衷型」教育実践の土壌の形

成には、公立学校の一部の教員たちが民族問題を同和教育から分離させ、それを独立した議題とする運動体を組織し、民族学級の拡大運動の一つの主体となったことや、学校側の自主的な取り組みとした民族学級の誕生・拡散を通じて、民族学級の位置づけの転換がもたらされたこと、そして、「イデオロギー」「南北分断」の問題がいかに民族を分裂させ、子どもたちの民族教育権を侵害することにまで至るかを十分認識し、それを乗り越えようとする「政治中立」「脱政治」の方向性が定められ、徹底に実践されてきたことなどの1970年代初頭の変化が重要な背景となったといえよう。すなわち、大阪では、1950年代初頭の「政治的な産物として公立学校の中に取り組まれた在日の民族教育実践」(在日による実践)という位置性から、「公立学校の教育実践の一環」(教員と児童、保護者、そして在日の実践家による協働実践)という位置性へ転換されて以来、二つの教育が疎通する中で、葛藤し、せめぎあいながらも、互いの意義や有効性を生かす方向で、折衷を試みるという大阪独自の方向性が提示されるに至ったのである。言い換えると、大阪地域の公教育においては、民族教育であれ、多文化共生教育・国際理解教育であれ、「学校の教育実践」という点では共通しているため、二つの教育が一方を消せず円滑に交流・疎通する道を開いてくれる土壌が作られたと考えられる。

　次章では、今日、こうした大阪地域の「折衷型」教育実践への具体的な検討から、民族教育と多文化共生教育の接合をめぐる一つの方向性を提示することを試みる。

第
7
章

大阪市立小中学校の民族学級
：2006年の調査

第7章

大阪市立小中学校の民族学級
：2006 年の調査

本章では、大阪市立小中学校における民族学級の実践に対する参与観察および、その場にかかわっている（あるいは、かかわった）民族講師や日本人教員に対する聞き取り調査などに基づき、大阪地域の公教育現場における民族学級のあり方や、民族教育と多文化共生教育との相互作用のあり方について検討していく。前章で検討したその土壌の生成背景を踏まえて、公教育における民族教育の場で、どのような日常的な実践が行われているかを、その取り組み方やカリキュラム、民族講師の教育観、そして学校側や行政側との関係に注目して検討する。また、民族教育と多文化共生教育との相互作用のあり方や方向性を検討し、その背景の解明を試みる。

1 外国人の状況と民族学級の概観

大阪市における在日外国人の特徴は、韓国・朝鮮籍者の割合が高く、その中でもオールドカマーである在日韓国・朝鮮人の割合が高いこと、そしてニューカマー

外国人の割合や外国人の増加率が全国平均よりはるかに低いことである[115]。2010年3月現在、大阪市における外国人登録者（119,474人）のうち韓国・朝鮮籍者が66％（78,470人）を占めており、全国平均（27％）を大幅に上回っている。大阪府は、全国の都道府県のうち最も多い韓国・朝鮮籍者が居住している地域であり（全体の韓国・朝鮮籍者の23％）[116]、その中で特別永住の在留資格をもつオールドカマーが80％を超えている。また、大阪府における韓国・朝鮮での本籍地別構成をみると、韓国の済州島が本籍地である人たちが韓国・朝鮮籍者の40％を占めているなど、済州島にルーツをもつ人たちを中心に在日社会が形成されていることが窺える[117]。

　大阪市立小中学校においては、2008年末現在、全体の20％を超える105校の中に、民族学級が設置されており、そこでは、小学校1年生から6年生までの2000人を超える児童生徒たちが、韓国・朝鮮にルーツをもつ人だけが参加できる「民族限定」の場で、約24人の民族講師から、放課後に週1回程度（年間30時間）の授業を受けていた。参加児童は韓国・朝鮮籍者と韓国・朝鮮にルーツをもつ日本国籍者（あるいは重国籍者）50％程度ずつであった[118]。

115　2000年対比2005年の外国人人口の増加率は、大阪市の場合3.2％であり、同期間の全国平均増加率（18.7％）をはるかに下回っている。その背景としては、オールドカマーの割合が高いため、死亡などによる自然減少や、帰化による日本国籍取得者の増加、そして、ほかの地域に比べてニューカマー外国人の増加率が低いことなどが挙げられる。

116　大阪市、2011.6、『平成2002年大阪市人口動向基礎調査報告書』（http://www.city.osaka.lg.jp/keikakuchosei/cmsfiles/contents/0000129/129467/jinnkoudoukou0115.pdf）より。2011年6月10日取得。

117　2009年末現在、日本における済州島の本籍をもつ韓国・朝鮮籍者数は90,882人であるが、その半分以上（56％）が大阪府に集住している。日本に暮らす韓国・朝鮮籍者のうち済州島が本籍地である人の割合は、全国平均で16％である。韓国・朝鮮籍者の本籍別の構成をみると、慶尚南道と慶尚北道、そして済州島の順であるが、大阪府では慶尚南道と慶尚北道が本籍地である人の数より、済州島が本籍地である人の数が多い。

118　この数字は、調査時点である2006年、大阪市民族講師会が作成したデータに基づいている。

2 民族学級のカリキュラム

　大阪市民族講師会（以下、民族講師会）が定めている民族学級の教育目標は、「民族についての学習を通して、自分自身について知り、発見したり、肯定することができ、民族的アイデンティティーの保持・伸長を図るとともに、自己実現しようとする態度を育てる」（大阪市民族講師会 2002: 3）ことである。教育目標は、「民族の肯定」や「民族同士の交流や本名使用などを通して民族的アイデンティティの保持・伸長」、「差別に負けずに自己実現の態度の涵養」の三つに含蓄されていた。また、「祖国の文字や言語を通じて、外国で生活しながらも私達は国民としての正しい自覚を持ち、将来、祖国の建設に寄与貢献できる人材を育成する」（大阪市立中川小学校 2000: 14）といった 1950、60 年代における「祖国との関係」が強調されていた目標とは大きく異なっており、「在日する」児童個人により焦点が当てられていた。

民族学級の教育目標

1　自分につながる民族の言語・歴史・文化などについて知るとともに、自らの生活の中から民族のつながりを発見できるようにする。また、これらのことを同胞の仲間と共有する活動を通して、自分にとっての民族を肯定できるようになる。

2　民族につながる一員としての自覚と自信を持ち、民族性を大切にしながらありのままに生きようとする力を育てる。さらに同胞の仲間同士本名で呼び合うなど、互いを尊重でき、高め合おうとする姿勢を育てる。

3　民族学級で培った、「生きる力」をもとに、差別に負けることなく、自分の将来に夢をもって生きようとする態度を育てる。

＊出典：大阪市民族講師会（2002: 3）。

　こうした目標の実現を目指して、大阪市の民族学級では、大阪市教育委員会が 1999 年に在日外国人の幼児・児童・生徒の教育指導資料として作成した二冊の教材（低学年用の『무지개 ムヂゲ』（虹）、高学年用の『주머니 チュモニ』（袋）を基本にしながら、民族講師会の標準カリキュラムに基づいて、授業を行っていた。民族講

師会が作成した標準カリキュラムにおいては、民族学級の授業科目として、「ウリマル」（韓国・朝鮮語）、社会（地理・歴史）、生活、音楽、図工・美術、「センガッケーボヂァ」（考えてみよう）が設けられており、そのほかにも入級式や卒業式、発表会などの特別活動の時間が設けられていた。民族学級の授業は、参加人数などにより、学年ごとや、低・中・高学年、低・高学年に分かれて行われ、多くの中学校や人数が少ない場合においては全学年を対象に行われていた。標準カリキュラムは学年を基準にして作成されており、小学校の低学年と高学年、そして中学校における授業内容や重点は、多少異なっていた（表15）。

　学年ごとの科目編成をみると、小学校においては、全学年で韓国・朝鮮語の学習時間が最も多く設定されているのが特徴である。韓国・朝鮮語の授業時間は、1年生から4年生までは、年間授業時間の3分の1（10〜11時間）であり、5、6年生においては7時間程度である。高学年においては韓国・朝鮮語の学習時間が減少している分、在日韓国・朝鮮人の歴史をテーマとする「社会」の時間が増えていた。中学校においては、小学校と比べて、国語の時間が4時間にまで減っており、音楽（舞踊を含む）の時間と、進路問題や同じ立場の先輩との交流などを取り入れた「センガッケーボヂァ（考えてみよう）」の時間が増えている。

　科目別に授業内容をみると、韓国・朝鮮語の時間は、読み・書きや日常的な会話、そして自分のイルム（「名前」を表す韓国・朝鮮語。「韓国・朝鮮名」を表す）や家族の呼び方の学習などが中心であり、6年生のときには「6年間の思い出をウリマルで表現」する時間が設けられていた。

表15　民族学級の科目別年間授業時間

区分	教科						特別活動	時間計
	ウリマル	社会	生活	音楽	図工美術	センガッケーボヂャ		
小1	11	1	4	5	3	2	4	30
小2	11	1	4	5	3	2	4	30
小3	10	2	3	5	3	3	4	30
小4	10	3	3	4	3	3	4	30
小5	7	4	4	3	3	3	6	30
小6	7	5	3	3	3	3	6	30
中学校	4	3	4	7	5	5	2	30

＊出典：大阪市民族講師会（2002：3）と大阪市民族講師会（2004：6-11）から作成。

　「社会」（地理・歴史）科目の時間においては、1年生から3年生までは、韓国・朝鮮の位置および地形、有名な都市・河・山などの地理についての学習が中心であり、4年生から6年生までは、日本との関係を中心にした韓国・朝鮮の歴史、たとえば、渡日史や植民地・独立運動の歴史、阪神教育闘争についての学習が行われていた。とりわけ、6年生の終わり頃には「ウリエソウォン」（私たちの願い）というテーマで、「7.4南北共同声明」の意味や、自分にとっての朝鮮半島の「統一」の意味について考える時間が設けられていた。中学校においては、「イルム」（名前）の問題、「3.1独立運動」から解放までの歴史、渡日史の三つのパートに分けて、それぞれ創氏改名の歴史、植民地政策の背景から独立運動に至った過程、そして植民地時代以降の渡日史について学習するカリキュラムになっていた。

　「生活」の時間においては、主に韓国・朝鮮の食べ物や伝統衣装、民俗遊びなどについて学習し、5年生にはコリアタウンへのフィールドワーク、6年生にはキムチづくりなどの実習時間が設けられていた。身近な生活の中に存在する「民族」を発見していき、自分の生活の中で「民族」がどのように引き継がれ、現われているかを考える機会をつくることが目指されていた。

「音楽」の時間においては、主に韓国・朝鮮の童謡や伝統楽器の演奏が中心であるが、高学年では「コヒャンエボム」（故郷の春）や「ウリエソウォン」（私たちの願い）という歌を、歌詞の意味とともに学習することを通じて、その中に込められている「故郷」や「統一」への想いを振り返ってみる時間として活用されていた。とりわけ、6年生には、韓国・朝鮮の打楽器演奏である「プンムルノリ」の楽器演奏をみんなで行い、発表会の舞台で発表するような仕組みになっていた。中学校においては、伝統楽器の演奏や舞踊、歌の学習がより多くの時間を設けて行われていた。

　「図工」・「美術」の時間においては、ほかの科目で習った内容を取り入れた作品を作っており、たとえば、韓国・朝鮮名で自分のイルム版や朝鮮半島の地図のパズル、チャンゴ、コブクソン（亀甲船）の模型制作をしていた。小学校6年生や中学生には、韓国・朝鮮名の「ドチャン」（はんこ）を作る時間が設けられていた。

　「センガッケーボヂャ」（考えてみよう）の時間においては、小学校の場合、「イルムや民族学級について知り、自分とウリナラとは民族的・歴史的つながりがあることを理解し、進んでイルムを呼び名乗ろうとする態度を育て、同胞との出会いを通して、生き方を考えていく上での基礎を育てる」ことが目標として設けられており、とりわけ、高学年の場合は、本名で生きることの意味や通名の歴史的な背景などについて学習する時間が設けられていた。中学校では「自分たちの置かれている社会的状況を正しく理解し、仲間とともに乗り越えていこうとする力を育てる」ことや「将来の展望を話し合える仲間づくりを進める」ことが目標となっていた。

表16　大阪市立小学校における民族学級のカリキュラム

学年	ウリマル	社会	生活	音楽	図工	センガッケーボヂャ
1	あいさつ、イルム、数字、家族、私たちの文字ハングル、ドンムル（動物）	ウリナラはどこにある？	ウリミンソクノリ（民俗遊び）、ペンイ（こま）をまわそう、ファチェ（花採、伝統的な飲み物）を食べよう。	チョウム マンナンチングキリ（初めて会った友だちどうし）、トンムルノレ（動物の歌）、サントキ（山ウサギ）、民族楽器に触れよう。	イルム版を作ろう。ペンイ（こま）を作ろう。	イルム：自分のイルム（本名、韓国・朝鮮名）を知る。民族学級：民族学級がどんなところかを知る。
2	ハングル、曜日、数字、自己紹介、正月	ウリナラの形	チョゴリ（伝統衣装の上着）を着よう、キョンダン（伝統的なお団子）を食べよう。	ナムデムン（南大門）、ケグリ（かえる）、ソル（正月）ソゴをたたこう。	自画像を描こう。タル（面）を作ろう。	イルム：自分の名前について考えようとする。友だちのイルムを知る。互いにイルムを呼び合おうとする。民族学級：自分の関わりが分かった上で、積極的に参加しようとする。
3	ハングル、体、数字、時刻	ウリナラの地理（大都市や河、各道（行政区域）の特徴）	チュソク（秋夕）について、ソル（正月）について、トックック（餅スープ）を食べよう。	モリオッケ ムルプパル（頭肩ひざ足）、シゲ（時計）、ウリサン ウリガン（私たちの山 私たちの河）、サムルノリ、ウリナラコッ（我が国の花）	朝鮮半島の地図パズルを作ろう。チョムソンデ（瞻星台：文化遺産）を作ろう。	イルム：ソンセンニムのイルム、朝鮮人の名前民族学級：民族仲間とどんなことしようか。
4	ハングル、年月日、果物・野菜、色	ウリナラの特産物、イスンシンとコブクソン（亀甲船）：ウリナラの人たちが日本の侵略に対して、戦った事実を学ぶ、故郷探し	ウリナラの冠婚葬祭、チヂミを食べよう。	パラン マウム ハヤン マウム（青い心 白い心）、ウヌプンネ（雲雨風雷）	チャンゴ（韓国・朝鮮の打楽器）を作ろう。万年カレンダーを作ろう。	イルム：なぜ、ふたつの名前があるのか？民族学級：民族のなかまたち
5	ハングル、ここ・そこ・あそこ、食事、電話、	渡日史、3.1独立運動とユグワンスン、アンチュングンと伊藤博文	猪飼野（コリアタウン）フィールドワーク、トクポッキ（餅炒め）を食べよう。	コヒャンエボム（故郷の春）、アリラン・ミリャンアリラン（伝統民謡）、民族楽器に触れよう（カヤグム、チャンゴ、プク）。	共同制作コブクソン（亀甲船）を作ろう。	イルム：本名で生きるってどういうこと？民族学級：民族学級はどうやって出来たの？
6	ハングル、ことわざ、感情、「6年間の思い出をウリマルで表現しよう」	分断の歴史、朝鮮通信使、4.24阪神教育闘争、ウリエソウォン（私たちの願い）	キムチをつけよう。	ウリエソウォン（私たちの願い）、ペンノレ（舟歌）、プンムル	卒業制作（タル、ハンコ、写真立てなど）	イルム：イルムについての思い民族学級：中学生になったら

＊出典：大阪市民族講師会（2002: 12-7）から作成。

表17　大阪市立中学校における民族学級のカリキュラム

区分	ウリマル	社会	センガッケーボヂャ	生活	音楽	美術
パターンⅠ	買い物で使われる単語、買い物で使われる会話ⅠⅡⅢ	イルム：本貫や族譜について学び、調べる。創氏改名の歴史を知り、祖先の思いについて考える。 3・1独立運動〜解放：小学校課程での学習を踏まえ、さらに植民地政策の背景から独立運動に至った過程を考える。武力行事をもって鎮圧された独立運動後も、解放まで闘い続けた民族の強さを知る。 渡日史：植民地時代以降、祖先がウリナラ（韓国・朝鮮）から日本に渡ってきたことについて学習する。	イルム：民族の名前を大切にして生きる人たちを知り、自分の生き方につなげて考える。 将来の私たちを語り合おう：在日朝鮮人がどのような進路を切り開いてきたのかを知り、将来への展望を見出せるようにする。 同胞の先輩たちの生き方に学ぶ：家族や地域の1世、2世の同胞からの「聞き取り」学習を通じて、自分につながる人々の生きてきた道を知り、そのたくましさや強さに人の生き方を学ぶ。 私たちの発表をしよう：文化祭などで発表することについて仲間と意見交流をし、意欲的に発表に向けて取り組めるようにする。民族学級の存在や意義について考え、共有する。	民族の食文化の知恵について知ろう。朝鮮料理にはどんなものがあるの。朝鮮料理をつくってみよう。民俗遊び	ウリナラの歌：アチムイスル（朝霧）、ウリナラのチュム（踊り）：プチェチュム（扇の舞）、伝統音楽と楽器：カヤグム	ポクチョリ（福を呼ぶ壁飾り）、トヂャン（はんこ）
パターンⅡ	味覚、食堂で使われる会話ⅠⅡⅢ	阪神教育闘争：解放直後に帰国できなかった理由を知り、考える。自分たちの学校の民族学級ができた過程を知る。 外国人登録法：現状（外国人登録内容など）を知る。登録法ができた不当性を知る。運動によって改善されてきた事実をつかむ。 生活実態について：日本社会の中にいまだ差別がある状況に触れると共に改善されている部分について知る。	知らないことだらけ〜法律と私たち：私たちを取り巻く法的地位について話し合いながら、自分たちの立場について考える。 外国人登録法って何だ：登録法の内容をふまえて、その不当性やこの先どうなったらよいかについて考える。 将来の私たちを語り合う：在日朝鮮人がどのように進路を切り開いてきたかを知り、将来への展望を見出せるようにする。 同胞の先輩たちの生き方に学ぼう：家族や地域の同胞たちの聞き取り学習等を通じて、先輩たちの生きて来た道を知り、そのたくましさや強さに人の生き方を学ぶ。 私たちの発表をしよう：文化祭での発表について	民族の衣服について知ろう：チョゴリを着てみよう。朝鮮料理にはどんなものがあるの：朝鮮料理を実際につくってみよう。民俗遊び（朝鮮将棋）	ウリナラの民謡：珍島アリラン、サムルノリ、ウリナラのチャンダン（リズム）	チャンスン（木製の守り神）、ノリゲ（装飾品）
パターンⅢ	ハングルの歴史・仕組み、ハングルを読む、ハングルカード作り、ウリマルカルタ	私たちとウリナラ：朝鮮戦争から始まった分断についての学習を通して、今なお分断がもたらす様々な事柄や在日の状況について知る。7.4南北共同声明、6.15南北共同声明など統一に向けて働いているウリナラの事や日本との関係を考える。 国籍問題：在日朝鮮人の国籍問題についての歴史と現状について知る。	「○○人ってどうやって決まるの」：二重国籍や「帰化」などを踏まえながら、国籍と民族について考える。 将来の私たちを語り合おう：同上 私たちの願いは統一だ：分断と統一がそれぞれ私たちにもたらすものについて考え、私たちと統一について考える。 私たちの発表をしよう：文化祭での発表について	ウリナラの住居について知ろう。どんな名節があるのだろう、朝鮮料理をつくってみよう。民俗遊び（ユンノリ）	ウリマルで歌ってみよう、プンムル、ウリナラのチュム（踊り）	ピョンプン（屏風）、カギャピョ（ハングル表）

＊出典：大阪市民族講師会（2004: 6-11）から作成。

3 「民族限定」という原則
：「朝鮮半島にルーツをもつ児童」を発見していく！

　以上のカリキュラムを基本にしている大阪市立小中学校における民族学級で最も
重視されていたのは、韓国・朝鮮籍者あるいは「韓国・朝鮮にルーツをもつ児童」
のみを対象とするという「民族限定」という原則であった。近年、「民族限定」の
原則は、いくつかの問題に直面していることも事実であるが、それにもかかわらず、
民族のみを対象とする原則が貫かれていた。課題の一つは、韓国・朝鮮にルーツを
もつ「ダブル」や帰化者の児童たちが増えている中で、民族学級の対象児童を学校
側が確保している外国籍児童の名簿からは全部把握できない、という問題であった。
近年、韓国・朝鮮籍者の児童より、「ダブル」の児童たちが多数となっている。「民
族とのつながり」をもつ児童たちをどのように「発見」し、民族学級に参加させる
かの課題と、とりわけ、「ダブル」の民族的ルーツをもつ児童たちにどのような内
容に重点を置いて（一方を否定するような教育内容にならないように）、民族教育
を進めていくべきかという課題が浮上してきた。民族講師側は、まず教員側の協力
を得て、朝鮮半島にルーツをもつ児童を積極的に「発見」し、民族学級に参加させ
ており、教育内容や伝達の方法などに対しても工夫をし、少し修正を加えることで
解決を求めていたが、「民族限定」の原則はそのまま継承している、という。つまり、
民族学級と学校側が協力し、「ルーツのある児童」を探す、または「ルーツを隠さ
ないように促す」プロセスが行われているのである。

　もう一つの課題は、在日やルーツをもつ児童のみを限定とする民族学級の原則に
対して修正を求める提案、たとえば、国際理解教育などを兼ねて日本人児童も対象
として一緒に行うべきではないかとの意見や、ニューカマー外国人も含めるべきで
はないかとの意見などへの対応であった。民族講師側からは、ニューカマーとは歴
史的な経緯が異なる在日韓国・朝鮮人問題の特殊性や、マイノリティ児童に対して
の教育現場における「民族限定」の場がもつ意義（それは必ずしも、在日韓国・朝
鮮人のみに当てはまる問題ではないが）、つまり、「同じ立場の仲間づくりや交流は、
在日韓国・朝鮮人児童たちが『自立』することにつながる」という民族限定の場が
もつ有効性を挙げて、その必要性を主張していた。以下の語りは、民族教育の実践
家側が、なぜ「民族限定」の原則を維持しようとしているかをよく表している。

民族学級の児童数が減っていますね。公立学校で在日外国人教育、フィリピンの子どもの教育も要るし、中国人の子どもの教育も要るし、なおかつ、在日朝鮮人〔ママ〕の子どもたちが歴史的な経過の中で、とりわけ在日韓国・朝鮮人の教育というのは、永遠の課題でもあるし、〔ニューカマーの問題とは〕違うと思っています。個人の意見ですが、「自立」と「共生」の問題だと思います。自立なくして、共生はない。自立はどこで得るかというと、仲間との教育の中で、と思っています。いろんな友だちと培う中で、自立していく力になる。自立の力が民族学級にあるから、民族学級に日本人の子どもを入れるのに対して反対しています。日本人の子どもを入れる教育は、総合学習〔「総合的な学習の時間」における国際理解教育〕とか、学校の教育内の時間ですべきであると。……私は20年、30年、50年経っても、子どもの自立の場みたいな場所は、〔在日韓国・朝鮮人が〕少数になればなるほど必要ではないか、と思います。日本の中でも意見差があります。共生社会になるから、民族学級は必要でなくなる時期が来るだろうと。でも、私は、日本社会はそんなに簡単には変わらないと思っています。……10年後に民族学級の必要性がなくなるとは考えられへん。100年後にはわからないけど（笑）。私個人の意見です。いろんな意見があるから。[119]

　このような立場から、民族学級は「ルーツをもつ」児童を積極的に参加させ、民族学級の児童数の減少を防ぎながら、一方では、彼らを意識して授業内容への修正や補完を加えつつ「民族限定」という原則を守ってきたのである。民族学級の場における「民族限定」の原則は、「共生」社会に到達する前に必ず通るべき「自立」の道へ導いてくれる方法として守られていた。

　第二の原則としては、「本名」使用がある。民族学級では、1950年代初頭の登場当時から本名を名乗り、呼び合うという原則が立てられ、調査時点の2000年代後半に至るまで貫かれていた。民族学級の授業のうち、「生活」や「センガッケーボヂャ（考えてみよう）」においては、「イルム」（「名前」、カリキュラムの中では本名・民族名の意味で使われている）についての学習が行われており、民族学級の参

119　2006年7月28日、民族講師OAさんへの聞き取りより。

加者たちは、韓国・朝鮮名で呼ばれていた。しかし、実際、二つの民族的ルーツを
もつ場合や日本国籍を取得した家庭の子どもの中には、民族名をもっていない場合
が少なくなく、また、本名や民族名の使用に対して保護者や児童側からの拒否感を
示す場合もあった。こうした状況の中で、民族講師たちは、母親の韓国・朝鮮語の
名字を使ったり、日本名をそのまま韓国・朝鮮語読みにしたりするなど、様々な工
夫で民族名を児童たちに与え、呼び合うようにしていた。「ダブル」の児童が増え
る中で、このように韓国・朝鮮名をつくり、名乗るようにすることについては、違
和感を訴える声も少なくなかったが、民族講師側は保護者側にイルム使用の趣旨や
意義などを説明しながら、その原則を守ろうとしていた。「ダブル」の児童の中では、
韓流ブームの影響もあるのか、自分が韓国人と日本人の「ハーフ」であることを
「カッコいい」イメージとして受け止めている場合もあるなど、二つの名前を楽し
んでいるケースも観察された[120]。

　さらに、大阪市においては、1970 年代から公立学校の中での在日韓国・朝鮮人
児童の教育運動を広げていく中で、在日韓国・朝鮮人の教育実践家だけではなく、
教員側の運動団体からも「本名」使用の原則が支持されてきたこと、そして、「ダ
ブル」や帰化者の増加が顕在化した 1990 年代後半以降、大阪府や大阪市から本名（民
族名）の使用を進めることを明らかにした指針が策定されたことも、民族学級での
本名使用の原則が維持されていくのに肯定的に働いた。1998 年、大阪府は「在日
韓国・朝鮮人問題に関する指導の指針」（策定は 1988 年）を改訂し、その中で「学
校においては、すべての人間が互いに違いを認めあい、ともに生きる社会を築くこ
とを目標として、在日韓国・朝鮮人児童・生徒の実態把握に努め、これらの児童・
生徒が自らの誇りと自覚を高め、本名を使用できるよう指導に努めること」を明記
した。大阪市においては、2001 年に「在日外国人教育基本方針——多文化共生の
教育をめざして」を策定し、その中で、「すべての幼児・児童・生徒に対して、自
国への学習をとおして正しい認識を培い、民族的アイデンティティを確立する教育
を進めるとともに、『本名を呼び・名のる』指導の徹底が図れるように努める」こ
とが明記された。このように、大阪地域では、1990 年代後半から 2000 年代初頭に
かけて、大阪府・大阪市の外国人教育に関する指針の中で「本名」使用の重要性と

120　2006 年 11 月 20 日、民族講師 OC さん（在日 3 世、女性、30 代）への聞き取りより。

それを勧める教育指導の必要性が言及されるようになるなど、地域行政のレベルでも本名使用の必要性や重要性が認められており、こうした行政側の教育方針は、民族学級の本名使用の原則の維持にも肯定的な影響を与えているのである。

　歴史性の重視という方向性も、大阪地域の民族学級の原則・精神として挙げられる。民族学級の授業には、歴史の学習が多く含まれており、主に、小学校の高学年と中学生を対象として、「社会」や「センガッケーボヂャ（考えてみよう）」などの科目の中で、植民地の歴史や阪神教育闘争に象徴される戦後の民族教育の歴史など、在日韓国・朝鮮人の歴史についての学習が行われていた。中学生を対象とするものとしては、「外国人登録法」の問題や、差別の実態、そして本名で生きていくことの意味などについての学習が行われていた。中学校の民族学級における教育目標をみると、社会科目では「ウリナラ（我が国）の歴史や在日韓国・朝鮮人の歴史、在日同胞社会における先輩たちの生き方に理解を深め、朝鮮人としての自分をみつめ、民族につながる自分の生き方を考える基礎を育てる」ことであり、「センガッケーボヂャ」においては「自分たちの置かれている社会的状況を正しく理解し、仲間とともに乗り越えていこうとする力を育てる」ことになっていた。歴史性を踏まえた上で、今日のポストコロニアルな状況について学習し、自分が置かれている状況の理解を深めることが目指されていた。

　最後に、1970年代初頭の「長橋闘争」以降、「統一志向」「政治中立」の原則が貫かれていることも、大阪地域の民族学級の特徴である。「1972年型」民族学級の開設以降、民族学級の授業や運営においては「南北統一」「政治中立」という方向性をもっており、その統一への願いは、民族学級のカリキュラムから民族学級の運営、民族講師会の行事に至るまで、様々なところに現われていた。たとえば、民族学級の授業の中では、南北統一の問題について考える時間や、統一を念願する内容の「ウリエソウォン」（私たちの願い）という韓国の歌を学習する時間が設けられていた。参与観察の中では、民族講師たちが分断を表す「韓国・朝鮮」や「韓国・朝鮮語」の代わりに、「ウリナラ」（私たちの国）や「ウリマル」（私たちの言葉）あるいは分断以前の「朝鮮」という表現を使っていることや、児童たちが作ったポスターに、いわゆる「統一応援旗」（朝鮮半島の南北が同じ水色で塗られている旗）が描かれていることも観察された。また、民族講師会には、「公立学校の中での民族教育」の問題を共通の関心事としている多様な人たち（朝鮮籍・韓国籍者・日本

籍者、朝鮮学校の卒業生や日本学校の卒業生など）が参加しており、民族講師会が主催する行事には必ず民団側と総聯側の関係者を招いているなど、「統一志向」「政治中立」という原則は、朝鮮半島の南北関係の緩和や対立に関係なく、民族学級の場では守られているところが多く観察された。

4 1990年代以降の変化と新たな共同性[121]の模索

2008年現在、105校の大阪市立小中学校の中に設置されていた民族学級は、先述した基本原則や精神に基づいて実践されていたが、これらの実践を一枚岩的なものとしてまとめることはもちろん困難である。民族学級の実践は、学校や地域の状況により、多様な様相をみせており、その取り組み方や位置づけも様々である。ただ、民族講師側から「民族学級の実践がよく進んでいる」と評価されていた学校における民族学級の特徴を整理することで、どのような民族教育の場が目指されていたかを窺うことができよう。ここからは、参与観察を行なった二つの学校（A小学校とB中学校）における民族学級の実践事例を取り上げて、その場のあり方を詳細に検討していく。

4.1. A小学校の事例

4.1.1. 民族学級の概観

A小学校に民族学級が新設されたのは、「大阪市立学校民族クラブ技術指導者招聘事業」が始まった1992年のことであった。この学校での民族学級の開設は、地域行政の事業としてその実践が生まれた点で、1950年代あるいは1970年代に開設された民族学級とは、異なっていた。2006年7月現在、全児童163人のうち37.4%に当たる61人が「ルーツをもっている」とされており、そのうち、24人が韓国・朝鮮籍、37人が日本国籍（重国籍も含まれている）をもっていた。61人の対象児童のうち民族学級に参加する児童の割合は85.3%（50人）であり、大阪市

---

121 ここで紹介されている二つの事例については、金兌恩（2009）でも論じている。

における民族学級への当時の平均参加率（50％）を大きく上回っていた[122]。C区にあるこの学校は、校区全体が 2002 年 3 月末まで同和地区として指定されていた。学校の教育方針には、「人権尊重の精神の徹底を図り、いのちを大切にするとともに、部落差別をはじめ一切の差別を許さず、真理と平和を希求する自主性と創造性に満ちた児童を育成することをねらいとして教育をすすめる」と明記されている[123]。

4.1.2.「解放学級」との併置

A 小学校には、民族学級だけでなく、「部落解放学級」（以下、解放学級）も設けられており、すべての児童が二つの学級のいずれかに参加しなければならない仕組みになっていた。また、いずれの学級の授業も、民族学級の授業が放課後に行われているほかの多くの学校とは異なり、正規の授業時間内に取り組まれ、別々の教室で同時に行われていた。各学級の主な授業内容をみると、民族学級では韓国・朝鮮のことについて、解放学級では地域、つまり部落の歴史や皮製品などの地域の生業などについて学習していた。

この取り組みをめぐっては、解放学級や民族学級の両方の保護者から反対の声もあった。すべての児童は、入学時点で、「朝鮮半島にルーツをもっているかどうか」を優先基準に、二つの学級に分けられていた。しかし、この地域が同和地区として指定されていたとしても、住民の多くは他所から転入してきており、解放学級の対象にされた児童の親の中では、「部落民でもないのに、なぜうちの子を解放学級に入れるのか」と異議申し立てをする場合も出てきた。一方、民族学級の児童の親からは、「地域の人に自分たちの出自を知らせるようになるので行かせない」、「母親が韓国籍である事実を親戚にも知らせてないのに、子どもを民族学級に入れるなん

---

[122] 民族学級への参加率＝参加児童数÷「把握された」対象児童数× 100。対象児童には、「朝鮮半島にルーツをもつ」日本国籍者も含まれており、彼らは、学校側や民族講師側が家庭訪問や子どもたちとの接触の中で、把握される場合が多い。民族講師 OA さんは、「大阪市全域で、年間、100 人程度の『ルーツをもつ子』が『発見』される」と語った。

[123] 大阪市立 A 小学校のホームページより。2007 年 5 月 1 日取得。

て困る」といった反発もあった[124]。調査時点においても、「ルーツをもつ」児童のうち、親の反対によって解放学級に入っている児童が何人かいた。解放学級の対象者が民族学級に入ることはできないが、民族学級の対象児童が希望により解放学級に入ることは、学校側が認めていた。また、当初、民族学級への参加を拒否した対象者の中には、途中で解放学級から民族学級へ編入してくる場合もあることが聞き取り調査から確認できた。

> 親がすごい反対してて。オモニ〔お母さん〕は、〔在日韓国・朝鮮人が少ない〕少数在籍〔学校〕だったから、自分のことを出せずに言えずに。ということで差別が生まれると思っている人で。…「絶対あかん」といって、解放学級に三年生まで行ってた子がいて。四年生から民族学級に行って。…「3年間民族学級の発表会をみてきたし、民族学級のやってることをみてきて、この地域では自分のいてた地域ではなくて、そういうこと出して普通なんや、今まで自分では考えられへんかったこと、こんな普通に出せるものやな」というのを、3年間を通して学校のやってることをみてきてそれで安心できると。[125]

母親の時代の民族学級は、反差別の闘いや運動の中で、明確な意識と決意をもった保護者と児童が民族学級にかかわることが多く、それ以外の児童は、そうした状況に違和感を抱いていたことが少なくなかった。しかし、1990年代に入って民族学級が開設されたＡ小学校では、より「日常的」に民族をマジョリティ／マイノリティ関係の中に定位し、双方がお互いに働きかけ合うというスタイルを強調しているため、この母親はそれに触れて、自分が抱いていたこれまでの民族学級への認識を改めたのではないだろうか、と考えられる場面であった。

124　2006年11月20日、大阪市立Ａ小学校の民族講師OBさん（在日3世、女性、30代）への聞き取りより。

125　同上。

4.1.3. 学校との関係

　この学校では、保護者に取り組みを説明するために、入学前に家庭訪問を行っていた。その対象は、主に入学予定者の名簿から国籍の確認ができる韓国・朝鮮籍者と、すでに民族学級に兄弟姉妹が参加している「ルーツをもつ」日本国籍の児童の家庭であった。

　Ａ小学校には、学年ごとに解放学級を担当する教員と民族学級を担当する教員が一人ずつ決まっており、それを総括する形で外国人教育主担者がいた。月１回、民族学級担当の教員と外国人教育主担者、非常勤の民族講師が集まって、民族学級の授業や行事、そして児童に関する情報交換を行っており、民族学級の授業には担任教員や外国人教育主担の教員が頻繁に参観しているなど、日本の公立学校制度と民族学級活動が相互に交通する場面が多く観察された。Ａ小学校の民族講師を担当しているOBさんの以下の語りからもこうした点がよく表れていた。

　　　月に一回、民族学級の担当の先生たちと外国人主担とが集まって、民族学級の作品展の流れをどうするとか、料理会の段取りをどうするとか。後、子どもの様子の交流。学校ではこんなふうになってますとか、今、ちょっと本名を書き出してますとか、イルム〔韓国・朝鮮名〕をなかなか書かれへんになってきているとか、家庭状況とか、なかなか学校に来にくい状態があるとか。子どもの様子の把握をするために子どもの様子の交流を。〔民族学級の授業は〕週２回一時間で終わるので、先生方がもっている子どもの情報把握を交流するという。後は、火曜日とかは、とくに会議とか入れてへんので、各学級の担任と話をやったり。……今、すごい職員全体がいい感じなので、民族学級の先生〔民族学級にかかわっている教員〕だけでなく、みんながやろうという状態になっています。[126]

　このようにＡ小学校では、民族講師側と学校との間で、定期的な話し合いの場が設けられ、民族学級にかかわっている児童たちの様子や状況についての情報を、民族講師と外国人教育担当教員が交換・共有し、また必要な場合には担任教員にも

126　同上。

それを伝えるなど、両者が疎通できる仕組みになっていることが窺えた。

4.1.4. 発表会の参観記録

　この学校では、11月と2月に、両学級の作品展と発表会が行われていた。学校によっては、学校全体の学習発表会と民族学級の発表会の開催日が異なる場合も少なくなかったが、A小学校においては、学校全体の発表会として、同じ日の午前中には民族学級が、午後には解放学級がそれぞれ発表をする仕組みになっていた。両学級の発表会における表現の題材や方法などは異なっていたが、共通しているのは、差別をテーマとしている点であった。民族的マジョリティでもある解放学級の日本人児童たちも、自分たちが地域社会でマイノリティという位置に置かれる可能性があることを認識しており、その内容を発表会の場で発信する場面もあった。2007年2月15日に開かれた民族学級・解放学級発表会では、解放学級の3年生たちが、「わたしたちのまち・C・大好き」というタイトルで、C区の長所をアピールする自作のポスターを紹介し、そのポスターを作った動機などについて一人ずつ語るコーナーが設けられており、以下は一人の男子児童の発表内容である。

　　　お父さんとお母さんが、新聞でCの町が悪いところだと書いてあって、い
　　ややな、と話しているのを聞いたことがあります。Cのいいところをアピー
　　ルしたいと思って、このポスターをかきました。[127]

　それぞれの発表会の最後には、6年生の児童たちが自分の生活や経験を振り返る作文を朗読する自己アピールコーナーが設けられていた。半数以上が日本国籍をもつ民族学級の発表会においては、6年生全員が、民族学級や民族差別などに対する気持ちを語る作文を朗読した後に、「〇年〇組〇〇〇」という韓国・朝鮮名で、アピールを終えていた。舞台の下では、解放学級の児童たちや両学級の保護者たちがみていた。午後の解放学級の発表会でも、最後には解放学級の6年生による作文の朗読が行われ、自分の被差別経験を語る児童もいた。それを民族学級の児童たちや両学級の保護者たちも眺めていた。

---

[127]　大阪市立A小学校の発表会（2007年2月15日）の中で解放学級の3年生の生活劇への参与観察より。

両学級で学ぶ児童たちは、自分たちが日本の社会の中では、依然として差別される側に位置づけられていることと、それゆえに共通のつながりがあること、しかしそれぞれの差別経験は質的に異なり多様であることを実感する構成になっていた。A小学校では、民族学級・解放学級の実践の中で、だれでも差別される側に置かれる可能性があることへの認識を共通の基盤として、学校内で民族や地域だけを基準にした場合に生じうる二項対立性の問題を克服し、学校や地域における新たな共同性の創出の可能性を探っていたと考えられる。

4.2. B中学校の事例

4.2.1. 民族学級の概観

　大阪市D区に位置しているB中学校に民族学級が新設されたのは、1997年のことである。調査時点において、生徒の412人のうち、20人（5%）が「ルーツをもつ」とされており、そのうち、韓国・朝鮮籍と日本国籍保有者はそれぞれ10人ずつであった。民族学級への参加率は45%であり、民族学級が設置されている大阪市立中学校の平均参加率（25%）を大きく上回っていた。B中学校の教育方針は、「主体的に考え、創意工夫し、積極性に富む生徒の育成をめざす。不合理を見逃さない人権感覚の豊かな教職員・生徒集団をめざす」[128]と、人権尊重の理念を強調していた。授業は、毎週木曜日の放課後に非常勤の民族講師によって行われていたが、民族学級の授業とクラブ活動が重なる場合には民族学級の授業を優先するような方針も定められていた。民族講師側からも、「この学校では、民族学級の活動など差別や人権問題が重視されている」[129]と評価は高く、その背景の一つとしては在日問題をはじめ、人権問題に強い意志をもっている校長先生の存在も挙げられていた[130]。そして、発表会の前後には、民族学級や「韓国・朝鮮」への理解を深めるために、全生徒を対象とした国際理解教育の授業も設けられていた。

　B中学校には、1998年度から外国人教育同和教育委員会が組織されており、2000年度からは同委員会全体として民族学級にかかわることが明確にされていた。

---

[128]　大阪市立B中学校のホームページより。2007年5月1日取得。

[129]　2006年12月8日、民族講師OAさんへの聞き取りより。

[130]　同上。

また、民族学級の時間とクラブ活動（部活）の時間が重なることにより民族学級への参加率が低下することを避けるために、毎年、クラブ部長会議では、民族学級生徒に対しては民族学級の活動を優先させるように、と伝えられていた[131]。

4.2.2.「民族学級応援隊」の存在

この学校における民族教育実践の特徴の一つは、主に日本人生徒で構成されている民族学級応援隊（以下「応援隊」）の存在であった。応援隊は、B中学校の民族学級の活動を応援し、ともに参加する生徒の集まりとして、民族学級が新設された翌年の1998年に始まった。そこは「朝鮮半島に民族的なルーツをもつ仲間の思いを大切に受け止め、自ら学び、共に活動しようとの気持ちで主体的に、共に歩む」[132]ことを謳う日本人生徒たちの思いが込められていた。応援隊の結成にかかわった卒業生（男性、1999年度卒業）の次の作文は、応援隊の誕生の背景や当時の日本人生徒の気持ちなどをよく表している。

> 第1回民族学級発表会が始まる前には、僕は半ば他人事のように思っていました。始まると、舞台の上には僕の親友とも言うべき友人がいました。彼が壇上にいる理由がわかりませんでしたが、進行していきそこで初めて彼が在日韓国人であることを知りました。後に、彼がこのことがイジメにつながるのではないかと恐れ、すごく悩んでいたということも聞きました。……何とか彼の力になりたい、彼のことをもっと知りたい、そういう思いで応援隊を作ったのです。[133]

1970年代のような差別・選別の大状況を提示し、それへの抵抗を謳いあげるのではなく、個人的な友人とのつながりの範囲内で、マイノリティ／マジョリティに属する二人の触れ合いと支え合いを焦点化しようとする試みが、この作文の語りから読み取れる。

131　大阪市立B中学校編、2006、『民族学級の10年』。

132　同書。

133　同書。

応援隊は民族学級生に対する日本人生徒の自主的支援活動として位置づけられていたが、民族学級への参加者の少ない状況に配慮した教員側の指導や働きかけもあった。B中学校には、具体的な実践方案の中に、「少数外国籍の生徒に対する取り組みを積極的に推進する」ことや、先述したように、民族学級への参加がクラブ活動より優先されるようにすることが明記されていた[134]。

　結成以来、応援隊への参加希望者を毎年募集しており、調査時点においては20人程度の生徒が発表会にかかわっていた。応援隊の具体的な役割をみると、まず、応援隊のメンバーは発表会の企画段階から参加し、発表会において、どのような役割分担を行うかを決める。企画案が決まると、応援隊のメンバーは、放課後に、民族学級生とともに学校に残り、練習を行う。そして発表会の日には、民族学級生たちと舞台の上で役を演じるという役割を応援隊のメンバーたちは果たしていた。

　応援隊に志願する日本人生徒の数が少ない年もあり、調査時点では、再募集が行われていた。応援隊の発足にかかわった日本人の卒業生の語りからも窺えるように、ある意味では、民族学級に親友が通っている生徒が応援隊に入るケースも少なくないなど、応援隊は私的なつながりに根ざしている側面もあり、こうしたマイノリティ／マジョリティ関係が、今後、発展拡充していくのかどうかは、いまだ不確定である。しかし、後述するが、応援隊とのかかわりを肯定的に捉える民族学級生の発言などもあり、少なくとも、その存在が、マイノリティ側にとって新たな共同性を経験できる回路となる可能性を示唆している。

4.2.3. 発表会の参観記録

　2006年12月8日に開かれた発表会は次の順番で進行されていた。①開会の挨拶、②サムルノリ（四物遊び）言葉、③プチェチュム（扇の舞、女子生徒）、④楽器の紹介、

---

[134]　同書。中学校においては、民族学級の授業時間がクラブ活動の時間と重なる場合が多く、民族学級への参加率を下げる要因になっているという意見もある。2006年11月20日、民族講師OCさんへの聞き取りより。

⑤テコンド（跆拳道、男子生徒）、⑥朝鮮の遊びの紹介、⑦プンムル（風物）[135]、⑧民族教育の歴史（民族講師）、⑨民族学級生アピール、⑩合唱「イムジン河」。①、⑧、⑨を除いた舞台では応援隊と民族学級生がともに参加しており、応援隊のメンバーらの役割と出演時間は、補助的ではなく対等なものであった。たとえば、テコンドの舞台においては、発表が始まる前に、応援隊の二人が一人の女性をいじめようとする不良の役を演じていた。そのとき、テコンド着を着た二人の民族学級生が登場し、その男たちを退治し、女性を助けるという設定であった。その後、民族学級生たちが、二人ずつ舞台に登場し、コーチとともに、技術をみせていた。また、韓国・朝鮮の伝統遊びである「ノルティギ」（板飛び）と「チェギチャギ（チェギ蹴り）」[136]を応援隊のメンバーだけで再現しながら紹介し、舞台の下から大きな歓声や拍手を受けた。

　このように応援隊と民族学級生との関係は、差別する側・される側、あるいは支援する側・される側という固定した関係性ではなく、むら社会における「手伝い（助っ人）」のような相互転換的互助関係を基調としているように思える[137]。

---

135 サムルノリとは、「四物の遊び」という意味で、農楽器であるケンガリ、鉦、チャング、鼓で演奏する韓国・朝鮮の伝統的な音楽。プチェチュム（扇の舞）は、女性たちが扇を用いて踊る韓国・朝鮮の伝統舞踊。テコンド（跆拳道）は韓国・朝鮮の代表的な伝統武芸の一つ。プンムル（風物）は、豊作を祈る農民たちの音楽であり、主に四物（ケンガリ、鉦、チャング、鼓）を基本楽器にしてそれを打ちながら舞い踊る。

136 子どもたちが足で蹴り上げて遊ぶ羽子の一種。

137 相互転換について、近代日本の農村を事例にして定式化し実証的に展開したのは有賀喜左衛門であり、その解説としては鳥越（1982）が優れている。近代日本農村で実践されてきた相互転換に基づく相互扶助システムについては、恩田（2006）が参考になる。有賀喜左衛門、1989、『有賀喜左衛門著作集 Ⅷ 民俗学・社会学方法論』未来社／鳥越皓之、1982、「有賀理論における生活把握の方法」『トカラ列島社会の研究』御茶ノ水書房／恩田守雄、2006、『互助社会論：ユイ、モヤイ、テツダイの民俗社会学』世界思想社。

4.2.4. 当事者にとっての民族学級と応援隊の意味

　民族学級や応援隊のことを民族学級に参加する当事者たちはどのように受け止めていただろうか。発表会での民族学級生の最後のプログラムである「自己アピール」の中には、差別を恐れて民族学級に参加することを躊躇していたが、民族学級や発表会への参加に応援隊の存在が肯定的に働いたという発言もあった。具体的にみると、「私は中学校に入学してから差別されるのが怖くて民族学級に数回しかいっていませんでした」、「三年になり、先輩もいなくなり、うちらが仕切らないといけないとおもって、後輩も、応援隊もますます増えてきて、毎日が楽しくなって」、「途中でつらい日もあったけど、先生や応援隊に支えてもらったお陰でここまでくることができました」[138] などであった。

　また、三年間、民族学級に通った卒業生（男性、2001年度卒業、大学生）の次の作文は、民族学級生が、応援隊をどのように評価しており、マジョリティ側の生徒たちに何を求めているかを語っている。

　　民族学級生のみんなは発表会に出演してみて、B中生のみんなは発表会を鑑賞してみて、何か思ったり、感じることがきっとあるはずです。……発表会で抱いた思いを忘れずに行動に移して下さい。……応援隊に入ることだけが行動ではなく、発表会をしっかりとみることや民族学級の仲間に声をかけること、民族学級に遊びに行ってみることなども、どれも立派な行動です。B中生のみんなは必ずできると信じています。そして、これからも、B中生みんなでつくりあげていく「開かれた民族学級」であってほしいと願っています。[139]

　マイノリティを支援するマジョリティ側の実践に対しては、マジョリティの人権派の側からの「建前」のようなものであり、マジョリティ／マイノリティ関係を、全体の差別の構造から把握し、打開しようとしている視点は採用されていないとい

138　B中学校の民族学級発表会への参与観察記録より。発言は、二年生、三年生、三年生（三人とも女子生徒）の順である。

139　大阪市立B中学校編（2006）。

う批判がある。応援隊に対しても同じことがいえる側面があるとしても、以上の語りから明らかであるように、マイノリティ側が、かつては道徳的・政治的に回避されてきたマジョリティ側の参与を積極的に肯定し、当事者性を帯びることを部分的に許容する点で、大きな変化が確認できる。こうした点は、民族学級とそれ以外の空間の間の境界線をより流動的にすることであり、その境界線の内側と外側の間で存在するアイデンティティの承認をめぐる不連続性の問題の解消につながると考えられる。

4.3. 目指されている「民族学級像」

以上の検討から、学校側、つまり公立学校制度の中での民族学級の位置づけ、そしてマジョリティ側としての日本人学生とマイノリティ側としての民族学級生との関係が1990年代に大きく変容していることが確認できた。

1990年代に入ってからの民族学級設置校の急増の背景に「大阪市立学校民族クラブ技術指導者招聘事業」の実施があることからも窺えるように、民族学級は、学校側によって「多文化共生をめざす教育」の一環として位置づけられるようになり、また民族学級側も自らを「学校全体への多民族多文化共生教育を発信する場」として位置づけを受け入れていた。A小学校における民族学級と解放学級の「併置」の実践では、1970年代のように「民族」と「地域（部落）」が、各々の実践空間の中でのみ、各自の声を出すような方法ではなく、共同で差別と立ち向かう教育方針が採られている。民族と地域のうち、一つの基準だけを当てはめる場合に生じうる「韓国・朝鮮民族」対「日本民族」、あるいは「同和地区」対「一般地区」のような二項対立性にもズレが生じる。こうした取り組みは、だれもが差別される側に置かれうる状況を空間として作り出すことによって、「他者性承認」への道を開き、新たな共同性が築かれる可能性を示唆した。このような位置づけの変化は、担当教員との定期的な会議や意見交換、学校側と民族講師の共同の取り組みとして行われる「ルーツをもつ」児童の「発見」のプロセス、そしてB中学校におけるさまざまな民族学級への配慮などからも確認できる。

児童・生徒らの生活世界におけるマジョリティ／マイノリティの関係性においても、大きな変化が観察できた。応援隊が活動するB中学校の取り組みからは、差別する側／差別される側、あるいは支援する側／支援される側という従来のマジョ

リティ／マイノリティ間の固定した関係性ではなく、相互転換的互助関係を基調としている様子がみられる点で、1970年代の民族学級とは大きく異なっていた。また、応援隊が民族学級生とともに発表会の舞台に立つことは、主体・客体としてのみる側／みられる側という二項対立的なカテゴリーを複合化し、その構造を克服する道を開く可能性にもつながるだろう。

　これらの取り組みにおいては、マジョリティとマイノリティ双方の共有領域を広げながら、新たな共同性を創出し、アイデンティティの承認をめぐる不連続性の問題を解消しようとする方向へ向かう可能性を読み取ることができよう。子どもの民族学級への参加を拒否していた母親が、三年後には民族学級への参加を希望するようになった事例は、マイノリティ側による「差異の承認をめぐる不連続性の予期」（竹ノ下 1999: 59）という問題が、以上のような交流の広がりの過程の中で、緩和されていく可能性を示唆している。また、民族学級に参加していたB中学校の卒業生が、民族学級生だけでなく、より多くの日本人生徒が「行動すること」を通して、「開かれた民族学級」をともにつくっていくことを後輩たちに求めていたことからは、「特別」ではなく、より「日常的な」民族学級になりつつあるという自覚、あるいはそうなってほしいという願望を読み取ることができよう。

　民族学級の実践家側からは、以上でみてきたように、学校側や日本人児童のマジョリティ側との協働的な関係に基づき、民族学級の実践を進めていく中で、従来の民族教育において多く表れていた対抗性の問題の克服を目指しており、特別ではなくより日常的な「民族教育」を目指していた。大阪市民族講師会の標準カリキュラムに沿って行われる両学校の民族学級のカリキュラムの中では、依然として抵抗的な民族教育の歴史や葛藤的な日朝関係への学習時間が多く設けられていたが（表16、表17を参照）、以上の二つの事例からも窺えたように、その実践を取り組むに当たっては、マジョリティ側との協力的な関係に基づく新たな共同性が模索されているところがみえてきた。

　本章では、大阪市立小中学校における民族学級を「折衷型」教育実践の事例として取り上げ、その場のあり方およびそこで現れている民族教育と多文化共生教育との間での相互作用の様相を検討し、その可能性と課題を明らかにした。

　大阪市立小中学校における民族学級では、民族限定の場での本名使用や、植民地の歴史やポストコロニアルな状況などといった歴史性の問題が重視されていた。その一方で、民族教育と多文化共生教育間の相互作用の検討からは、公教育領域で二つの教育が多く交通・疎通しており、民族教育の中で重視されてきた対抗的ともいえる歴史性の問題が、多文化共生教育の現場でも共有されているところがみえた。二つの教育は、「歴史（ポストコロニアル問題）学習を通じた民族性の涵養」と「違いの尊重・国際理解」という各々の目標を保ちながら、「歴史に基づく国際理解（韓国・朝鮮理解）」や「歴史に基づく『内なる』多文化共生教育」という方向性、そして公教育空間における民族性や差異の承認をめぐる不連続性の問題の是正という課題を共有しており、こうした大阪の事例からの発見は、民族教育と多文化共生教育の葛藤の超克の可能性を示唆してくれると思われる。主な議論は、以下のように要約できよう。

　民族学級においては、教員たちとの協力の下で、韓国・朝鮮にルーツをもつ児童たちを積極的に「発見」し、民族学級に参加させながら、民族限定の原則を継承していた。そこでは、本名・民族名使用の原則があり、授業の中でも、戦後の民族教育の闘争や歴史学習が重要視されていた。大阪地域における民族学級は、一方では南北の葛藤や対立、他方では統一への念願の中で誕生した「1972年型」民族学級の精神が引き継がれていた。「統一志向」「政治中立（脱政治）」という原則が、今日においても貫かれており、実践の中には「統一された朝鮮」が祖国として想定されていた。それを実現するために、多様な背景をもつ在日の人たちを民族講師に参加させており、南北統一が在日にどのような意味をもつのかなどについての学習、そして南北統一を象徴するポスターの共同制作や「統一応援旗」の使用など、「統一」問題がカリキュラム（隠れた要素までを含む）の中に多く取り込まれていた。

　近年においては、こうした原則を維持しながらも、民族学級が学校の中で孤立しないように、全児童との関係性を意識した取り組みも工夫されていた。学校側との

協働の下で行われている実践としては、民族学級と部落解放学級を併置し、両学級の児童たちの間での共同性を模索しようとするA小学校の事例や、民族学級の生徒たちと応援隊の生徒たちをともに民族学級の活動に参加させようとするB中学校の事例がある。それを可能にした背景には、同和地区として指定されていた地域であり、在日韓国・朝鮮人も多数居住しているという地域的な特徴（A小学校）や、在日児童の少ない学校の中で民族教育の実践を進めていくことへの、学校長や一部の教員たちの強い意志（B中学校）などがあった。こうした点は、その実践に必ず持続性・安定性が担保されているとはいいにくい側面であるが、民族講師や当事者である民族学級の児童たちは、今後の望ましい民族学級像を、学校側と積極的に協働・交通し、マジョリティの児童たちとも多く交流する「開かれた民族学級」（民族限定の原則を諦めることを意味してはいない）から探っているのである。

　このように、大阪地域の公立学校の中での民族教育においては、本名使用や歴史の学習に基づく、いわゆる「歴史志向の強固な民族教育」が行われている一方、多文化共生教育・国際理解教育との協働実践も多く行われているなど、二つの教育が多く交差し、折衷しながら接合していくところもみられている。この背景として、大阪地域の公立学校における民族教育の運動においては、在日側だけでなく、「公立学校における在日韓国・朝鮮人児童の民族教育権の確保・保障」という関心事を共有している公立学校の日本人の教員たちが中心的な役割を果たしてきたことがあり、その成果は、地域行政側が制定した外国人教育方針の中にも、学校現場で「本名を呼び・名のる」ことへの指導の必要性が明記されるなど、民族教育現場からの望みが、ある程度反映される形で現れている。

　「折衷型」教育実践は、実践方式をめぐっていくつかの問題を露呈している。その一つが、民族教育運動の象徴でもあり手段でもあり続けてきた「本名・民族名使用の原則」をめぐる問題である。調査時点で、民族学級の対象児童の半数程度が、民族学級に参加していない状況であった。その参加率は、把握された民族学級の対象児童（韓国・朝鮮籍者と韓国・朝鮮にルーツをもつ児童）のうち民族学級に参加している児童の割合である。名簿上に、ルーツをもっていても日本国籍となっている児童（「ダブル」児童や、帰化した家庭の児童）のすべてを、担任教員や民族講師が把握しているとは限らないため、実際の参加率は統計数値より低い可能性がある。肯定的に評価されている民族学級の実践校の中でもこうした場合が出ている。

「だれでも構造的に差別される立場に置かれうる」ことを想定し、学校全体の新たな共同性を模索しようと試みており、民族講師側からも高く評価されているＡ小学校の実践においても、民族学級への参加を拒否し、解放学級に入ることを希望する児童や保護者がいた。また、大阪地域の民族学級に大きな転換をもたらした長橋小学校の卒業生たちが作った大型ポスターの上に、本名・民族名をハングルで表記することを在日韓国人の母親が強く反対し、日本名（それが本名）を日本語で書いた一人の「ダブル」の卒業生もいた。そのほかに、日本人教員が主導的に「発見」していく朝鮮半島にルーツをもつ児童のうち、まだ「発見」されていない児童たちもいるはずである。これらのことを、どのように解釈することができるか。もちろん、その原因は様々であろうし、非参加の根本的な原因が日本社会の差別的な構造や風土にあるとしても、民族学級の対象児童や保護者にとって、目にみえる民族学級の実践方式も身近な原因の一つであることも考えられる。朝鮮半島にルーツをもつ「ダブル」の児童の増加や、韓国・朝鮮籍者の割合の減少、ほかの国籍のニューカマー児童の増加という一連の変化を受けて、大阪地域の公教育における民族学級が、どのように歴史志向を保ちながら新しい道を模索していくかが今後の課題となるだろう。

第 8 章

大阪の民族学級と
多文化共生教育

第8章

大阪の民族学級と多文化共生教育

1 1990年代以降、国際理解教育へのニーズと民族学級との接点

　1990年代以降、大阪地域においては民族学級の制度化や量的な増加、そして実践の方向性においても変化が現われた。さらに、民族学級の実践においては、1990年代半ば以降、国際理解教育などに活用できる「総合的な学習の時間」の創設などにより、大きな変化がもたらされた。「総合的な学習の時間」は、先述したように、1996年の中央教育審議会答申の中での提案を受けて、文部省が1998年に小・中学校の学習指導要領を改訂し（施行は2002年4月）、教科の時間を超えた学習ができる時間として設けられた。調査時点では、年間で、小学校においては週3時間、中学校では2~3時間程度が設けられ、「国際理解」や「地域や学校の特色に応じた課題」をテーマとした授業に多く活用されていた。

　こうした中で、大阪地域では、公教育における民族学級の場や、「民族」と国際理解教育・多文化共生教育との関係に、様々な変化が現れていた。たとえば、放課後の授業を原則として行われていた民族学級の授業が「総合的な学習の時間」を活用して正規授業時間中に編成される場合や、高学年だけを対象として民族学級の授

業が行われていた学校においてその授業が全学年に拡大される場合もあり、民族学級の実践が、国際理解をテーマとした「総合的な学習の時間」に取り組まれるケースも増えた。さらに、在日韓国・朝鮮人の集住地域にある学校の中には、社会や音楽、国語などの教科の授業時間中に、地域にあるコリアタウンへのフィールドワークや韓国・朝鮮の文化・言語などの学習を取り込むケースも出てくるなど、民族学級の実践のノウハウが国際理解教育・多文化共生教育の場で活用される事例が増えていた。以下では、具体的に「民族」のテーマが、全児童を対象とする多文化共生教育の場でどのように取り込まれ、活用されていたかについて検討していく。

2 民族教育と多文化共生教育の相互作用

2.1. 教科の授業に取り入れられた「韓国・朝鮮」
：C 小学校の事例

　大阪市における在日韓国・朝鮮人の集住地域に位置している C 小学校では、社会や国語、音楽、家庭、生活などの教科の年間授業のうち数回を、地域の特色として「韓国・朝鮮」をテーマとして取り上げていた。調査時点で、C 小学校には、全児童 336 人のうち 30％に当たる 96 人（韓国・朝鮮籍 56 人、日本籍 40 人）が韓国・朝鮮にルーツをもっており、「覚書型」民族学級が設置されていた。この学校には大阪府から常勤の民族講師が配置されており、対象児童の約 90％ が民族学級に参加するなど、民族学級への参加率は高かった。

　C 小学校においては、在日韓国・朝鮮人教育問題に強い関心をもっていた少数の教員と民族講師の提案により、正規授業時間に民族学級の取り組みを入れており、それを日本人児童に向けても発信する「国際理解の学習」の時間が、1988 年から設けられていた。

　「国際理解の学習」の開始当時、民族学級の授業は 5、6 年生のみを対象としていたが、1994 年以降、大阪府から「覚書型」民族学級の講師が常勤化され、C 小学校にも常勤講師が配置されるようになると、民族学級の授業は全学年を対象とすることになった。また、「国際理解の学習」時間にもより充実化が図られ、社会や国語、

音楽、家庭、生活などの教科の年間授業時間のうち、数時間が地域の特色でもある「韓国・朝鮮」をテーマとする授業に割愛された。

　国際理解学習の目標や内容をみると、この授業がいかに在日の歴史性の問題を重視しているかがよくみえてくる。授業の目標には、社会科目の歴史学習と並行する形で、日本と韓国・朝鮮との関係や歴史への学習、そして本名使用の大切さやそれが当たり前になる社会実現への継続的な努力の大切さへの理解学習が含まれており、具体的には、植民地の歴史や創氏改名、強制連行などの問題についての学習が行われていた（表18）。

　このように、Ｃ小学校の国際理解学習では、市外教が制作した「サラムシリーズ」の歴史編を教材として活用しながら、単なる韓国・朝鮮の文化紹介ではなく、日本と韓国・朝鮮との間の歴史に関する学習を通じて、自然に本名を呼び、名乗る環境づくりが試みられていた。さらに、この学習時間は、社会や道徳などの教科の中に取り組まれており、こうした点は、韓国・朝鮮をテーマとした国際理解学習にほかの教科と水平的な位置性を付与することで、その学習の重要性を児童たちにも認識させようとする試みなのである。多文化共生教育の現場で、言説の対象とされることが避けられてきた側面がある在日の歴史問題が、この事例の中では、逆に積極的に取り込まれ、歴史性に基づいた多文化共生・国際理解の学習が行われているようにみえた。

| 表18 | 教科の授業と連動した国際理解学習の年間指導計画（C小学校の6年生の例） |

目標	①社会科の歴史学習と並行して、日本と韓国・朝鮮との古くからの歴史を学ぶようにする。 ②民主主義的社会を形成しようとする意識を高め、国際連帯意識の基礎を養うようにする。 ③本名を名のって生きる大切さを考え、本名を呼び、名のることが当たり前になる社会の実現に向けて努力を続けることの大切さを理解する。

	教育内容・教材・教材のねらい	教科・時間数
1学期	・始業式：民族学級・国際理解の学習始業式に参加し、1年間の学習のめあてをもつようにする。	行事1
	・渡来人のはたらき（サラム歴史篇）：中国・朝鮮半島から渡来した人々が伝えた文化を知り、日本と韓国・朝鮮との深いつながりを理解する。	社会3
	・飛鳥文化と韓国・朝鮮（サラム歴史篇）：高隆寺の弥勒菩薩と韓国の金銅弥勒菩薩の類似点を比べることから、両国の文化交流について理解する。	社会3
2学期	・韓国併合・創氏改名：朝鮮を植民地化することによって、朝鮮の人々の言葉や文化を奪った歴史的事実について考える。	社会3
	・強制連行（サラム歴史篇）：「強制連行」について調べる。	社会3
	・朝鮮市場見学：朝鮮市場を見学することによって、働く朝鮮の人々や文化に触れる。	社会3
3学期	・民族学級校内発表会：韓国・朝鮮の民謡のリズムや楽器演奏などの発表を、関心を持って聴くようにする。	行事3
	・本名について（とらじの詩VTR）：本名を呼び名のることの大切さについて考え、話し合う。	道徳3
	・世界の国々：社会科の学習との関連で、「世界のなかの日本」のあり方について考える。	社会1
	・修了式：「民族学級・国際理解の学習」で学んだことを振り返ることにより、一人一人が「国際人」としての認識をもてるようにする。	行事1

* 大阪市立C小学校、2001、『民族学級開設50周年記念誌』71から作成。「サラム歴史編」は、大阪市外国人教育研究協議会が「韓国・朝鮮」をテーマとして作成した教材「사람（サラム）シリーズ」の歴史編である。

2.2.「総合的な学習の時間」を活用した「韓国・朝鮮」への理解教育
：D小学校の事例

　大阪市における在日韓国・朝鮮人が最も多く居住している生野区のコリアタウンに隣接しているD小学校では、教科以外の時間ではあるが、正規授業時間中に取り組まれている「総合的な学習の時間」を活用して、国際理解教育と民族教育が連携する形で行われていた。

　全児童529人のうち156人が韓国・朝鮮籍者であり、1989年に設置された民族学級には「ルーツをもつ」児童を含めて1年生から6年生までの200人程度の児童が参加していた。この学校では、2000年前後から、民族学級の実践を基本にした「多文化共生教育・国際理解教育」の実践が進められてきたが、2002年「総合的な学習の時間」の実施以降、その時間を活用して「民族講師のティーム・ティーチング」による国際理解教育の実践が年間計画の下で行われるようになった。ティーム・ティーチングの目標としては、「ちがいを認め合い、自分を大切にする学級・学年集団づくりをすすめる」ことや「民族学級実践と学級・学年実践との交流・連携をはかる」ことが設定されていた。たとえば、5年生の実践においては、民族学級児童の本名使用が容易でないことに着眼し、本名を名乗り・呼び合うことが容易にできる環境づくりに重点が置かれていた。この学年は、民族学級の対象者や入級者が多い学年であり、5年生の全児童82人の半数を超える44人（韓国・朝鮮籍者34人、ルーツをもつ日本籍10人）が民族学級に参加していた。この学年では、「自分たちの町の様子を知り、ハングルに親しみをもつ」ことや「友だちのイルムを正しく読む」ことを目標として設定された国際理解教育の授業が、担任教員と民族講師により行われていた。

　国際理解教育のカリキュラムの中では、全学年をとおして韓国・朝鮮についての学習時間が多く割かれているが、「私たちの町『生野』をしろう」（3年生）、「大阪・生野区に韓国・朝鮮人がたくさん住んでいる理由を調べよう」（4年生）、「韓国・朝鮮文化と日本文化とのつながり」（5年生）、「日本と韓国・朝鮮からみた『豊臣秀吉』」、「日本と韓国・朝鮮からみた『第二次世界大戦』」（6年生）など、植民地の歴史や渡日史、日朝の関係などの問題についての学習時間が設けられていた。ただのお国紹介や外国語学習に焦点が当てられることが指摘されている国際理解教育の批判的な側面を民族教育との連携の中で、克服しようとする試みなのである。

表19 「総合的な学習の時間」に行われる国際理解教育の事例（D小学校）

学年	内容	実施時期	時間
1	私と民族学級	4~5月	1
	韓国・朝鮮のあいさつ	5月	1
	韓国・朝鮮の民話を聞こう	9月	1
	こんなことできるようになったよ	1月	1
2	私と民族学級	4~5月	1
	世界のいろいろな楽器を楽しもう	6月	2
	大きくなった私	2月	1
3	私と民族学級	4~5月	1
	ハングルって、どんな文字	6月	2
	私たちの町「生野」を知ろう	10月	3
	みんなで「カンガンスルレ」を踊ろう	1月	1
4	私と民族学級	4~5月	1
	ハングルって、どんな文字	10月	3
	カルタ遊びをしよう	12月	2
	大阪、生野区に韓国・朝鮮人がたくさん住んでいる理由を調べよう	1月	(3)
5	私と民族学級	4~5月	1
	ハングルって、どんな文字	6月	3
	韓国・朝鮮と日本文化とのつながり	10月	2
	チヂミ作り	1月	2
6	私と民族学級	4~5月	1
	ハングルって、どんな文字	6月	2
	日本と韓国・朝鮮からみた「豊臣秀吉」	10月	2
	日本と韓国・朝鮮からみた「第二次世界大戦」	11月	2
	キムチ作り	2月	2

＊民族教育ネットワークのホームページにおける「民族教育フォーラム2004」から作成。
http://www.geocities.jp/edugroup2/kitatatumi.htm、2010年5月1日取得。

2.3. 歴史性に基づく多文化共生教育

　以上の二つの小学校の事例からは、教科時間や「総合的な学習の時間」を活用した国際理解教育の一環として「韓国・朝鮮」が取り込まれており、またその授業は民族学級とも連動し、歴史性の問題を十分生かしているところがみえてきた。その方向性には、1970年代以降、大阪地域で民族学級の取り組みが拡大され、その実践のノウハウが多く蓄積されてきたこと、そして、その取り組みに教員集団が様々な形（教材開発、行政側に向けての交渉や運動）でかかわっており、行政側もそれを部分的に受け入れて民族学級とかかわる方針を立ててきた点などが影響していたと考えられる。

　これらの実践の中に歴史性の問題が取り込まれていることは、従来の国際理解教育への批判的な指摘を意識的に乗り越えようとする試みでもあろう。その具体的な例としては、国際理解教育がただの外国の文化紹介や陳列、消費に止まらないように、常勤あるいは非常勤の民族講師と担任教員が共同で、在日の本名使用や歴史問題などを取り込んで、韓国・朝鮮への理解学習を進めていること、そしてそれを踏まえて学校の中にある民族学級との交流や発表会への観賞を行うことなどが挙げられる。

　こうした試みの背景には、先述したように、大阪府や市側が本名使用の指導を明記した外国人教育とかかわる方針を、2000年前後にそれぞれ策定したことが重要である。また、教材として活用されている「사람（サラム）シリーズ」は、大阪市の教員たちで構成された「市外教」が製作したものである。こうした背景の下で行われている、以上の二つの小学校における国際理解教育の実践は、民族的マイノリティ児童を考慮したカリキュラムの補完でもあり、反差別意識の涵養を求めるより包括的な多文化共生教育の一環でもあろう。また、民族学級の授業と連動する形での国際理解学習の取り組みは、民族学級の児童のアイデンティティの形成・承認環境の不連続性、つまり民族学級と原学級の空間の間で存在する不連続性の問題を緩和させようとする試みとしても評価できよう。これらの実践は、民族教育と多文化共生教育がそれぞれの領域でのみ声を出すのではなく、二つの教育が疎通し、各々の本来の色を生かしながら一つの流れの中で折衷を試みるという点で、今後、公教育における民族教育と多文化共生教育との関係を考える際に多くの可能性を示唆している。

3 困難

　以上の事例からは、民族学級の取り組みが国際理解教育へのニーズの増加に伴いその立地を広げてきたことがみえてきたが、一方では、学校側と民族学級側との断絶など以前と変わらない状況も指摘されていた。

　たとえば、依然として民族学級の主流は、非常勤講師による放課後の授業である。放課後に行われる民族学級の設置校の中では、学校の教員側との定期的な交流や話し合いの機会がほとんどなく、放課後に集まった児童たちに週1回の民族学級の授業や、年1回計画されている発表会の準備だけに止まる場合も少なくないことが指摘されていた[140]。たとえば、放課後に授業が行われるE中学校への参与観察では、放課後に民族講師が訪れ、体育館で発表会の練習をしているうちに、同じ空間を使っていたほかのスポーツの部活を担当する教員や生徒たちからの配慮や協力を得ることができず、民族講師が授業を計画通り進めることが困難な状況となり、戸惑っている場面も観察された。また、類似した困難は、常勤の民族講師が配置され、国際理解教育との連携の下で民族学級の授業が安定的に行われていたC小学校においてもみられていた。民族学級の取り組みがより「確実な」位置を獲得しているようにみえるこの学校においても、民族学級の授業が民族講師に任せられるだけで、教員側がその授業やその場に参加する児童の様子などにほとんど興味を示さないことを、民族講師は以下のように語っていた。

　〔民族学級の授業には〕いろんな先生に来てほしいです。子どもの姿をみてもらって、いろいろ考えてほしいですね。〔民族学級やその場に参加する児童たちに関する〕本（を）読んでも、たぶん偉い人の話を聞いても、私がいくら訴えても、子どもがどんなふうに過ごしているかは……一つは、国際理解教育と並行してやるときは、担任はなかなか来られないですね。低学年の先生もあんまり来られないです。外担〔外国人教育担当〕の先生もあんまり来られない。……もちろん〔学校によって〕差がいっぱいあるから。子どもの姿をみてほしいし、担任の先生も入ってもらって、次の日にクラス〔原学

140　2006年11月20日、民族講師OCさんへの聞き取りより。

級〕でその話をやってほしいですけど。それがなかなか。……自分で、職員
室で担任の先生をつかまえて（笑）、しゃべるとか、そういう方法しか、今
の段階ではないです。[141]

　また、国際理解の学習の時間に常勤の民族講師が何度も入り、「韓国・朝鮮」の
ことについての授業を行った学年の発表会の舞台では、最後の挨拶で「チャオ」と、
イタリア語での挨拶をしており、それに対して民族講師側は戸惑いを感じていた。
国際理解の学習の時間には、韓国・朝鮮のことだけではなく、英語の会話やほかの
国のことについて担任教員の総括指導の下で、学習が行われている。しかし、この
学年は何回も常勤の民族講師が授業を行い、児童たちが朝鮮市場にもフィールド
ワークをしに出かけるなど、この学年の国際理解の学習時間の主なテーマが「韓国・
朝鮮」として設定されていると、民族講師は受け止めていた。しかし、発表会の場で、
児童たちは、韓国・朝鮮語ではなく、イタリア語での挨拶をしており、それに対して、
発表会の場を訪れていた民族講師 OA さんは、「この地域や学校に韓国・朝鮮の子
がこんなに多く、一年中、授業の中で「韓国・朝鮮」を取り入れてやってきたのに、
『チャオ』って、これはちょっとショック」と語っていた[142]。このように、今日の教
育現場では、民族教育と多文化共生教育との接点の広がりがみえてきている一方で、
依然として、民族学級に学校の取り組みとしての位置性が担保されていない場面も
少なくないことや、ほかの国々との単なる並列・比較の対象としての韓国・朝鮮の
位置性に基づく国際理解教育への視点がみられたことなどが、大阪地域の多文化共
生教育の現場において、依然として、民族教育が抱えている困難であろう。

141　2007 年 2 月 20 日、民族講師 OD さん（在日 3 世、女性、40 代）への聞き取りより。

142　大阪市立 C 小学校の民族学級・国際理解の学習の校内発表会（2006 年 12 月 8 日）
に対する参与観察より。

4 ニューカマーとの関係

大阪地域においては、ほかの地域と比べてオールドカマーである在日韓国・朝鮮人の割合が高く、その中でも韓国・済州島にルーツをもつ人たちが多い。コリアタウンが存在していることもあり、とりわけ、民族学級が多く設置されている地域においては、ニューカマーの中でも韓国からの来日者が多かった。しかし、近年においては、中国やフィリピンからのニューカマーが少しずつ増えており、その中で日本人の配偶者をもつニューカマーや、その家庭の子どもたちも増え、学校現場でもその構成がより多様化していた。

こうした中で、ほかのニューカマー児童にかかわることで、学校側と民族講師会との間で話し合う機会が増えていた。たとえば、外見だけでは日本人でないことがわかりにくいあるニューカマー児童の親が、日本名で通学することを希望する相談事例や、学校で発生した差別事件などについて、学校側と民族学級側が意見交換をすることもあった。

民族講師会側は、在日韓国・朝鮮人児童の問題だけでなく、学校や地域で起きたニューカマー児童に対する差別事件にも対応したり、民族学級の制度化の運動にもかかわっているコリアNGOセンターや人権弁護士とも連携し、オーバーステイの状況に陥っていたニューカマー児童の家庭を支援したりするなど、ニューカマー児童をめぐる様々な問題にかかわっていた。2006年12月8日、C小学校の発表会の日には、違法滞在の状況に置かれていた同校のニューカマー児童の家庭のために、民族講師会やコリアNGOセンターの要望を受けて弁論を担当した弁護士（男性・日本人）とコリアNGOセンターの事務局長が校長室を訪れ、校長や教頭と話をしており、その後、民族学級・国際理解の学習の発表会を参観する場面も観察された。ニューカマー児童をめぐる問題に民族学級側がかかわっていることは、参与観察や聞き取りの中でしばしば現われており、今後、民族学級の新たな役割や方向性が窺える場面でもあった。

222　なぜ、公教育における民族教育の場に注目するのか

5 まとめ

　多文化共生の潮流が広がった1990年代前後から、教員たちと民族教育の実践家たちは、公立学校の中での在日児童の民族教育や、それをより効果的に実現させるための全児童に向けての反差別教育、韓国・朝鮮への理解を深めるための韓国・朝鮮をテーマとした国際理解教育を同時に展開してきた。こうした発想から出発した国際理解教育においては、植民地の歴史や渡日史、阪神教育闘争などの在日の歴史が含まれており、歴史志向を生かした上で行われる国際理解教育の授業を通じて、従来の「ただの外国紹介」や「民族・文化の消費・陳列」という国際理解教育・多文化共生教育への批判を克服しようとする試みがなされているのである。それは、二つの教育の間で、あるいは二つの教育空間の間で、共感や接点を広げることで、民族的マイノリティ児童の差異の問題が、二つの空間や学校全体あるいは地域全体の中で同じ温度で受け入れられることを試みることでもある。

　このように歴史性を共有しながら行われる民族教育と国際理解教育・多文化共生教育の連携実践においては、民族・歴史への強調が多文化共生教育と必ずしも葛藤・対立しているとはいえない状況がみられ、二つの教育の間での葛藤を超克できる可能性を提示している。「歴史に基づく多文化共生教育」の新しい可能性を開いていると考えられる。このように、大阪地域の公教育現場において、日本人の教員と在日の民族講師たちがともに実践してきた民族教育の実践は、1990年代以降の国際理解教育・多文化共生教育とも積極的に交流・対話し、対抗的ともいえる歴史性を保持したまま、国際理解教育の中に韓国・朝鮮の問題を取り入れることにつながったのである。大阪の事例からは、歴史志向の民族教育が、いわゆる「歴史に基づく多文化共生教育」と疎通することを通じて、二つの教育が各々の領域に閉じ込められ、断絶されたまま、そこでのみ各自の声を出すのではなく、二つの教育が各自の色を生かしながらも理念や方向性を共有し、せめぎ合いながらも「折衷」されていくという、公教育における民族教育と多文化共生教育の関係を考える際に、新しい方向性を提示していると考えられる。

補論：近年における変化

　2010年代に入り、大阪の公立小中学校における民族学級をめぐっては、いくつかの変化が現れた。

　まず、民族学級の名称の変更や、民族学級設置校における在籍児童の多様性を反映した取り組みがみられた。民族学級という名称には、とりわけ、行政側から「国際クラブ」という名前が使われるようになった。たとえば、大阪市のホームページとリンクされている民族学級設置校のホームページには、「民族学級（國際クラブ）」のように民族学級と国際クラブが併記されている場合が多くみられた。また、民族学級の設置校の中には、多様な背景をもつ外国人児童の増加を反映した取り組みがみられた[143]。たとえば、「1972年型」民族学級をスタートさせた長橋小学校には、2010年代に入り、フィリピンにルーツをもつ児童を対象とする「フィリピン学級」やほかの国や地域にルーツをもつ児童を対象とする「多文化共生学級」が新設された（川本 2017: 28-9）[144]。

　また、民族学級の設置校の中には、ユネスコスクールに加盟し、その取り組みを多文化共生・国際理解のための活動として、世界の学校との共有を進めるケースも出てきた。在日韓国・朝鮮人が多く暮らす生野区に位置しており、1989年民族学級が設置された御幸森小学校は、2013年

143　大阪市に居住する外国人のうち韓国・朝鮮籍者が占める割合は、2001年にはほぼ80%であったが、2010年66%に落ち、2019年末には45%(65,362人)となった。2019年末現在、全体外国人のうち、中国は30%を、ベトナムは12%、フィリピンは3%を占めている。大阪市ホームページより（https://www.city.osaka.lg.jp/shimin/cmsfiles/contents/0000431/431477/gaikokusuii2019.pdf）。

144　川本（2017）は、長橋小学校のホームページから引用している。

にユネスコスクールに加盟した。2019年度の活動報告では、「児童の自尊感情と郷土愛を養い、心豊かにしなやかに生きる力をはぐくむ」ことを研究主題として、「多文化を学ぶことで、自己のアイデンティティーを確立し、命を尊びたくましくしなやかに自己実現に向けて生きていける力をエンパワメントすることをESD(持続可能な開発のための教育)と捉え」るとして、民族学級の取り組みを国際理解や多文化共生とかかわる学習として紹介している[145]。

　そのほかにも、この時期には、大阪地域の民族学級にもう一つの大きな変化が訪れた。2012年、韓国政府が在外同胞に対して参政権を付与したことを契機に、政府レベルで在外同胞[146]への関心や支援活動が高まる中で、民族学級も韓国政府から支援を受けるようになったのである。主な支援内容は、民族学級で使う教材の開発や教具の支援、小中学生の母国研修や民族講師の国内外の研修支援、そして民族講師への手当の支給などである。

　韓国外交部によると、2018年末現在、韓国の在外同胞数は180ヶ国の749万3,587人であり、日本に居住する韓国の在外同胞数は82万4,977人で、アメリカ（254万6,952人）と中国（246万1,386人）に継ぐ3番

145　ユネスコスクールのホームページより（http://www.unesco-school.mext.go.jp/index.php?key=mucsjwqqf-18#_18)。

146　韓国政府が定義する在外同胞の範囲は、「在外国民」（韓国国籍を保有している海外移住民と滞留者）と「外国籍同胞」（韓国国籍を保有していない韓国民族の一員）となっている。すなわち、韓国籍者だけでなく、ルーツをもつ場合もその対象に含まれる。韓国外交部ホームページより（https://www.mofa.go.kr/www/brd/m_4080/view.do?seq=369552)。

目に多い[147]。もともと韓国政府による在外同胞への支援対象は、海外にある韓国学校や韓国語教室が主な対象であったが、2010年代に入り、教育支援事業の対象がより拡大された。

　韓国政府の在外同胞政策や事業展開の仕組みをみると、国務総理を委員長とする「在外同胞政策委員会」が設置されており、外交部の傘下にある公共機関の「在外同胞財団」(1997年「在外同胞財団法」に基づき設立)が、実質的に在外同胞と関連した交流事業や調査・研究事業、教育・文化・広報事業などを遂行している。実際の事業運営は、海外の各地域に設置された「韓国教育院」が担っており、日本には東京や大阪をはじめ、15地域に韓国教育院が設置されている。

　大阪韓国教育院では、今までの韓国学校や韓国語学校の支援などに加えて、現在、「民族学級支援事業」を独立した事業として設けている。具体的な例としては、2010年代後半に、大阪にある韓国学校の教師や民族学級の講師らでチームを構成し、教材開発をはじめ、様々な作業を進めている。2019年度には、歴史教材のアニメーション制作チームや、教材教具企画チーム(以上は2017年度から活動)、民族教育ウェブサイトチーム、民族講師の伝統衣装チームが活動し、すでに成果も出されている。たとえば、歴史教材のアニメーションチームは、韓国で制作された「世宗大王」(セジョンデワン＝ハングルを発明したとされている朝鮮時代の王)というアニメ動画の日本語バージョンを制作しており、教材教具企画チームでは、『セックドンナルゲ』(セックドン＝韓国・朝鮮の伝統模様、ナルゲ＝羽を意味する韓国・朝鮮語)という韓国学校や民族学級用教材の開発や改定、補完などの作業が行われた。そのほかにも、関西地域の民族教育関係者の母国での研修や、関西地域の在日の子どもたちを対象

147　韓国外交部ホームページより (https://www.mofa.go.kr/www/brd/m_4080/view.do?seq=369552)。

に母国訪問プログラムが設けられている（大阪韓国教育院ホームページ）。

　先述したように、大阪の公立小中学校における民族学級をめぐる運動は、主に二つの方向性をもって展開されてきた。一つは、日本の学校に通う在日児童への民族教育の保障運動（民族学級の開設および維持運動）であり、もう一つは、民族講師への人件費支給を中心とした民族学級の制度化運動である。学校の教員や保護者、民族学級を支援する民族団体などの多くのアクターたちが運動にかかわる中で、1990年代には、「覚書型」民族学級の講師が常勤職となり、17人の民族講師は大阪市から「国際理解教育推進非常勤嘱託職員」として雇用されるなど、部分的ではあるが、制度化への一歩を踏み出していた。ここには、1991年、「在日韓国人の法的地位に関する覚書」が交わされその中で、教育問題については、「日本社会において韓国語等の民族の伝統を保持したいとの在日韓国人社会の希望を理解し、現在、地方自治体の判断により学校の課外で行われている韓国語や韓国文化等の学習が今後も支障なく行われるよう日本国政府として配慮する」（3条2項）という方向性が提示されたことも肯定的に働いたとの評価もあることは先述した通りである。しかし、その後も、依然として、韓国政府の海外同胞への教育支援は韓国系の民族学校に焦点が当てられており、民族学級には積極的にかかわってこなかった。2010年代に入り、在外同胞支援の一環として民族学級支援事業が展開されるようになったのは、ある意味では、韓国政府の在外同胞への参政権付与により、有権者の範囲が拡大されたこと、それに伴い在日同胞に民族教育を行う民族学級が「再発見」されたこととして解釈することもできよう。

　その一方で、このように日本の公立学校の中にある民族学級に韓国側から新しい風が吹き、その取り組みが一層活気を帯びるようになったかと思われた2010年代末に、1970年代初頭に「1972年型」として民族学級が新設され、大阪の中でも象徴的な存在でもあった小学校で、衝撃を

与える出来事も起きている。この学校では、保護者会のメンバーから学校内に特定民族を対象とする取り組みがあることへの抗議があり、民族学級の授業が予定通りに行われなかったことがあった。それは、民族学級の取り組みが公教育システムの中でいかに不安定な位置に置かれているのか、また、その取り組みの趣旨や意義への理解、在日の社会的差異に対する承認が、在日韓国・朝鮮人の多い地域ですら、いかに限定的な範囲に止まっているのかをよく表している。

　日本の公教育領域（学校と行政を含めて）において、多くのアクターたちとの合意、そして様々な協力関係を力として、その場を広げてきた民族学級が、今後、どのような展開をみせていくか、多くの関心が集まる。

第 9 章

川崎のふれあい館における
教育実践の生成

第9章

川崎のふれあい館における教育実践の生成

　本章では、川崎市ふれあい館の事例を取り上げて、その場の生成過程と背景を検討する。ふれあい館が位置している川崎市桜本地区は、在日朝鮮人の多住地域として知られており、前の二つの事例と同様に、戦後の朝鮮人学校の閉鎖過程の中で、公立学校における放課後の民族教育の場が設けられた地域である。しかし、その場が、設置後、間もなく消滅した点では、二つの地域とは異なっている。

　現在の取り組みの始まりは、1960年代末に遡る。当時、在日大韓基督教会川崎教会（以下、川崎教会）が、劣悪な環境に置かれている在日の家庭や工業地帯で共働きをしている地域の家庭を支援するために、民族活動や地域活動の一環として保育園を開き、その活動を広げた。1970年代前半には、学生運動・部落解放運動の拡大や革新的な自治体の登場による地域問題への関心の拡大、在日と日本人の運動組織や市民、学生たちが多く参加し、全国的に広がった在日青年への就職差別反対運動（「日立闘争」）などの一連の過程の中で、在日を中心とした社会福祉法人である青丘社が、一方では、民族保育・教育や地域での放課後保育活動などに、他方では、「日立闘争」に積極的にかかわりながら、川崎地域における民族運動・反差別運動に中心的にかかわった。1980年代に入ってからは、青丘社側は川崎市にその活動に対する公共領域からの支援を要請し、多くの在日と日本人の協働運動と行政

側との何年にも及ぶ交渉を経て、川崎市ふれあい館がその事業の運営を青丘社に委託する形で開館するようになった。その後、青丘社が行ってきた民族教育活動や在日中高生への学習支援活動、地域の共働き家庭の子どもへの放課後保育活動などが、市の施設の中で引き継がれるようになり、川崎地域で「民族教育の場」が再び実現したのである。

　川崎地域での民族教育実践は、在日と日本人の協働・共闘に基づく市民運動的な性格を帯びており、「地域共生」という大きな課題に向けて、民族教育と多文化共生教育が協働しているという点で、いわゆる「共生型」教育実践であるといえる。

　本章では、戦後、川崎地域の公立学校における民族教育の場の生成と消滅過程、1970年における新しい民族教育運動の主体の登場過程と背景、社会福祉法人青丘社による川崎市桜本地区での民族保育・教育活動と地域活動の内容、1980年代における在日と日本人が協働・共闘で行われた公教育への異議申し立ての運動、そしてふれあい館の開館過程について検討していく。

1　朝鮮人学校の閉鎖と公教育における民族教育の場の生成

　戦後、川崎市においては、在日朝鮮人が集住していた桜本や臨海部を中心に「国語講習所」の開設が進んでおり、1945年10月、桜本にある朝鮮人の個人住宅で光明学園という「国語講習所」が、1946年3月には、中留に朝聯第一学院、入江崎に朝聯第二学院が（いずれも川崎市臨海部）、南武地区（市中・北部）では高津小学校の教室を借りて「国語講習所」が開設されていた。また、1946年11月、戦災により焼け跡になっていた大島小学校の土地に自主学校川崎朝鮮小学校が創設された。しかし、1949年10月、GHQと日本政府による朝鮮人学校の閉鎖措置により、川崎朝鮮小学校は閉鎖され、在籍児童の全員が桜本小学校に入学させられることになった。同年11月4日には暫定的措置として浜町に設置された桜本小学校の分校に児童全員が再び集団で収容され、授業が開始された（当時の児童数353人、学級数8、教職員：日本人8人、朝鮮人6人）。1954年には、大島小学校の開校準備のため、現在の川崎朝鮮初級学校が位置している桜本に移築開校された（山田2007:

43-5)[148]。すなわち、桜本地区は、朝鮮人学校の閉鎖後に公立学校の分校という形で、閉鎖以前の朝鮮人学校がそのまま移され、民族教育が引き継がれた川崎地域における民族教育運動の中心地であった。

　川崎においては、京都や大阪のような、行政側と朝鮮人側との覚書に基づく形で民族学級が公立学校の中に取り組まれることはなかったが、資料や証言の中では、公立学校の中に放課後に民族教育を行う取り組みがあったという記録がある。その名称については研究者や語り手によって相違があるが、たとえば、川崎在日コリアン生活文化資料館が実施した在日韓国人2世（焼き肉屋経営、男性）への聞き取り調査の記録によると、朝鮮人学校閉鎖後、川崎市において、民族教育を受ける形態の一つとして「いわゆる、『ウリマル学級』（ウリマル＝私たちの言葉）のように、公立学校の課外で在日コリアン子弟を対象に授業が行われるもの」が挙げられている[149]。こうした「ウリマル学級」は、大阪や京都での民族学級とは異なり、行政側との覚書などの公的な文書に基づく形ではなかったため、その立場はより弱く、時間の経過とともに消えていったのではないかと推測されている[150]。

　このように、1949年の朝鮮人学校の閉鎖から1950年代半ばにかけて、川崎地域の公立学校における民族教育は、在日韓国・朝鮮人の多数居住地域であった桜本地区を中心とした、朝鮮人学校の日本の公立学校の分校、そして一部の公立小学校における放課後の「ウリマル学級」という形で、展開されてきた。しかし、1950年代半ば以降、日本の公立学校の分校（桜本小学校分校）で引き継がれていた民族教育の場は、総聯の結成に伴い、日本の公立学校の分校から再び自主学校としての朝

---

[148] 同校は、1965年、「日韓基本条約」の締結後に「朝鮮人のみを収容する教育施設の取扱いについて」という文部省通達が出され、閉校措置が指示された。これにより、1966年11月に廃校となり、その後、各種学校の認可を受け神奈川朝鮮学園川崎朝鮮初中級学校として運営されてきたが、2005年に中級学校が神奈川中高級学校に統合され、現在は神奈川朝鮮学園川崎朝鮮初級学校として残っている（山田2007: 45など）。

[149] 川崎在日コリアン生活文化資料館のホームページ（http://www.halmoni-haraboji.net/exhibit/report/2007kikitori/person03.html）より。2010年8月1日取得。

[150] 「ウリマル学級」の登場から消滅までの過程や背景、規模などについての記録はほとんど残っていない。今後、より綿密な調査が必要である。

鮮学校へ転換されることになり、「ウリマル学級」は消滅していき、川崎地域の公立学校における民族教育の場はなくなることになった。

2 1970年代、新しい民族教育運動の主体の登場

1970年代前後、桜本地区を中心に、民族教育とかかわる新しい動きが現われ始めた。現在の「川崎市ふれあい館・川崎市桜本こども文化センター」（以下、ふれあい館）の指定管理者として指定を受けている「社会福祉法人青丘社」（以下、青丘社）の誕生と、青丘社による組織的な民族保育や民族教育、差別反対運動の展開であった。青丘社の歴史は、ふれあい館が位置している桜本地区において、在日大韓基督教会川崎教会（以下、川崎教会）が、キリスト教精神に基づく地域活動として、教会内に無認可の桜本保育園を開設したことに遡る[151]。以下、川崎地域において、青丘社を中心に、どのように民族教育の活動が芽生え、展開されてきたのかについてみていく。

2.1. 在日大韓基督教会川崎教会の保育活動
：宗教・民族・地域

桜本地区は、大規模な工業地帯である南部京浜工業地帯に位置しており、終戦前後から多くの在日韓国・朝鮮人の居住地域として知られていた。川崎教会は、1948年、東京教会の川崎伝道所という形で、居留民団事務所を借りて聖経学校を開設したことから始まった。1951年には、東京教会から独立した自立教会として発足することが請願され、1952年には川崎教会が建築された。1959年に初代の担任牧師として在日韓国人一世の李仁夏が赴任してから、川崎教会の活動は、より広く地域

---

151 その背景には、当時、保育園が不足したことや在日韓国・朝鮮人の子どもの保育園入園が難しかったという現実もあったことが指摘されている。WD さん（在日3世、男性、20代）へのインタビューによる。桜本保育園とP小学校を経て、現在、青丘社の職員として、「ケナリクラブ」を担当している。小学生のとき、「ケナリクラブ」にも参加した経験がある。聞き取りは、2010年5月7日に行われた。

に向けて展開され始めた。『川崎教会50年史』によると、李仁夏の牧師赴任後の「大きな出来事」の一つとして、1959年10月に日本キリスト教団桜本教会（当時、伝道所）の信徒たちを招いて行われた共同聖餐式が挙げられている。その出来事に対しては、教団を異にする教会の信徒同士の共同聖餐式であるという意味のほかに、「韓日の過去事を考える時、民族間の隔ての壁が残っており、戦時中、日本基督教会と日本基督教団に国家の圧力で統合され、戦後離脱した歴史をもつ」教会が、日本キリスト教団の教会の信徒たちを招いて共同聖餐式の場を設けたことで、意味をもつと評価されている（川崎教会歴史編纂委員会 1997: 57）。このように在日韓国人の宗教的共同体である川崎教会は、「民族」を中心軸としながらも、キリスト教精神に基づき、日本人を含む地域住民を教会活動の対象としていたのである。

　川崎教会は、工業地帯で共働きをしている家庭で「放置」されている子どもたちが多いこの地域の状況を踏まえて、日曜日以外にはほとんど使われない礼拝堂と集会室を子どもたちの保育の場として提供することを決め、1969年に、教会内に無認可の桜本保育園を開設した。李仁夏の以下の話は、保育園の開園の背景として、民族・歴史・宗教・地域（日本人の住民を含む）という要素がどのように絡み合っているかをよく表している。

　　　私が川崎に牧師として赴任して来たのは、31年前の春であった。在日同胞の地域に置かれた現実を見て、あの「負」の歴史遺産によって築かれた民族の壁をいかに越えるかの課題に気付くようになった。それがまた、聖書の語る和解の福音を地域で実践する伝道者の必然的な使命であると考えるようになった。川崎市南部の周辺では、わが同胞だけでなく、地方から働きに来る日本人たちも苦労を強いられている。教会を地域に開くために、日曜日以外に殆ど使われない礼拝堂と集会室を子どもたちの保育の場に提供することを、長い討議を経て決めた（李仁夏 1991: 164）。

　このように、桜本保育園は、植民地時代における「『負』の歴史遺産」を負ってきた在日韓国・朝鮮人たちの集団的な経験と記憶、そしてポストコロニアルな状況としての地域社会における彼らに対する差別や排除の問題を背景として誕生したが、それだけではなく、劣悪な環境に置かれている「隣人」としての日本人住民の

問題、そして両者の和解という課題を、キリスト教精神に基づいて解決しようとする試みでもあったのである。保育園が開設されることで、主に地域の在日韓国人との信仰を媒介とする共同体であった川崎教会が、地域住民との接点をもつようになり、その後、実践を進めていく中で、地域社会の矛盾や差別に向き合うようになった（山田 2007: 65）。このように民族限定の立場ではなく、日本人までを活動の対象として含もうとする「隣人愛」に基づく立場について、李仁夏は、次のように説明している。

> 　私ども、旧植民地出身者は、日本の歴史教育のゆがみの中で、日本の社会では、自らの出自を「負」として担わされ、多くの場合、魂の挫折を経験する。そのような時に、とるに足らない、小さい者をかえり見ながら語られる神の言、「自分を愛するように」は、そのような者を、ありのまま、しかも、かけがえのない存在として愛しておられる神との出会いをうながす。そして、それは神の似姿として創られた人間の尊さを知らしめ、自己卑下から自己肯定へと飛躍させる。このように神との正しい関係を回復した者のみが、「隣人を愛する」新しい人間関係に入れる。私どもにとっては、隣人としての日本人との対等な主体的関係に生きることである（李仁夏 1991: 3-4、傍点は筆者）。

　桜本保育園の活動は、排他的な民族的コミュニティを目指すよりは、キリスト教の精神に基づいた「（日本人を含む）地域の住民」に対する「地域奉仕活動」の一環という自らの位置づけをもって、開始された。また、その活動の根底をなすのは、地域において民族共生を目指すことこそが、「民族の肯定」と日本人との「対等な主体的関係」の構築につながるという立場であった。このように、当初から桜本保育園は、「国籍・民族・宗教・思想等一切の枠を設けない神の国の福音を普遍的原理に立つ園」という自らの位置づけをもっていたのである（川崎教会歴史編纂委員会 1997: 62）。

　桜本保育園の園児は40名を目標として募集されたが、初年度は在日韓国・朝鮮人7人と日本人27人であった。保育園側の職員としては、李仁夏を園長とし、3名の在日韓国・朝鮮人の保育士が採用された（同書）。桜本保育園の開園当初には、

保育士たちも日本名を使うなど、在日児童と日本人児童に対して、「民族」を基準とした特別な区別や保育原則などは立てられていなかったが、1970年から1974年までの日立製作所による在日韓国人2世の青年に対する就職差別事件および裁判をめぐる闘争（「日立闘争」）がきっかけとなり、その実践に「民族」が取り込まれるようになった。民族保育が本格的に展開されるにつれて園児構成も変わり、1974年からは在日韓国・朝鮮人児童のほうが多数を占めるようになった。

　次に、全国的に展開されていた日立闘争が、川崎教会と桜本保育園、その後に設立された青丘社を中心とした川崎地域における民族教育運動に、どのような影響を与えたのかについてみていく。

2.2.「日立闘争」と民族意識の高揚

　日立闘争とは、第2章でも述べたように、1970年に、通名で日立製作所（以下、日立）の入社試験を受け、採用通知を受けた在日韓国人2世の朴鐘碩が、国籍を理由に採用が取り消され、それに対して日立を相手に提訴し、4年にわたっての裁判闘争を経て勝訴した一連の闘争である。日立から採用の取消しの通告を受けた朴鐘碩は、慶応大学の学生たち（「ベトナムに平和を！市民連合（ベ平連）」の学生たち）にたまたま出会い、彼らの支援を受けて1970年12月に横浜地裁へ提訴した。それが、1971年1月13日付朝刊の『朝日新聞』にも報道されるなど、日立闘争は社会的な関心と反響の中で展開された。その背景には、社会的弱者に対する関心が増大し、在日に対する眼差しの変化が現れた1970年代の社会的な雰囲気もあった。川崎教会と日立闘争との接点が設けられたのは、朝日新聞の報道に接した川崎教会の在日の青年たちが、裁判支援活動に加わったことであった。日立闘争が、川崎地域における地域運動につながったのには、原告の朴鐘碩に代表された在日韓国・朝鮮人の生活史や就職差別という現実が、川崎の在日青年たちのそれとそのまま一致していたからである（山田 2007: 66-7）。その新聞記事をみて、朴鐘碩を訪ねた当時の川崎教会の青年会会長の崔勝久は、以下のように当時の状況を語っている。

　　私は、日本名を使い日本人らしくなろうとした朴君のなかに在日朝鮮人を見、過ぎし日の自分を見ました。どうという展望があるわけでもなく、ただただ外国人だからということで黙認されている民族差別の実態を明らかに

し、差別と同化を強いる社会の構造を明らかにしていかなければならないという気持ちから、積極的に彼を支援する闘争に参加していきました（崔勝久 2008: 35）。

　1971年3月には、川崎教会の青年会が日立闘争への支援を決定した。李仁夏牧師は呼びかけ人（7名の有識者で構成）の一人となり、日本人と在日韓国・朝鮮人青年を同様の割合として「朴君を囲む会」が発足された。日立闘争は、在日韓国・朝鮮人だけでなく、多くの日本人の市民が共同で闘った反差別闘争であった。川崎教会の青年たちや桜本保育園の保育士たちも日立闘争に積極的にかかわり、支援活動を行っており、その過程の中で、自らも本名を使用しようとする意志を強めていた。1974年6月、裁判で最終的に勝利し、日立への入社が決まった朴鐘碩が本名で生きることを宣言したことは、在日韓国・朝鮮人社会の本名使用をはじめ民族意識の高揚にも大きな影響を与えた。日立闘争期間中に、桜本保育園でも本名使用の原則が立てられた。保育士たちは「朴さんや自分たちと同じ民族差別の苦しみを、こどもたちにさせてはならない。本名を名のり、生きていくこどもたちを育てよう」（川崎市ふれあい館 2008: 27）という決意で、民族クラスの編成に取り組んだ。1970年5月には保育士の本名使用が、1972年9月には園児の本名使用が、桜本保育園の方針として定められた。実際、開園以来3年間、本名での入園児は一人もいなかったが、保育士の本名使用が原則とされた年（1970年）の11月から開かれ始めた「同胞父母の会」において本名使用の原則が説明され、1972年にははじめて3名の子どもが本名で入園した[152]。

　日立闘争で勝訴の判決が出た直後から、川崎地域では、地域に蔓延している制度上の差別に対する反対運動が始まり、1974年7月には、川崎教会の関係者や桜本保育園の父母の有志、民族団体と日本人市民運動の関係者が結束し、川崎市当局に「児童手当支給」と「市営住宅入居」を求めて、はじめて国籍条項の撤廃の申し入れをした。その結果、川崎市側はそれを受け入れ、翌年の4月から実施の確答を得た。この運動は、その後、全国的に拡散していき、「川崎方式」とも呼ばれるよ

152　金侖貞（2007: 70）から再引用（1984、『共に生きる――青丘社創立10周年記念』青丘社、79）。

うになった（川崎教会歴史編纂委員会 1997: 66）。また、日立闘争や川崎の地域運動に参加していた在日韓国・朝鮮人や日本人の運動団体は、その後、「民族差別と闘う連絡協議会」（以下、「民闘連」）として発足され、反差別運動を組織的・全国的に展開し始めた[153]。民闘連の組織や活動は、民団や総聯などの民族団体が中心となっていた従来の民族中心・祖国志向的な運動とは異なり、より在日志向的・反差別闘争的な性格を帯びていた。日立闘争は川崎地域だけでなく、ほかの地域の在日社会、また日本社会にも大きな反響を呼んだが、とりわけ、その闘争の中心に立っていた李仁夏牧師や川崎教会・桜本保育園・青丘社の人たち、そして在日や日本人の支持者たちは、その闘争の精神や熱気、方式などをより強く引き継ぎ、川崎地域での民族運動や反差別運動においても、「日本人住民との積極的な連帯による地域運動」という方式を生かしながら、運動を展開するようになったのである。

2.3.「在日」中心の社会福祉法人青丘社と「民族保育」活動

日立闘争が始まったほぼ同じ時期に、川崎教会や桜本保育園の内部でも、変化が現れていた。1970 年代初頭、桜本保育園児数が増加するにつれて、川崎教会の内部ではより広い保育空間の確保の問題についての議論が始まった。宗教法人である川崎教会の付属保育園としては、川崎市側の認可を得ることや、国や地方自治体の財政的な支援を得ることが困難であった。川崎教会・桜本保育園側は、川崎市の民間保育に関係している担当部署から、「公的支援が受けられるように、保育園を宗教法人直轄から分離し、地域の学識経験者などを理事に加えた社会福祉法人を設立して運営することがアドバイスされ」（川崎市歴史編纂委員会 1997: 62）、社会福祉法人青丘社の設立を進めた。1973 年 10 月には厚生省から社会福祉法人として認可され、翌年 2 月に桜本保育園は社会福祉法人青丘社が運営する認可保育園となった。このように地域行政側から国や市からの財政的な支援を受けるための実質的な助言を受けるなど、協力が得られた背景には、「市側からすれば、その当時の経済状況から生まれる多子化傾向への一つの対策」があったことが推測されている（同書: 63）。

---

[153] ふれあい館の元館長（1990 〜 2009 年度）であり、現在、青丘社の理事長である WA さんも、当時、民闘連の全国事務局長を務めていた。

先述したように、1970年から始まった日立闘争をきっかけとして、桜本保育園においても本名使用の原則が立てられ、それについての説明会が行われるなど、少しずつ民族保育の実践が進んでいた。1974年に、定員児童70名と職員15名の認可保育園としてスタートするようになった桜本保育園は、4、5歳児のクラスを在日韓国・朝鮮人を対象とする「チンダルレ（ツツジ）組」と、日本人を対象とする「ひまわり組」に分けて、本格的な民族保育を開始した。3歳児に対しては、民族によってクラスを分けることなく、一つのクラス（ソンアジ（子牛）組）で保育を行っていた。民族保育の必要性や意義について李仁夏は次のように説明している。

　　　両民族の子どもを同じように保育することは、先に述べた歴史からくるひずみを見落とすことになる。それぞれの文化の違いを認め、それを相互に受けとめ合う関係の樹立に向かって動き始めた。在日韓国・朝鮮人の子どもが、被支配経験で失った民族的アイデンティティーをとりもどし、それをほこることのできる人間形成に励む一方で、日本人の子どもたちには異質の文化を担う仲間にふれ、その文化をも受容できる豊かな感性を持つ幼児体験をさせることで、両民族がともに生きる未来を創造できると確信できるようになった（李仁夏 1991: 164-5）。

　このように、在日韓国・朝鮮人の園児に対しては民族的アイデンティティの回復、日本人の園児に対しては異文化との接触や寛容的な態度の養成、そして両方に対しては相互理解という点が、民族保育の意義であった。今日的にいえば、民族教育と国際理解教育という二つの教育の調和を試みる取り組みでもあった。
　在日韓国・朝鮮人のみのクラスである「チンダルレ組」は、韓国滞在や韓国の幼稚園での研修の経験をもった保育士が担当しており、そこでは、韓国の童謡の学習や、韓国・朝鮮の伝統衣装の試着、ソンピョン（韓国のお餅）作りなどが行われた。また、クリスマス会では、園児たちが韓国の作曲家である羅運栄が作曲したオペレッタ「ソロモン王」を、韓国・朝鮮語で演じることもあった。保育園側は、より充実した民族保育を行うために、保育士に韓国への派遣留学の機会も与えていた。民族クラスの開設から2年後には、派遣留学を終えた保育士が民族クラスの場に入ってくるなど、民族保育の充実を目指す様々な努力が重ねられていたのである（曺

慶姫 2008: 122-3)。このように民族保育の方針が立てられ、実践が進む中で、開園当時から日本人の園児が多数であった状況は 1974 年を境に一変し、その時点で、在日韓国・朝鮮人と日本人の園児の構成は 3 対 2 の割合となった。

表20 桜本保育園の開園初期における民族別園児構成

年度	園児数（名）			年度	園児数（名）		
	韓国・朝鮮	日本	計		韓国・朝鮮	日本	計
1969	7	27	34	1974	49	32	81
1970	8	47	55	1975	49	32	81
1971	13	43	56	1976	50	32	82
1972	23	37	60	1977	43	34	77
1973	26	40	66	1978	40	35	75

* 出典：1970 ～ 1974 年のデータは、金侖貞（2007: 195）から再引用（鄭賢郷、1995、「地域における共生文化の形成過程」地域社会研究所・第一住宅建設協会編『外国人の地域的定着と地域文化形成過程に関する社会学的研究』、29）。1975 ～ 1978 年のデータは、川崎教会歴史編纂委員会（1997）の「在日大韓基督教会川崎教会年表」から作成。

　また、桜本保育園は、認可保育園になった翌年に障害をもつ二人の子どもを受け入れており、1976 年には、4、5 歳の日本人園児のクラスに 4 人の障害児が含まれているなど、障害児の受け入れに積極的な姿勢を取っていた。キリスト教精神に基づく民族保育や障害児保育など、地域のマイノリティを意識した取り組みが、桜本保育園を特徴づけていた。こうした中で、在日韓国・朝鮮人の「チンダルレ組」のほかのクラスでも、本名使用・民族保育、障害児の保育という保育園の基本方針の下で、どのように実践を進めばいいのか悩んでおり、また、日本人の保護者からは、在日韓国・朝鮮人の民族保育に傾いているのではないか、との懸念の声も出ていた。それに対して、保育園側は「差別をしない、させない、負けない子」の育成を園全体の保育目標として立てて、以下のカリキュラムを設け、それぞれのクラスで保育実践を進めるようにしていた（同書）。

カリキュラムの中には、本名を使い、自分の民族文化・歴史・芸術を知るという在日韓国・朝鮮人クラスに向けての実践内容だけでなく、「弱いものいじめをしない」や「友達のことを考えられる」などの全体のクラスに向けての一般的な保育の方向性が明記されていた。そのほかにも、「朝鮮人の子がきた時仲間に入れられる子」など、日本人園児に向けての具体的な内容も定められていた。

表21　桜本保育園における反差別・民族保育のためのカリキュラム

領域	内　容
健康	生活習慣を身につける、偏食のない子、健康な子、清潔な子
言語	ものごとを正しく判断できる子、じっくり考えられる子、自分の考えをはっきり言える子
集団づくり	仲間づくり
情緒	民族文化・歴史・芸術を知る、地域史（文化・芸術）
民族・地域	本名を使う
その他	弱いものいじめをしない、友達のことを考えられる、人の顔をうかがわない、自分のグループ「ロバの会」を大切にする、朝鮮人の子がきた時仲間に入れられる子など

＊出典：曺慶姫（2008: 123-4）から作成。

　しかし、こうした民族保育に対する懸念の声は、日本人の保護者側からだけでなく、本名使用に対して違和感を抱いていた在日韓国・朝鮮人の保護者側からも提起された。本名で保育園の外側に出るときのリスク、つまり、在日問題への理解が共有されていないところ（学校や地域など）に出ると、本名使用から子どもたちに対する差別が生じうるという状況への懸念であった。それに対し、保育園側は、葛藤的な状況に直面していながらも、保護者への説明や保育内容の充実化を通じて、その原則を貫こうとする立場を明らかにしてきた。

2.4. 桜本学園の開設と民族・地域教育活動

桜本保育園で民族保育の実践が進む一方で、地域においては、保育園の卒園児たちをはじめ、地域に住む在日児童の民族教育の保障、そして反差別運動を進めようとする動きが現れていた。その一つは、日立闘争期間中に、川崎教会の青年たちを中心に組織された「朴君を囲む会」の韓国人部会から「池田町子供会」を経て、1974年に再整備された「川崎・在日同胞の人権を守る会」の活動であり、もう一つは、公立学校の中での民族差別問題に立ち向かおうとする在日の母親たちが立ち上げた「在日同胞子弟の教育を考えるオモニ会」（後の、「子供を守るオモニの会」、オモニ＝母親）の活動であった（金侖貞 2007: 73-4）。両方とも、日立闘争による在日韓国・朝鮮人社会における民族意識の高揚に触発されており、これらの動きは、桜本保育園を中心に行われている本名使用や民族への承認が、その保育園の外側にある地域社会や地域の公立学校においても保障されうるのか、という問題提起から始まっていた。実際、桜本保育園では本名を使用していた卒園児が、公立小学校に入学するときには日本名に変える場合や、地域の小学校で在日児童が差別を受ける場合も少なくなかったからであった。

地域と公立学校における民族教育の保障や承認問題に対する関心の高揚は、1975年、青丘社が地域の小中学生を対象に民族教育を行うことを目的とする桜本学園の設立につながった。1976年に川崎市側との交渉を経て再編成された桜本学園は、①在日韓国・朝鮮人の桜本保育園の卒園児および地域の子どもたちへの民族教育を保障する、②民族意識を正しく育てる、③低学歴の克服という民族差別に負けない子どもの主体づくりをめざして、小学生1年生から3年生までを対象とする学童保育「ロバの会」（月曜日から土曜日までの放課後から5時半まで）と、小学校4年生から6年生までを対象とする「タンポポの会」、そして「中学生の会」を設けて、それぞれ週3回の活動を行った（同書: 74-5）。桜本学園の教師としては、在日韓国・朝鮮人の青年だけでなく、地域で差別や学力不振を経験している在日韓国・朝鮮人の子どもたちの問題に関心をもつ多くの日本人の青年たちもかかわっていた。そこでは、在日児童への民族教育の保障や民族意識の涵養という課題とともに、地域の在日児童と日本人児童の両方を対象とする放課後の安定した保育や学力向上という課題をもって、活動が進められた。

表22　桜本学園の開園初期における参加者の構成

年度	児童・生徒数（名）			指導員数（名）		
	韓国・朝鮮	日本	計	韓国・朝鮮	日本	計
1976	40	25	65	16	8	24
1977	25	62	87	16	19	35
1978	33	48	81	11	15	26
1980	48 学童 33、小高学年 7、中 8	42 学童 26、小高学年 5、中 11	90	-	-	-
1981	49 学童 30、小高学年 9、中 10	39 学童 24、小高学年 4、中 11	88	11	9	20

* 出典：川崎教会歴史編纂委員会（1997）の「在日大韓基督教会川崎教会年表」から作成。
　　　1979 年度は、韓国・朝鮮と日本を合わせて、学童 49 名、小高学年 19 名、中 28 名。

　青丘社側が、川崎市で学童保育を担当するはじめての民間団体となるなど、地域行政の支援を受ける形でその活動領域を広げられたことには、地域における共働き家庭と児童を支援するという青丘社の基本的な立場と、共働き家庭のための学童保育の拡充を必要としていた地域住民と地域行政側のニーズが合致していたところが大きく影響していた。1971 年に革新自治体としてスタートした川崎市の首長であった伊藤三郎は、臨海工業地帯が直面していた深刻な公害問題の改善や、「住民生活最優先」という方向性をもって「人間都市」の創造を目指していた（伊藤1982）。「親と子と老人を大切に」というスローガンを挙げ、保育園や老人施設の拡充にも取り組んでいた当時の川崎市の立場は、青丘社の活動を肯定的に受け入れること、ある面では、その活動を必要とすることにもつながっていたのである。

　このように、桜本保育園での民族保育・反差別の実践から始まった川崎教会・青丘社の「民族」とかかわる活動は、1970 年代半ば以降、地域における民族教育の実践へ拡大されていった。さらに、地域における民族保育・民族教育の活動は、保育園の卒園児が増加するにつれて、地域の公立小学校や地域行政側に向けて発信する機会も増えていった。地域の小学校で卒園児が差別的な発言を受けるなど差別事件が起き、それに対して、在日韓国・朝鮮人の母親たちや青丘社・桜本保育園の職

員たちが学校を訪問し、抗議したことから、青丘社の公教育に向けての異議申し立てが始まった（詳細については後述する）。また、青丘社が保育園活動を中心としながら、地域の子どもたちを対象とする教育・放課後保育支援活動に広げた背景には、先述したように、児童や福祉問題を重視する当時の革新自治体としての川崎市の方針が青丘社の地域活動を必要とし、肯定的に受け入れた側面もあった。以下では、青丘社の民族保育と地域での民族教育の活動が、どのように公教育の場へ広がっていったか、という点に焦点を当てて、1980年代における公教育とかかわる民族運動や活動を検討していくことにする。

3 1980年代、公教育への異議申し立て

3.1.「すすめる会」の運動と「外国人教育基本方針」

　青丘社の活動は、卒業生が増えるにつれて、徐々に日本の学校や地域行政などに向けて発信する方向へ広がった。その一つのきっかけとなったのは、日本の公立小学校に通う卒園児たちが民族差別を受けることが相次いでいる状況であった。桜本保育園では本名の名乗り・呼び合いに慣れていたものの、「民族」の承認という面で大きく異なる環境である日本の小学校に入学すると、「本名」をめぐる反応が大きく変わっていった。とりわけ、本名で入学した在日韓国・朝鮮人児童に対して、「変な名前」や「朝鮮人、朝鮮帰れ」のような差別発言が繰り返される中で、本名呼びに慣れていた日本人児童たちの態度が変わってしまうことを経験した。日本名を使う在日児童が本名を使う在日児童を差別する側に立つ場合もあった。在日韓国・朝鮮人の母親たちや青丘社の職員たちは、何度も学校を訪ねて、差別的な状況の深刻さを学校側に訴えたが、それに対して学校側は「40人の中の一人の問題」や「差別はしていない。区別しないことが差別しないこと」など（川崎ふれあい館 2008: 28）、差別の問題を正しく認識していないか、回避しようとしているかのような反応をみせていた。

　青丘社側は、1970年代末から、桜本保育園や桜本学園の中での「民族」の承認環境が、公立学校などの地域のほかの空間においては、得られにくいという現実の改善、

つまり「差異の承認をめぐる不連続性」の問題の改善を求めて、地域行政側との交渉に取り組もうと試みていた。青丘社側は、在日大韓基督教会の付属研究所である在日韓国人問題研究所（RAIK）[154] や、在日韓国・朝鮮人教育問題に共感を抱き、個人的なレベルでその不公正の改善を求めていた一部の日本人の教員たちとともに、在日韓国・朝鮮人の民族教育の保障と、それを可能にする環境づくりのための地域教育・反差別教育の実施という課題を設定し、川崎市側との交渉の窓口としての市民団体の結成を推進していた。1982 年には、在日韓国・朝鮮人の親や青年たち、そして日本人の青年や教員たちを中心に、「川崎市の公立学校における民族差別を解消し、在日韓国・朝鮮人の教育を受ける権利を認め、在日外国人市民として日本人と連携して地域社会の創造に取り組むために『基本方針』を策定すべき」という目的をもって、「川崎在日韓国・朝鮮人教育をすすめる会」（以下、「すすめる会」）が発足された（川崎ふれあい館 2008: 28）。当初の論点は、主に学校や地域において、本名使用が困難であることに焦点が当てられ、「学校の中に民族差別がある」ことを行政側に認めてもらうことであった。「すすめる会」側は、2 回の要望書を川崎市側に提出し、川崎市教育委員会と 2 年半にわたって 19 回に至る交渉を行っており、交渉の際には、毎回 100 人を超える人たちが参加していた（同書: 28）。その過程で、1983 年 11 月には、川崎市教育委員会長から「すすめる会」の代表宛に、「本市の地域社会及び学校現場においても民族差別があるという事実を認め」、「さらに実態をふまえて、差別や偏見をなくす教育を総合的にすすめて」いくことが明記された「川崎市における在日韓国・朝鮮人教育をすすめるための基本認識」（以下、「基本認識」）が送られた。

　当時、「すすめる会」との交渉に当たっての川崎市側の担当者であった星野直美は、『自治体の変革と在日コリアン——共生の施策づくりとその苦悩』（2005）という著作の中で「差別の実態を認め教育委員会が認識するのに 1 年 2 ヶ月、その考え方を

154　在日韓国人問題研究所（RAIK: Research-Action Institute for the Koreans in Japan）は、在日大韓基督教会付属の研究所として、1974 年に設立されており、「教会の宣教課題として、在日コリアンをはじめ日本社会のマイノリティの人権のための資料・研究センター、情報・編集センター、運動センターとして活動して」いる。在日韓国人問題研究所のホームページ（http://kccj.jp/archives/176）より。2010 年 3 月 31 日取得。

学校現場に教員研修や研究会を通じて議論を深め、理解を得るのに約2年間」という膨大な時間とエネルギーがかかった理由について以下のように述べている。

　　最大の理由は、具体的な教育実践を学校教育や社会教育の分野で進めることになると、いわゆる寝た子を起こすことになると思ったからである。同和教育の場合、これがどれほど困難なことであるかをよく聞かされているのである。女性問題も障害問題も同様なことが言えるのである。その困難なテーマに立ち向かうことも今までなかった。……それに加えて、「関東地区においては関西に比べてそれほど〔在日韓国・朝鮮人の教育問題が〕進んではいない。川崎市だけがどうして先を歩む必要があるのだろうか」といった行政的な判断もあったのである（星野2005: 96、傍点は筆者）。

　この話からは、行政側が、民族的差別が存在することを認め、それに言及すること自体を避けようとする「言及の恐怖（fear of naming）」（Fine 2003）が窺える。差別などの「気まずい」テーマについての言及自体を回避すること、つまりそのようなテーマに触れることで、まず生じうる気まずさや重い空気を避けていこうとする行政側の消極的な姿勢を、上記の語りはよく表している。「すすめる会」の立場からすると、行政側から地域や学校に民族差別が存在することについての明確な言及を導き出すことこそが、問題解決の始まりであった。そのため、交渉の初期段階において、「すすめる会」は学校現場や地域に差別が存在することを行政側に認めてもらうことに、また、行政側はそれを認めることを避けることに、それぞれ多くの時間やエネルギーを費やしていたのである。また、先の語りでは、在日韓国・朝鮮人の民族教育や反差別教育の問題に取り組むことをめぐって、そのような実践がより活発に行われていた「関西地域とは違う」関東の現実をアピールし、その問題を先頭に立って進めていく地域行政という位置に立つことを避けようとした川崎市側の姿勢も窺える。

　川崎市側と「すすめる会」との間で交渉が成立した背景には、「すすめる会」の性格、つまり、「すすめる会」が、在日韓国・朝鮮人だけではなく、日本人の大学教員や公立学校の教員、青年たちが多く含まれている一種の市民団体であること、そして、民族団体や政治性・イデオロギー性をもつ組織ではないことも影響していた（星野2005: 97）。民族団体や民族運動の実践家だけでなく、多様な領域から来た日本人の協

力者とともに、一種の市民団体を組織して運動を進めていくということは、青丘社側からみると、日立闘争・「民闘連」での活動から得られた方法論的な「知恵」でもあった。

　川崎市側から「基本認識」が表明されてから半年後の 1984 年に、在日韓国・朝鮮人の多住地域である桜本地区の桜本小学校、東桜本小学校、桜本中学校の 3 校が、神奈川県教育委員会の委嘱を受けて「ふれあい教育」を展開するようになった。それから在日の教育をめぐる環境は一変した。1980 年代半ば前後から、公立学校の中では、韓国・朝鮮というテーマを取り込んだ授業が、社会や道徳、音楽、体育などの正課科目や「ゆとりの時間」の中で行われるようになった。1984 年からは学校の運動会や学芸会で、青丘社が韓国・朝鮮の楽器演奏や人形劇を紹介するようになり、1986 年には、「ふれあい教育」の実践校となった桜本地区の 3 校と青丘社との定期的な話し合いの場が設けられるなど、公立学校と青丘社との協働の実践として、「韓国・朝鮮」が公教育現場に取り込まれるようになったのである。この過程で、桜本小学校側は、関西地域の民族学級設置校である大阪市立長橋小学校と京都市立陶化小学校に、教員研修という形で教職員を派遣し、その実践を見学するなど、民族学級の設置校の取り組みについての研究も行っていた（同書：109-11）。

　青丘社・「すすめる会」を中心に展開された民族教育・反差別教育運動、つまり、行政側に公立学校で本名使用を続けることが困難な状況を告発し、その改善を求める運動は、桜本地区の公立小中学校において「ふれあい教育」の実施を経て、1986 年 3 月、「川崎市在日外国人教育基本方針――主として在日韓国・朝鮮人教育」[155]（以下、「外国人教育基本方針」）の制定につながった。その中で、川崎市教育委員会は、三つの基本事項（「教育行政及び教育関係者の取り組み」、「児童・生徒に対して」、「すべての市民に対して」）にのっとり、人権尊重と国際理解を目指す在日外国人教育を積極的に進めていくことを明記している。

　川崎市の「外国人教育基本方針」においては、1990 年代以後に策定されたほかの自治体の外国人教育とかかわる基本方針と比べて、児童・生徒に対する基本事

155　1998 年、「川崎市在日外国人教育基本方針――主として在日韓国・朝鮮人教育」は改定され、「川崎市外国人教育基本方針――多文化共生の社会をめざして」が制定された。

項[156] に加えて、教育行政および教育関係者や、すべての市民に対する基本事項が強調されている点が特徴的であり、民族教育よりは反差別教育のほうに焦点が当てられている。こうした在日外国人教育基本方針の制定を受けて、その後、川崎市における青丘社の民族教育と国際理解教育の活動の領域は一層広がるようになったのである（詳細については次章で後述）。

　川崎地域における青丘社の民族運動は、公立学校における民族教育の場の維持あるいは拡大に焦点が当てられていた京都や大阪の事例とは違って、公立学校の中での本名使用をはじめ「民族」が承認されうる環境の確保により焦点が当てられていた。公立学校の中での在日韓国・朝鮮人とかかわる教育は、「韓国・朝鮮」が取り込まれた国際理解教育や「ふれあい教育」の中で行われており、民族限定の民族教育の場が公立学校の中に設けられることはなかった。青丘社は、在日韓国・朝鮮人の集住地域である桜本地区だけでも公立学校の中に民族学級のような取り組みを設置することを提案し、行政側が大阪市の民族学級の取り組みなどを見学したこともあったが、「公立学校の中に民族学級のような場を設けることは難しい」とされ、実現にはつながらなかったという[157]。すでに市の公的な施設の中で民族教育の実践を行っている青丘社側が、学校の中に民族教育の場の設置を要望した背景には、公立学校の中に民族教育の場が存在することが実践を進めていく中でより有効であるとの判断があったのである。

---

156 「児童・生徒に対して」の事項においては、①日本人児童・生徒に対しては、民族差別や偏見を見ぬく感性とそれを批判し排除する力を養う、②在日外国人児童・生徒に対しては、その民族としての歴史・文化・社会的立場を正しく認識することを励まし助け、自ら本名を名乗り、差別や偏見に負けない力を身につけるように導く、③在日外国人児童・生徒に対して、自由に自ら進路を選択し、たくましく生きぬくことができるよう進路指導の充実をはかる、④すべての児童・生徒に対して、日本と外国、特に韓国・朝鮮の正しい歴史や文化を理解させ、国際理解・国際協調の精神を養うとともに、共に生きる態度を養うことが明記されている。

157 2010年3月26日、WAさん（在日2世、男性、60代）への聞き取りより。WAさんは、1990年度から2009年度までふれあい館の館長として勤めており、日立闘争やふれあい館の開館をめぐる過程にかかわった。WAさんのふれあい館の館長職への就任は、「自治体が設置した施設を、在日韓国・朝鮮人が参画する法人が委託を受け、館長となる例として、初めてであった」という（川崎市ふれあい館 2008: 36）。

年度	実践内容
1983年度	・5.30：春の運動会で万国旗の中に大韓民国と朝鮮民主主義人民共和国の国旗を入れて飾る。
1984年度	・5.27：運動会で昨年と同様に万国旗を飾る。青丘社桜本保育園児たちが運動会に出演し、プンムルを演奏 ・10.11：ふれあい教育実践授業の実施（2年生：道徳、4年生：音楽） ・11.5：「オモニ会」（在日韓国・朝鮮人の母親たち）と学校側との話し合い ・11.16：学芸会に青丘社と朝鮮初中級学校が出演 ・11.21：ふれあい教育実践授業の実施（3年生：ゆとりの時間、6年生：体育） ・2.13：ふれあい教育実践授業の実施（1年生：5年生との交流活動、5年生：1年生との交流活動） ・2.17：朝鮮初中級学校芸術発表会に桜本小学校児童たちが出演 ・2.21：朝鮮民族文化資料室の設置
1985年度	・6.2：運動会に昨年と同様に万国旗を飾る。青丘社桜本保育園児と朝鮮初中級学校の児童たちが運動会に出演 ・6.21-22：京都市立陶化小学校（民族学級設置校）へ2名研修 ・6.26：ふれあい教育実践授業の実施（2年生：道徳、5年生：音楽） ・6.28-29：大阪市立長橋小学校（民族学級設置校）へ3名研修 ・7.11：3校（桜本地区のふれあい教育実践校：桜本小、東桜本小、桜本中）と青丘社との話し合い ・7.20：韓国TV放送、資料室および授業風景取材撮影に来校
1986年度	・8.23：青丘社主催、ソナンダン（マダン人形劇）公演 ・9.25：ふれあい教育実践授業の実施（3年生：社会、4年生：図工） ・10.15：ふれあい教育実践授業の実施（1年生：道徳、6年生：社会と音楽） ・11.15：学芸会に朝鮮初中級学校の児童たちが出演 ・11.28：ふれあい教育実践授業の実施（3年生：国語、5年生：道徳） ・2.9：朝鮮初中級学校文化祭に桜本小学校児童たちが出演 ・2.26：ふれあい教育実践授業公開（1年生から6年生まで各1学級） ・3.7：京都市立陶化小学校（民族学級設置校）へ2名研修

表23　桜本小学校における「ふれあい教育」の実践内容（1983〜1986年）

* 出典：星野（2005: 109-11）から作成。

3.2. ふれあい館の開館と青丘社への委託運営

　青丘社・「すすめる会」の異議申し立てから触発された公教育における「民族」の承認や民族差別という社会的不公正の是正をめぐる川崎市側との交渉は、もう一つの交渉とほぼ同時に進められていた。それは、それまで青丘社が展開してきた桜本学園を中心とした地域のマイノリティ教育を支援する活動の場として「青少年会館」の建設を川崎市に求める運動であった。先述したように、青丘社は、行政側から認可されていた保育園事業と学童保育事業（留守家庭児事業）のほかに、1976年以来、桜本学園を創立し、後援会の募金に頼りながら、川崎教会や保育園の空間を利用して、小学生高学年と中学生・高校生を対象とする取り組みや在日韓国・朝鮮人のみを対象とした民族教育の場である「ケナリクラブ」の活動を展開していた。

　実践を進めていくにつれて、施設や設備、資金などの物理的な問題がより深刻化していき、青丘社側は、1982年9月、「この地域で、在日韓国・朝鮮人の生活の実態を見すえることのできない施策は、同じく厳しい生活と労働の実態におかれた日本人住民を見すえることができないという経験を踏まえて、『地域の青少年の互いに民族を認め合い、民族差別を許さない自覚的活動と社会的、文化的、経済的生活の向上をはかることをめざした青少年会館』[158] を桜本地区に建てる」ことを要望した「青少年会館設立第一次統一要望書」を、川崎市に提出した[159]。青丘社側と川崎市民生局との間では、同会館の建設と運営をめぐる話し合いが進み、1985年8月に、「（仮称）桜本ふれあい社会館にかかる討議経過のまとめ（試案）」（以下、「試案」）が設けられた。「試案」においては、「最初に強調したいことは、日本人の人権意識を高め、国際性を高めるために、在日韓国・朝鮮人をめぐる諸問題解決のための行政の取り組みを明確にしたいと考えたことである。在日韓国・朝鮮人問題をいたず

158　第一次要望書の中で、「青少年会館」という名称を使ったのは、被差別部落における「青少年会館」事業をイメージしたものであった（川崎市ふれあい館 2008: 31）。しかし、青丘社の民族運動が部落解放運動組織と連携することはなかったという。WAさんへの聞き取りより。

159　この要望書を提出するに至った背景には、当時川崎市では中学校区に児童館を一つずつ設置することが構想され、推進されていたが、桜本地区には学校以外に児童館や老人施設などの公的施設がまったくなかったという状況もあった（金侖貞 2007: 104-5）。

らに放置することなく、マイノリティの人権を尊重することによって、共に生きる地域社会をつくることに寄与する、具体的な施策展開のインパクトとすることである」ということを基本理念とすることや、青丘社への委託という運営方法の導入を図ることが明記されていた（川崎市ふれあい館 2008: 33）[160]。青丘社に会館の運営が全面委託される方向で検討された背景には、青丘社が、留守家庭児の生活指導、青少年の健全育成などの指導、障害児支援活動への指導・助言などの実績をもっていたことが評価されていたこともあった（星野 2005）。

　その後、会館の運営が、在日韓国人が中心となっている青丘社に委託されることをめぐって、地域住民側から反対の声が上がったこともあった。川崎市側が住民代表に対する説明会を何度も行い、1987 年 7 月 8 日には、地域住民と青丘社、川崎市の間で最終的な合意に至った。合意の骨子は、公設民営であることや、地域住民代表と青丘社、学識経験者、川崎市などから成る運営委員会（後に運営協議会）を設置すること、館長 1 名と職員 1 名の市職員を派遣すること、青丘社理事会に市職員 1 名を派遣することであった（川崎市ふれあい館 2008: 36）[161]。こうした一連の措置や合意は、当初、ふれあい館の発足を準備する際に、青丘社に川崎市の施設の運営を委託することに対する住民たちの強い反対を収めるためでもあった。そのために、「当分の間、行政マンを送りましょう」ということになり、当初、職員 2 名と館長 1 名が派遣される形になった。ふれあい館に派遣された職員は 1 年間で引き上げ、館長は 2 年間で引き上げる、という話であった。青丘社側は、反対の立場であったが、「反対するな。長いことを考えれば、1 年、2 年は大したもんじゃない」と考え、受け入れたという [162]。

　また、どこの部署から職員と館長を派遣するのか、そして館長の身分をどうす

---

160 「試案」の中には、「事業主体」について、「会館建物は川崎市が建設し、会館事業は社会福祉法人青丘社による地域活動の実績を評価して青丘社に委託し、民間活力の導入を図る」ことが明記されている（川崎市ふれあい館 2008: 33）。

161 開館 1 年目の 1988 年には、館長 1 人と職員 1 人の市職員がふれあい館に派遣されていたが、2 年目の 1989 年には館長 1 人のみが市職員派遣となり、3 年目の 1990 年には運営委員会から青丘社に全面委託されることが承認された。それにより、川崎市側からの職員が派遣されず、在日韓国人 2 世の WA さんが館長職に就いた。

162 2010 年 3 月 26 日、WA さんへの聞き取りより。

るのかという問題をめぐって議論があり、この決定のプロセスもすんなりはいかなかった。ふれあい館内に併設されるこども文化センターが民生局の所管ということで、職員2名は民生局から派遣されることが早々と決まり、そのうち一人は係長職の職員がこども文化センターの館長という辞令をもって着任した。ところが、教育委員会からの派遣がなかなか決まらなかった。そのときに、当時の伊藤三郎市長が川崎市の教職員組合の江頭秀夫を呼んで、「ふれあい館に行ってくれ。行くに当たっては主幹辞令を出すから」と説得し、江頭はそれに応じたという。そうすると、おかしな状況に、こども文化センターの館長辞令をもつ係長職の派遣職員と、そして後から教育委員会から派遣されてきた課長職の人が一緒に来ていることになった。結局、2か月後にこども文化センターの館長辞令は撤回されたのである[163]。二代目館長のWAさんは、次のように語った。

> 〔伊藤〕市長は苦労するところに行くんだから、かわいそうだから、主幹にしてやろうと思ったようだが、結果的に課長級の施設として位置づけられたわけです。係長くらいかなという感じだったんですけど、その身分保障も私が館長になるときに影響したわけです。[164]

　また、そのWAさんが2年後に館長になる際にも、教育委員会の内部で議論があった。社会教育施設の中で外国人が館長になった事例はなかったためであった。WAさんは、「韓国人がやっている青丘社に委託をするのに外国人は駄目だと。できるわけないじゃないですか」と、可笑しいという表情を浮かべながら語った。こうして、日本ではじめて公的施設の館長として外国人が着任するケースとなったのである。

　1988年、ふれあい館は、「川崎市ふれあい館条例 条例第23号」に基づき、「日本人と韓国・朝鮮人を主とする在日外国人が、市民として相互のふれあいを推進し、互いの歴史、文化等を理解し、もって基本的人権尊重の精神に基づいたともに生きる地域社会の創造に寄与する」ことを目的として開館した。ふれあい館が、その事

163　同上。

164　同上。

業の運営を青丘社に委託する形で開館したことにより、青丘社が桜本学園を通じて行ってきた民族教育や地域のマイノリティ教育の活動は市の施設であるふれあい館の事業に含まれるようになり、民族限定の民族教育の場である「ケナリクラブ」も公的施設の中で取り組まれるようになった。また、それによって、青丘社の民族教育活動の位置づけや学校に向けての反民族差別の発信の重さや効果も、大きく変わることになったのである。

4 まとめ

　本章では、川崎地域の公教育における戦後の民族教育の場の生成過程と消滅、そして、1970年代以降の教育実践の土壌の形成過程と背景を検討した。主に川崎教会や青丘社の活動が始まった1970年代前後からふれあい館の開館（1988年）までに注目して、検討を行った。

　川崎地域においては、戦後、朝鮮人学校の閉鎖過程の中で登場した公立学校における民族教育の場はすぐになくなったが、1969年から始まった在日韓国人の教会である川崎教会の保育園活動が、1974年、社会福祉法人青丘社による民族保育・民族教育活動や地域での児童支援活動につながり、1980年代には、公立学校や地域に向けての反差別運動や、地域の青少年会館の建設要求運動を経て、1988年に、青丘社に事業が委託される形でふれあい館が開館するに至った。

　この一連の過程において大きな影響を与えたのが、1970年代における「日立闘争」と「民闘連」を中心とした運動であり、これらの運動においては、在日だけの「われわれの民族問題」としてではなく、在日と日本人が共同で「われわれの問題としての社会的不公正」と闘うという目標が設定されていた。さらに、1971年からは、革新自治体としての川崎市の方針の中で、児童や老人などの社会的な弱者に対する福祉問題が強調されていたことも、保育園活動や地域での児童支援活動を行っていた青丘社の活動を広げるのに肯定的な影響を与えていた。

　川崎地域の事例からは、公教育領域における民族教育と多文化共生教育との関係を考える際に、とりわけ、制度的な面で大きな示唆点を与えている。川崎市ふれあい館の事例から検証した川崎地域の教育実践の特徴は、以下のように要約で

きよう。

　第一に、ふれあい館での活動に引き継がれている 1960 年代末からの川崎教会・青丘社の活動においては、当初から「民族問題」が「地域問題の一部」として位置づけられていた。1960 年代末に、川崎市桜本地区で活動を開始したのは、在日大韓基督教会川崎教会・桜本保育園・社会福祉法人青丘社といった在日韓国人を中心とする三つの組織であり、桜本保育園と青丘社は、川崎教会を母体として生まれた組織である。これらの組織が活動の対象としていたのは、活動開始初期から「民族」（在日韓国・朝鮮人）のみならず日本人を含む「地域住民」であった。民族教育運動においては、「民族」を中心軸としてきたが、それだけではなく、日本人を含む「地域住民」もつねに一つの軸であった。その背景には、川崎教会・青丘社の実践家たちの運動の根底に「脈々と流れている」キリスト教の「隣人愛」の精神があったことも確認できた。彼らの活動において、つねに隣人として日本人住民までを活動の対象として含めてきたことこそが、「隣人としての日本人との対等な主体的関係」（李仁夏 1991: 4）を築くこと、そして植民地の歴史からの「負の遺産」を克服することを可能にしてくれるという立場であった。このような立場は、桜本保育園の実践、そして桜本学園での実践の中でも多く現れており、こうした立場こそが、青丘社がふれあい館の事業運営の主体となった一つの背景にもなった。さらに、ふれあい館の開館後には、その実践をグローバル化の進行に伴い増えつつあるニューカマー外国人の問題に、早期にかつ積極的に取り組む一つの背景ともなった。

　第二に、こうした位置づけや方向性をもつふれあい館の民族教育の場で求められているのは、強固な民族性の涵養とそれに基づく共同性の創出ではなく、地域のほかのマイノリティとも連帯できる、より包括的なアイデンティティの形成と、それに基づく非排他的で柔軟な共同性の創出であった。地域問題の一部として民族教育問題を捉えているふれあい館の民族教育の場では、強固で対抗的な民族性の涵養のための歴史志向の民族教育よりは、地域の民族的マイノリティ児童がエンパワーできるような居場所感・所属感の提供が優先されており、地域に存在する「ある種の困難を抱えている子どもたち」（国籍を問わず、貧困層の共働きの家庭や、母親の国際再婚による海外からの連れ子、障害者までを含む）との間で柔軟な共同性が模索されていた。そのため、ふれあい館の教育実践においては、在日児童の民族性の涵養よりは、学校を含む地域社会における反差別のほうに大きな重点が置かれてい

たのである。

　第三に、ふれあい館の開館以前から今日に至るまで、川崎地域における民族教育実践は、在日韓国人と日本人との協働実践であり続けてきた。こうした点は、1970年代以降にその土壌が形成され、公立学校の日本人教員と民族教育実践家たちが協働実践を広げてきた大阪の「折衷型」実践事例とも共通しているところであるが、大阪の場合は「公立学校に通う在日児童」に焦点が当てられたのに対して、川崎の場合は「地域の（マイノリティ）児童」に焦点が当てられていた。青丘社を中心とした民族教育運動は、外国人の問題として民族や差別の問題を指摘し、改善を求めるような方向性ではなく、定住する外国人の市民的な権利を主張するという「市民運動的」（富阪キリスト教センター 2007: 147-72）性格を帯びていた。川崎地域での民族運動を主導した川崎教会・青丘社の人たちは、1970年代前半の日立闘争に中心的にかかわっており、その後、在日と日本人の団体で「民闘連」を組織し、在日に対する差別・不公正の問題の改善を求め、多くの成果をあげてきた。こうした土壌は、1980年代に、公立学校での在日児童への差別問題の改善を求める運動の中でも現われており、青丘社が中心となって「公立学校での民族差別問題の解消」を求めて組織した「すすめる会」も、在日と日本人の両方を含む運動体として、行政側との交渉の窓口の役割を果たしてきた。このように川崎教会・青丘社を中心として、1970年代前後から始まった川崎地域の民族教育運動においては、共生・共闘という方向性をもっており、青丘社がふれあい館の事業運営の主体となることで、青丘社の民族教育や反差別教育活動の範囲や位置づけも大きく変わることになった。ただ、こうした運動は、1970年代前後の時代的な背景、つまり、在日社会における定住の現実化や世代交代、そして日本の全体社会における部落解放運動・学生運動の気運から触発された「社会的不公正の是正」への関心の高揚や、在日に対する日本社会の眼差しの変化という背景とも深くかかわっている。このような時代的流れは、今日のふれあい館における青丘社の活動のあり方、つまり「（韓国・朝鮮）民族」と「多民族・多文化」が一体となる形で共生を目指すという方向性（詳細については第10章）を説明するのに重要な背景である。また、青丘社の活動と行政側との接点が広がった経緯には、1970年代から1980年代にかけて、児童福祉の問題を重視した革新自治体としての川崎市の方針もあったことは先述した通りである。

次章では、川崎地域の公教育における民族教育と多文化共生教育の相互作用を検討し、本章で検討した民族教育の場の形成背景が、二つの教育の間での葛藤を克服していくに当たって、どのように作用したかについて検証していく。

第
10
章

川崎市ふれあい館における
教育実践と多文化共生

第10章
川崎市ふれあい館における教育実践と多文化共生

　本章では、川崎市ふれあい館における民族教育と多文化共生教育の事例を取り上げて、その可能性と課題を探る。川崎地域においては、前章で検証したように京都と大阪地域の場合とは異なって、公教育における民族教育の場は、戦後の政治的・葛藤的な背景の下で生成された後、間もなく消滅してしまった。その後、1970 年代に始まった青丘社の民族・地域活動から触発されつつ、1988 年には川崎市ふれあい館において新しい形態で再び登場した歴史がある。1970 年代前後から川崎教会・桜本保育園・青丘社を中心に行われた川崎地域での民族保育・教育活動および地域活動が、1980 年代に在日韓国人と日本人の共同闘争の成果として、川崎市のふれあい館の中で継承されるようになったのである。

　こうした「公設民営」のような性格をもつふれあい館における青丘社の活動は、民族教育問題を様々な地域問題の一部分として位置づけている。こうした立場は、活動の範囲を在日問題に限定せず、地域社会で増え続けているニューカマー外国人の問題をはじめ、障害者や高齢者など、地域に存在する多様なマイノリティの問題に、早期にかつ積極的に対応することを促した。ふれあい館における民族教育・多文化共生教育の実践においては、地域住民の共生という課題の下で、民族教育と多文化共生教育がともに課題を遂行していく、という方向性をもっていた。

本章では、川崎市ふれあい館における実践への参与観察および、その場にかかわっている実践家たちへの聞き取り調査に基づき、川崎地域における民族教育のあり方と、多文化共生教育との相互作用について検討する。そこでは、どのような日常的な実践が行われているかを、その取り組み方やカリキュラム、実践家たちの教育観、そして学校や行政側との関係に注目して検討した上で、民族教育と多文化共生教育との間にはどのような相互作用が起き、どのような方向性が模索されているかについて検討していく。前章で検討したふれあい館の制度的な特徴やその制度が誕生した背景にも注意を払いながら、その制度上の位置性が公教育における民族教育の場や民族教育と多文化共生教育との接合にどのような影響を及ぼしているかについても考察する。

　その上で、「共生型」教育実践としての川崎市ふれあい館における取り組みへの評価と限界を踏まえながら、グローバル化していく現代日本社会において、「民族」と「多文化」がどのように接続できるかを考える。

1 外国人の状況と、青丘社と公教育との接点

　川崎市においては、日本全国の平均と比べて外国人の増加率が高く、より多様な外国人が居住している。調査時点である 2009 年現在、川崎市における外国人登録者数は、市人口の 2.3% に当たる 3 万 2,587 人であり、日本全国の外国人の割合（1.7%）を上回っていた。国籍別割合をみると、中国が全体外国人のうち 32% を占めており、最大の外国人グループであった韓国・朝鮮は 28% で第二グループとなっていた。その次は、フィリピン 12%、ブラジル 4%、インド 3.8% などの順であった。ふれあい館が位置している川崎区には、市全体の外国人の約 37% が集中しており、とりわけ、韓国・朝鮮籍者の集住（川崎市の全体韓国・朝鮮籍者の 49% が川崎区に居住）が顕著であり、また、ブラジル国籍者の川崎区への集住現象も目立った（61%）。中国やフィリピン国籍者は、それぞれ 31% と 35% が川崎区に住んでいた[165]。

---

165 金侖貞（2011: 61）から再引用（2010、『川崎市外国人住民代表者会議年次報告 2009 年度』川崎市市民・こども局人権・男女共同参画室、55）。

こうした状況は学校現場にも反映されており、2006年現在、川崎市全体の小・中学校における外国籍の割合はそれぞれ0.8%と0.9%を占めていたが、川崎区においては小・中学校ともに2.3%の高い割合を表していた。外国籍児童・生徒の在籍比率が高い小中学校も川崎区に集中しており、その中でも、ふれあい館と隣接している桜本小学校と桜本中学校における外国籍者の割合がそれぞれ18%と10%を占め、川崎市立小中学校の中で最も高かった（川崎市ふれあい館 2008: 110-1）。

　先述したように、川崎地域では、1950年代半ば以降、公立学校の中での民族教育の場が消滅した後、在日韓国・朝鮮人の集住地域でさえ、公立学校の中に民族限定の民族教育の場が設けられることはなかった。しかし、1988年、川崎市の施設であるふれあい館が、青丘社に事業を委託する形で開館したことにより、民族教育と公教育との間での接点が設けられたのである。本章では、ふれあい館における青丘社の教育実践を、以下の二つの活動に焦点を当てて検討していく。一つは、1970年代から川崎教会・青丘社が行ってきた、ふれあい館の開館後に、ふれあい館の子ども部門の事業として引き継がれた、在日児童や韓国・朝鮮にルーツをもつ児童を対象とする民族教育の場である「ケナリクラブ」の検討である。「ケナリクラブ」における民族教育の実践は、公立学校の外側に位置しているふれあい館で行われているが、その活動が川崎市の公的施設の教育事業である点で、公教育とかかわる民族教育活動として位置づけられる。もう一つは、ふれあい館が公立学校と連携して行っている国際理解教育・人権尊重教育などの多文化共生教育の実践現場への検討であり、とりわけ、青丘社の職員派遣による国際理解授業の中でどのような実践が試みられているかについて検討する。

2　ふれあい館「ケナリクラブ」における取り組み

2.1. カリキュラム

　「ケナリクラブ」における民族教育の活動は、川崎市の施設の事業として位置づけられている点で、公立学校の外側で行われる取り組みでありながらも、民族団体や民族青年団体が地域で行う民族教育とは異なる「公教育領域における民族教育」

という位置性をもつ。「ケナリクラブ」の活動は公立小学校にも紹介されており、たとえば、地域の小学校や、ふれあい館に放課後の保育活動（「わくわくプラザ」）[166]を委託している小学校に、「ケナリクラブ」の案内が配布されていた。

　「ケナリクラブ」では、韓国・朝鮮にルーツをもつ小学生を対象として、韓国・朝鮮にルーツをもつ指導員たちによる民族教育が、毎週土曜日の午後4時から5時半まで、ふれあい館の中で行われていた。2010年4月現在、約40人の児童たちが登録しており、その多くは両親の国際結婚による「ダブル」である。近年においては、参加者の中に日本人とニューカマー韓国人の親をもつ児童が増えており、在日韓国人とフィリピン人の親をもつ児童も参加しているなど、その構成はより多様化しつつある。参加者の多くはふれあい館の付近の市立小学校に通っているが、そのほかに、朝鮮学校に通う子どもたちも2、3人参加しており、川崎区外の地域や東京・横浜などの川崎の隣接地域から、親を同伴する形で非定期的に参加する場合もあった。二人の青丘社職員と二人の大学生が担当しており、ほかにも「ケナリクラブ」の卒業生やルーツをもつ中高生2、3人が指導員という資格で非定期的に参加していた。

　担当職員が作成して、毎月、参加児童たちに配布される「개나리（けなり）つうしん」には、以下のように「ケナリクラブ」が紹介されている。

　　　ケナリクラブは、韓国・朝鮮につながる友だちが集まるクラブです。……
　　遠足に行ったり、料理をつくったり、ハングルをおぼえたり、遊びをおぼえ
　　たりして、楽しく過ごします。友だちを呼んでぜひ参加してください。

　ここでは、まず「韓国・朝鮮につながる」こと、つまり韓国・朝鮮にルーツをもつという従来からの「民族限定」の原則が継承されていること、そして学習内容と

166　川崎市においては、2003年度以降、すべての市立小学校に「わくわくプラザ」が開設され（モデル事業として開始されたのは2000年度である）、1年生から6年生を対象として、放課後の保育活動が行われている。ふれあい館は、2009年末現在、四つの小学校から「わくわくプラザ」の運営の委託を受けている。そのうち2校は、2010年度から1校に統合された。

しては、遠足や料理、ハングル、遊びなどが挙げられており、「遊びのような感覚」[167]
で「民族」に触れる機会の提供が目指されていることが確認できる。「ケナリクラブ」
の年間活動の内容をみると、参加者たちが「韓国・朝鮮」のテーマを、韓国・朝鮮
語、図工、料理、紙芝居の鑑賞、伝統遊びやゲーム、外部での演劇や人形劇、展示
会の鑑賞などの多様な方法で触れるように取り組まれていた（表24）。

　通常の活動の時間は、韓国・朝鮮語の学習と、遊び、おやつの時間に分かれてい
る。最初の約20分間は、ふれあい館の1階の会議室で韓国・朝鮮語の単語の書き
方や意味を学習し、練習用紙に書く練習をして、その後の約40、50分間の遊びの
時間には、伝統遊びや図工、料理、外遊び（すぐ近くの桜川公園で）などをする。
伝統遊びの時間には、会議室や2階の調理室やホールなどで、ノルティギやチェギ
チャギなどをしており、図工の時間においては、韓国のお面やチェギチャギの道具
であるチェギを制作したり、プラスチック板に韓国・朝鮮の伝統模様や絵を描いて、
それを焼いた「プラ板」の制作をしたりする。料理の時間には、チヂミやマンドゥ
（餃子）、キムチを入れたそうめんやもんじゃ焼きなどを作って食べる。遊びの時間
が終わると、会議室に戻り、おやつを食べた後、指導員からお知らせがあり、終わ
りの挨拶をする。料理の時間があった日には、料理の時間とおやつの時間が重なる
ことになる。通常の活動のほかに、年に数回、ふれあい館の外での活動も行われて
いる。在日の劇団の公演や在日画家の展示会をみに行ったり、障害者の勤労支援施
設を見学したり、少し遠くにある公園（大師公園）に行ったりする。また、1年生
の歓迎会や、合宿、クリスマス会がそれぞれ年1回行われており、在日1世たちと
の交流が行われる場合もある。

　次に、「ケナリクラブ」の日常的な実践が、名前の問題や「民族」の取り組み方
をはじめ、どのような原則や基本精神、方向性をもって展開されているかについて
検討していく。

167　2010年2月2日、WAさんへの聞き取りより。

表24	「ケナリクラブ」の活動内容（2010年4月〜2011年9月）

年度／月		主な内容
2010年度	4月	10日：新入生歓迎会、外遊び（桜川公園）／17日：ハングルの勉強、料理（キムチを入れたもんじゃ焼き）／24日：ハングルの勉強、遊び（ホールでノルティギの練習）
	5月	1日：工作（タル（韓国・朝鮮のお面）を紙粘土で制作）／8日：ハングルの勉強、外遊び／15日：料理（キムチ入りのそうめん）／22日：ビデオ鑑賞（ポケットモンスター）／29日：フェリス女学院大学の研修生たちとの交流、遊び（ホールでノルティギ、ユッノリなどの伝統遊び）
	6月	5日：ふれあい館の祭りのためお休み（ケナリクラブの子どもたちの多くが、ふれあい館の祭り（ふれあいフェスタ）に参加）／12日：ハングルの勉強、外遊び／19日：在日画家の展示会（午後2時出発）／26日：料理
	7月	3日：ハングルの勉強、遊び（ホールで遊ぶ）／10日：工作（チェギ（伝統遊びのチェギチャギの道具）制作）、外でチェギチャギの練習（桜川公園で）／17日：かき氷
	8月	夏休み
	9月	4日：みんなであそぼう（ハングルカルタ、ノルティギなど）／11日：お出かけ／18日：料理／25日：劇をみにいこう「金剛山のトラたいじ」公演の鑑賞（さくら小学校、午後5時30分〜7時頃）
	10月	2日：ハングル勉強／9日：フリーマーケットの準備／16日：フリーマーケットにいこう（中止）／23、24日：合宿（川崎市青少年の家）
	11月	6日：ハングルの勉強、遊び／13日：料理（ホットック）／20日：ビデオ／27日：みんなであそぼう
	12月	4日：ふれあい館クリスマス会準備（大きな紙にクリスマスの歌の歌詞を韓国・朝鮮語で書いて、周りを絵などで飾る）／11日：料理（マンドゥ（韓国・朝鮮式の餃子））／18日：ふれあい館クリスマス会準備／25日：クリスマスパーティ
	1月	15日：料理（トックッ（お餅スープ）をつくろう！）／22日：新年の遊びをしよう、韓国の高校生の訪問団と交流（ホールで、ノルティギとチェギチャギなどの伝統遊びを一緒に楽しむ）／29日：ハングルの勉強、外遊び
	2月	5日：「梅の木園」にいこう（障害者の勤労支援施設への見学）／12日：ハングルの勉強、遊び／19日：料理（チヂミ）／26日：ふれあいフェスタ準備
	3月	5日：プラ板工作（韓国・朝鮮の伝統模様などを使う）／12日：ふれあいフェスタ準備／19日：6年生お別れ会
2011年度	4月	9日：新1年生歓迎会／16日：工作／23日：クラブ紹介準備と遊び／30日：料理（そうめんなど）
	5月	7日：ケナリで何をするかを考えよう！／14日：ハングルの勉強と遊び／21日：工作／28日：ビデオ
	6月	4日：ふれあい館まつり（お休み）／11日：ハングルの勉強と遊び／18日：料理／25日：ハングルの勉強と遊び
	7月	2日：プラ板工作（韓国・朝鮮の伝統模様などを使う）／9日：料理／16日：ハングルと遊び／23日：かき氷
	8月	夏休み
	9月	3日：みんなで遊ぼう／10日：料理／17日：ハングルと遊び／24日：工作

*「개나리（けなり）つうしん」と筆者の参与観察の記録から作成。「遊び」の内容は、ノルティギ（板飛び遊び）、ユッノリなどの韓国・朝鮮の伝統遊びなどである。

2.2. 基本原則・精神

2.2.1.「民族限定」の問題：原則の継承と柔軟な運用

「ケナリクラブ」の特徴としては、まず、「民族限定」の原則が維持・継承されているものの、柔軟な運用がみられている点が挙げられる。先述の「개나리（けなり）つうしん」の中での紹介からも明らかであるように、「韓国・朝鮮につながる」子どもたちのみを対象とする「民族限定」の原則が継承されており、それに応じて、民族的ルーツを同じくする指導員たちから「韓国・朝鮮」を取り入れた学習が行われることが目指されていた。しかし、実際の現場では、日本人児童やフィリピンにルーツをもつ児童が非定期的・定期的に参加していることが観察された。近年のこうした現象について、ふれあい館で実践活動をしている青丘社の職員たちの間でも、また在日の新旧世代の間でも意見が分かれており、以下の語りは、こうした「民族限定の原則」の変容に対する悩みや背景を表している。

> ケナリ〔ケナリクラブ〕は、今、移行期に入っていると思うんです。でも、私と職員との間にも考え方ややり方が変わるんですけど。〔私は〕「コリアン系だけを入れなさい」と。ところが、現場では、日本人も入っているわけですよ。昔はそういうのをみたら、「だめだよ」というふうに指摘していたけど、今は、あんまり指摘しないんですよ。○○〔ケナリクラブを担当する指導員の下の名前〕も、お泊まり会に行くと、日本人の子も連れて行くんじゃないですか。日本人の子も「コリアンのフレンズ」という位置づけで（笑）。でも、連れて行く子もある種の困難性を抱えている子どもなんですね。たとえば、家庭の困難性とか。今はそれを見て見ぬふりをしています。[168]

次は、桜本小・中学校出身で、「ケナリクラブ」に通った経験をもち、最近、青丘社の職員となった若手指導員（男性、20 代、在日韓国人 3 世）の語りである。

---

168 2010 年 2 月 2 日、WA さんへの聞き取りより。

〔日本人の子どもたちが〕ちょっと普段の活動にふれてみたい〔という〕
ときは、まあ、そこまで拒否する理由もありませんし、日本人の子〔日本に
ルーツをもつ子をも含めて〕にとってもいい経験になるんじゃないかな、と
いうふうに考えて受け入れるようになったとか。……昔はそういうこともな
かったんですけど。ぼくの頃は、それ以前に日本人の子が〔「ケナリクラブ」
に〕興味を示してるってことはなかったんじゃないかなって。[169]

　実際、参与観察の中で、日本人の父親とフィリピン人の母親をもつみゆ（仮名、
調査開始時点で5年生、女子学生）は、ほぼ毎週参加しており、だれよりも「ケナ
リクラブ」の活動に積極的に参加していた。たとえば、クリスマス会の準備で、大
きな紙の上に「きよしこの夜」という歌の歌詞を韓国・朝鮮語で書く作業をしてい
たとき、彼女は自らの希望で、多くの部分を書いており、ふれあい館の館外活動で
在日画家の展示会にいったときにも、展示されている絵に興味を示し、画家と会話
を交わしていたことが観察された。このような参加態度の背景には、彼女が普段に
も絵を描くことに興味をもっていたことや、周りのことに気を配ることができる高
学年であることなどもあろうが、参与観察のときに彼女と交わした以下の会話から
は、彼女が「ケナリクラブ」をどのように感じているかが窺える。

　　筆者：みゆ（仮名）はケナリが好きなの？
　　みゆ：だって、みんな来てるんだから。
　　筆者：〔みんながだれを意味しているかは聞かないことにし〕そうだね。楽し
　　　　　いからね。
　　みゆ：別に楽しくはない。
　　筆者：……
　　みゆ：でも、○○さんもいるし、△△さんもいるから〔○○と△△はケナリ
　　　　　クラブの指導員の下の名前〕。よく話ができるし。……つまらなくはない。
　　筆者：あと少しで〔小学校も、ケナリクラブも〕卒業だよね〔会話の時点で、
　　　　　彼女は6年生の後期になっていた〕。
　　みゆ：うん。……さびしいかも。

2010年5月10日、青丘社の職員であるWDさんへの聞き取りより。

268 なぜ、公教育における民族教育の場に注目するのか

みゆは、無口な子で、指導員と話し合うことはほとんど観察されなかったにもかかわらず、彼女自身は、話しが通じる相手として二人の指導員の名前を挙げており、二人の指導員たちが自分の話をよく聞いてくれると語っていた。彼女は、ほぼ毎週「ケナリクラブ」に来て活動に参加し、卒業を迎えた。彼女以外にも日本人の児童たちが非定期的に参加することもあり、合宿に参加する場合もあった。このように、現場では「ケナリクラブ」の児童と指導員、地域の日本人児童、ニューカマー児童との相互作用の中で、「民族限定」という原則に固執するのではなく、子どもたちの希望にも時々応じながら柔軟な運用が行われていた。その背景には、川崎市の公的な施設として「ルーツをもっていない参加希望者にも機会を与えるべきではないか」という職員たちの意見もあり、一方では、参加者の多くが「ダブル」であり、民族の内と外の「境界の不分明化」という変化もある。そして、「韓流ブーム」で韓国への関心が増大したことが、日本人児童の参加希望者の出現にもつながったのではないか、との見方もある[170]。

　以上のように、「ケナリクラブ」の実践を進めていく中で、韓国・朝鮮にルーツをもつ児童だけでなく、一部の日本人の児童やニューカマー児童の参加を許可するなど、「民族限定」の原則の変容を許容しているところがみられたが、こうした変容は、「民族」だけでなく、「地域」という基準を当てはめたときに、参加希望者のみんなが「ある種の困難」を抱えているマイノリティの立場に置かれうるという判断、つまり、同じ民族でない彼／彼女らが、「ケナリクラブ」に参加していきながら、新たな共同性を創出していくことが可能であるという現場の判断から生まれたのである。「ケナリクラブ」の活動の中に、障害者の勤労支援施設などへの見学活動が含まれていることからも、同じ民族同士の共同性の創出のほかに、より広い範囲でのマイノリティを包括する方向で新たな共同性の創出、そしてその過程から得られるほかのマイノリティに対する配慮の精神や態度の涵養が目指されているところが窺えた。

2.2.2. 名前の問題：韓国・朝鮮語での表記と呼び方

　「ケナリクラブ」では、名前のハングル表記と名前の韓国・朝鮮式の呼び方を通じて、名前（日本名であっても）と民族的ルーツをつなげようとする実践が行われ

170　2010年5月7日、WBさん（在日3世、男性、50代）への聞き取りより。

ていた。

　青丘社の公立学校や地域行政に向けての異議申し立ては、本名で生活をしていた桜本保育園の卒園児が小学校で差別を受けることから触発されており、本名使用ができる学校・地域の環境づくりを求めることから運動が広がったが、近年においては、日本名をもつ「ダブル」の児童が増えており、本名／通名という表現自体が適用されにくい場合も増えていた。さらに、韓国・朝鮮名を日本語読みにする場合や、韓国・朝鮮語でも日本語でも同じく発音される名前をもつ場合も少なくなく、名前の問題はより多様化されつつある。

　こうした中で、「ケナリクラブ」では、児童一人一人の本名や韓国・朝鮮名、日本名にこだわることなく、通常の名前でお互いに呼び合うようにしていたが、それでも、指導員たちは、韓国・朝鮮語の名前であれ、日本名の名前であれ、以下の二つの方法で、名前と民族的ルーツをつなげようと試みていることが観察された。一つは、名前を韓国・朝鮮語で表記するようにしていることである。「ケナリクラブ」では、4月に新学年が始まると、参加者のみんなが自分の名前を韓国・朝鮮語で書けるように指導員たちが指導しており、参加児童の全員に配られる個人ファイルや、ハングルの練習用紙の名前欄に、韓国・朝鮮語の文字で自分の名前を書くようにしていた。また、新参者が来たときには、ホワイトボードに名前を韓国・朝鮮語で書いて、みんなの前で紹介するなど、名前の韓国・朝鮮語表記という方法で、名前と民族的ルーツをつなげようとする試みがみられた。名前と民族をつなげようとするもう一つの方法は、韓国・朝鮮式の呼び方が使われていることである。青丘社の職員や大学生の指導員たちの名前は、韓国・朝鮮名であり、指導員の名前はよく韓国・朝鮮式の呼び方で呼ばれていた。韓国・朝鮮名は、多くの場合、三文字（最初の一文字は名字）であるが、親しい関係においては、よく名字の一文字を抜いて、二文字の下の名前に「氏」をつけて呼んでいる。「ケナリクラブ」においては、指導員は、下の名前の二文字（一文字の場合もある）に「先生」や「さん」をつけて、「○○先生」や「○○さん」のように呼ばれていた。また、子どもたちの名前は、それが韓国・朝鮮名であれ、日本名であれ、「ちゃん」や「くん」を付けず、呼ばれていた。こうした呼び方は、韓国・朝鮮において子どもの間でよく使われる呼び方である。そのほかに、オンマ（ママ）や、アッパ（パパ）、オンニ（お姉さん、女性同士で使う）などの韓国・朝鮮語での家族の呼称が、指導員たちの日本語での会話の中でよく使われていた。

2.2.3. 日常的な「民族」経験と居場所感の提供

「ケナリクラブ」においての民族教育は、韓国・朝鮮語の学習と伝統的な遊びや料理、劇の鑑賞などの文化体験、居場所感の提供に重点が置かれており、従来の民族教育で強調されていた対抗的な歴史や植民地の問題などについての学習は行われていない。参加児童に向けて「民族」を強調したり、背負わせたりする場面はほとんどみられなかった。

参加者の中には、桜本保育園の卒園児も数人いて、担当職員や大学生の指導員の中にも小学生のときに「ケナリクラブ」に通った経験をもつ人が二人もいた。指導員の一人のWEさん（ニューカマー韓国人、女性、20代）は、小学校5年生のときに来日し、父親の知人の紹介で「ケナリクラブ」に通うようになり、高校生のときには桜本保育園やふれあい館の中高生学習支援プログラムにアルバイトやボランティアとしてかかわった。以下の語りは、大学生になって、指導員として「ケナリクラブ」に戻ってきた彼女が、「ケナリクラブ」と向き合う気持ちを伝えてくれる。

　　〔ケナリクラブで働くことは〕ほかのバイトとは全然違います。実は、すごくうれしい気持ちでやっています。ケナリ〔ケナリクラブ〕の子どもたちが、韓国語をしゃべれることが自分にとっても良いことだとわかってくれれば、本当にいいですね。……韓国との歴史のこととか、ここ〔ケナリクラブ〕でわざわざ教えなくても、子どもたちは、この地域では、すでに分かっているかもしれませんし、自然に教えてもらう機会があると思います。学校の先生がふれあい館の行事とかに来るのを知ってる子もいますし、ここで韓国のこととか、歴史とかを、先生たちが学んでいるとか、そういうことを知っていて、それが気になるようで、それを〔指導員たちに〕話したりする子もいます。……私がケナリクラブに通ってたときを思い出しても、私は、先生とか指導員とかではなく、喧嘩もしながらも、兄弟みたいに、日常的に接したいですね。[171]

実際、参与観察の中で、彼女の膝の上に低学年の子どもたちがしばしば座っていることが観察された。このように「民族」に自然に接する機会の提供とともに、「あなたは歓迎されてい」るよ、というような居場所感や所属感（平沢 2006: 122-3）の提供に重点が置かれており、こうした実践のあり方は日本の小学校に通いながら、「ケナリクラブ」にも参加していた指導員たちの個人的な経験から得られた知見に基づいていることが窺えた。この場で自分が大切にされる経験を通じて、子どもたちも自分自身（のルーツ）を大切にすることができるようにする、いわば「経験知」ともいえるものなのである。

　また、「ケナリクラブ」の担当職員には、桜本小学校・中学校出身で、最近、ふれあい館の職員となり、「ケナリクラブ」を担当している WD さん（在日韓国人 3 世、20 代、男性）もいた。彼は、桜本小学校に通っていたときに、「ケナリクラブ」にも参加した経験をもっていた。桜本地区で韓国・朝鮮名で生活してきた彼は、聞き取りの中で、小中学校のときに差別を受けた記憶もとくになく、民族意識を強くもたなくちゃと考えた記憶もほとんどない、と語った。しかし、ここで成長していくうちに、在日韓国・朝鮮人の歴史や差別的な状況などについて自然にわかるようになり、日本の会社での数年間の社会生活を経て、青丘社の職員として「民族」とかかわる仕事をする道を選んだのである。彼にとって、「民族」は、自然で日常的なものであり、とくに選択を要するような、悩みの問題ではなかったという。桜本地区、そしてふれあい館の付近で、日常的に「民族」に触れながら生活できた自分の経験から、彼は、地域の子どもたちにも自分のように「民族」に触れる機会を提供できれば、との思いでふれあい館での仕事を選んだのである。

　「ケナリクラブ」での民族教育の実践においては、対抗的な側面が強調されるような従来の在日韓国・朝鮮人社会における民族教育とは異なり、日常的な文化の接触や体験が重視される民族教育が目指されている。こうした変化は「ダブル」の子どもの増加や、個人的な経験に基づく指導員たちの民族教育への自覚や知見などの私的な領域での変化が、公的な教育領域で行われる民族教育のあり方に影響を与えていると解釈できる。

2.3.「民族」への柔軟性の背景と様々な関係性

　ふれあい館の「民族」に対する柔軟な姿勢の背景は、以上でみてきた「ケナリクラブ」の参加者たちの変化や指導員たちの個人的な経験から得られた知見のほかに、ふれあい館の誕生から現在に至るまでの歴史からも把握することができよう。

　その一つの例として挙げられるのが「アリラン祭」であり、その開催から中止に至るまでの一連の過程や変化から、「民族」への柔軟性の問題を考えることができる。アリラン祭は、1994 年に第一回の祭りが開催されて以来、毎年開催されてきたが、2004 年を最後に中止されたイベントである。開館直後に、ふれあい館の実践には周辺の県立高校の生徒たちがボランティアとしてかかわってくれたが、その最初のきっかけを作ったのは県立川崎高校の朝鮮問題研究会の顧問を担当していた日本人の教員であった。当時、人権問題に関心をもっていたほかの教師ら（彼らは、在日の子どもに本名を使用し、民族的に生きるべきという教育をしていた教員であった）とともに呼びかけをして、周辺の高校にも朝鮮問題研究会が発足されるようにしたのである。その後には、「朝鮮問題研究会同士の交流会をやりたい、それも学校と地域を結ぶ形にしたい」ということになり、アリラン祭という名前にして、プンムルや劇、そして彼らの体験を発表したりするようなイベントとして開催するようになった。

　第一回のアリラン祭が開かれた日には、「何年かぶりに大雪が降って、白い世界の中で晴れ晴れした雰囲気で感無量な気分で」、たくさんの人たちが参加する中で行事が行われたが、徐々に在日の参加者が少なくなり、ほとんどが日本人の高校生たちによる「韓国・朝鮮」発表になってしまった。その事情を、元館長の WA さんは、以下のように語った。

　　　朝鮮問題研究会にも、在日コリアンの生徒がいてもかかわろうとしない。
　　　逃げるんですよ。入っている場合でも、隠して日本名を名乗る場合もあって。
　　　とにかく、接触したがらない。〔朝鮮問題研究会のメンバーが朝鮮問題研究
　　　会の〕パンフレットなんかを、〔周りの生徒にその中身が気づかれないよう
　　　にするために〕何も書いてない封筒に入れて伝えようとしても受け取らない。
　　　どんどん在日の子どもの参加が少なくなって、参加している子は日本人の子
　　　ばかり。……同胞の子どもが少なくなっていくと同時に、ニューカマーの子

どもの問題のほうが学校現場においては大きくなっていく。一方で、○○教師〔県立川崎高校の朝鮮問題研究会の顧問を担当していた日本人の教員〕みたいに在日の子どもを掘り起こす先生が少なくなっていきました。子どもを捕まえてね。「朝鮮韓国人だから自分の民族を考えるべきだ。本名を名乗るべきだ」と、積極的にアタックをするんですよ。情熱的な昔風の先生が少なくなっていきましたね。結局、実態として、同胞の子どもが集まらない、という問題があり、「じゃ、時代が違うからアリラン祭はやめようか」という話になりました。[172]

　WA さんは、アリラン祭の意義については次のように評価をしており、在日の高校生たちの参加が少なくて中止に至ったことをとても残念そうに語った。

　　在日の子どもを起こしていくというプロセスを大事にすることによって、ニューカマーの子どもたちの問題がみえてくるし、ニューカマーの子どもたちもアリラン祭をみて「おれたちも表現できるんだ」という場を与えることが可能になるという思いで、アリラン祭を継続してきたんですけど。しかし、結局のところ、数人どころか 5 人も集まらない、という実態になり、無理だということでクローズしたんですけど。[173]

　以上の語りからは、公立の学校というパブリックな空間における在日韓国・朝鮮人をめぐる空気感の変化と、在日同士の空間の外で、在日の生徒が感じる「不自由さ」を窺うことができる。すなわち、すでに「在日する」人として、民族問題あるいは差別問題の掘り起こしは、「ごく普通の」生活を過ごしたい学校という空間においては、プレッシャーにもなっていたということではなかろうか。

　2011 年 3 月末で、在日韓国人 2 世の館長が定年退職をすることになり、次の館長は発足時から中心的な役割を担っていた日本人に内定されていた。調査時点において、ふれあい館には、多様な国籍やルーツをもつ職員が採用されていた。在日韓

　2011 年 8 月 1 日、WA さんへの聞き取りより。

173　同上。

国人（4名）と日本人（2名）、フィリピン人、日系ブラジル人、朝鮮系中国人（各1名）が働いていたが、発足時からかかわっているのは、在日と日本人である。館長は、意図的にそういう人たちを採用していると語りながら、「なぜかやめていく人はみんな韓国人」と残念そうに語った。

> 本当に理解できない。自分をリセットしたいという話をしていたんだけど、館長になれないという思いもあったのかな。でも、〔次期の館長の〕○○は、日本人でありながら韓国人以上に韓国の問題に取り上げる男ですよ。「どらじの会」〔在日の高齢者事業プログラム〕なんかのハルモニ〔おばあさん〕たちには、「○○さまさま」なんですよ。絶対的な存在になっているから。そんな時代じゃないし。[174]

また、ふれあい館の民族教育の取り組みの目標をめぐっても、様々な事情の変化の中で、揺れ動いている現状があることも窺えた。

> 古くから一緒にやってきた○○○○〔日本人の職員〕も、当初は在日の韓国人の中学生の学習支援とかずっとやってきたけど、時代が変わったからニューカマーの学習支援が主たるテーマになってきています。在日の学習支援は深刻な問題じゃなくなっている。3世、4世になるから、日本語の障害はほとんどなくなっています。ニューカマーの子どもは…ここで生まれて育った子はましですよ。連れてきた子とかは学習困難になっています。ニューカマーズの学習支援になりつつありますね。そっちにだんだんシフトしていく。でも、それも結局在日の子どもたちを、ずっと面倒をみてくる中で、ちょうど今、ニューカマーの問題に対応するようになっているわけ。今までの経験からするとそれがよくみえるんですよ。[175]

以上の語りからは、ふれあい館における学習支援活動の対象が、在日の子どもか

---

[174]　同上。

[175]　同上。

らニューカマーの子どもにシフトしていたことを窺えるだけではなく、その中身や目標も、対抗的な意味での民族性の回復や民族の言語の学習にあるのではなく、民族性を否定しない形での日本社会への適応支援にある、ということがわかる。もちろん、こうしたシフトが意識的かつ明示的に行われているというよりは、むしろ現場感覚より行われている点も指摘しておく必要がある。

　同じような民族への「柔軟性」または「狭間」感覚は、名前の問題についての回答からも窺うことができた。

　　　歴史的に全朝教〔全国在日朝鮮人教育研究協議会〕なんかは本名を呼び・名乗る実践をしてきたんですね。原則的には否定はしないです。〔しかし〕それも、いろんな配慮が必要なんだと。強い子どももいれば、弱い子どももいる。お前は本名を名乗れといわれ、「わかった」といって本名を名乗れる子どももいれば、つぶれてしまう子どももいるわけです。朝鮮人だから朝鮮名を名乗れとしたら、子どもはつぶれてしまう。名乗れる環境になっているかどうか、そこを、状況を見定めながら、ですね。……最近、私は「本名」と「通名」いう言い方を言いたくないですね。代わりに、「民族名」と「日本名」という言い方をする。「本名」って、なんかを隠しているというニュアンスがある。実は「本名」があるんだというふうな。そういう意味で、なるべく「民族名」というようにしている。そうやって育ってきた2世たちは、3世の子どもに対しては「民族名」をつけるんですよ。少しずつ増えている。[176]

　聞き取り調査期間中には、川崎市の朝鮮初級学校でトイレが故障し、修繕費を寄付金で賄うための募金活動が行われていた。WAさんは、「トイレを修繕するお金もないのかよ」と嘆きつつ、ふれあい館に募金用紙を置くことを許していて、また少額ながら寄付をしたことを話してくれた。先述したように、川崎市ふれあい館における取り組みのベースとなっているのは、民族団体ではなく、むしろキリスト教を媒介としたものであることから、朝鮮学校とは特別な関係をもつことはなかった。支援する理由を聞いたところ、以下のような答えがあった。

---

[176]　同上。

昔はもっと交流がありました。今は関係ないという立場の人の中にも、朝鮮学校の卒業生が多くいるので、彼らからすれば、母校のことでもあるわけです。地域レベルでは、そのような関係があり、ふれあい館の関係者の中にも、そのようなつながりをもっている人はいます。[177]

　ふれあい館の「ケナリクラブ」での民族教育の実践においては、民族や民族名の強調、植民地の歴史的な経緯やそれに基づく差別的な生活実態に関する学習の時間は設けられていない。しかし、その一方で、植民地や在日韓国・朝鮮人の歴史的な経緯や在日の差別・生活実態などについては、主に、「ケナリクラブ」の指導員や参加児童の親、青年たちを含む地域の在日韓国・朝鮮人たちと公立学校の教員たちとの間の話し合いの場、そして、ふれあい館と連携して行われる地域の公立小中学校での人権尊重教育の場などで、より積極的に語られている。

　以下では、その一つである「在日の想いに語る会」をはじめ、公立小中学校との連携実践について検討していく。

3　地域の公立小中学校との関係

　青丘社側が差別実態を訴えるために学校を訪問したことから始まった地域の学校に向けての発信は、1988年、青丘社が公的施設の運営主体となることで、一層進んだ。その後、ふれあい館と同様の公的な教育機関である地域の公立小中学校と連携した様々な実践が広がった。ふれあい館と地域の3校（桜本小、東桜本小、桜本中）[178]、桜本保育園、保護者が共同で実行する「在日の想いに語る会」や、「P小・ふれあい館・桜本保育園人権共生教育協議会」（以下、人権共生教育協議会）がそれであり、そのほかにも、地域の3校の運動会では、ふれあい館からの派遣指導員の指導を受けた児童たちによるプンムル（韓国・朝鮮の伝統楽器の演奏）公演が毎

177　2011年8月11日、WAさんへの聞き取りより。

178　地域の3校のうち、桜本小学校と東桜本小学校の2校は、2010年度から「さくら小学校」として統合された。本書では、調査開始時点（統合以前）を基準としている。

年行われている。

　桜本小学校では、1980年代半ばから、神奈川県や川崎市からふれあい教育研究や人権尊重教育研究の委嘱を受けて、韓国・朝鮮について学習する授業が行われていたが、依然として、保護者側と学校側との間には「不信感」があった（川崎市ふれあい館 2008: 90）。学校で「民族名を名乗っている児童に対していじめにつながるようなことが起きた」[179]ことがきっかけになって、1995年に学校側との対話を求めて始まったのが、「在日の想いに語る会」である。初期には、学校への「糾弾会」のようであったが、その後、実践家側から「先生に在日の子どもがどういう想いでいるのかを知ってもらうことが大事」という「在日の想いの共有」という方向性が提案された。現在は、四つの実行主体から構成されている実行委員会がテーマや形式を決めて、年2回開催されており、「人権尊重教育の研修の場」のようになっている[180]。

　「在日の想いに語る会」においては、在日の親たちが主な語り手となり、自分や子どもたちの経験から在日が置かれている状況や、在日として抱えている想いや困難などを、学校現場での状況を含めて、より日常的なレベルで語り、教員たちにも「在日の想いについて語ってもらう」という設定である。たとえば、本名使用の問題についても、通名／本名の問題が出てきた歴史的な経緯を語るよりは、日常生活の中で、「なぜ自分が本名を大切にしているのか」、「本名を使用することで、学校や地域で実際にどういうことが起きるのか」などというよりミクロなレベルでの話がされていた。

　「在日の想いに語る会」における形式は多様であるが、主に、語り手がその日のテーマをもって発題者として語り、それについて地域の親や教員、青年、保育士、住民、学生などが討議する形式で進められる場合が多い。また、その場には、「ケナリクラブ」の担当職員たちも参加し、地域の小学校に通いながら、土曜日には「ケナリクラブ」に参加している子どもたちの想いや様子、困難、要望などを教員たちに伝えることもある。こうした語りは、在日が置かれている今日的な状況を中心とするが、その背景には、植民地の歴史や長い差別の歴史があることへの気付きもあ

179　2010年2月2日、WAさんへの聞き取りより。

180　同上。

り、この場に参加した教員の中では、学校における人権尊重教育の授業を取り組むに当たって、ここで得た知見を参考にする場合もあるという。

表25 「在日の想いに語る会」における実践内容

区分	開催日 場所	参加者数	内容
第1回	1995.2.3 桜本1丁目町内会館	43人	VTR「いちばんみぢかな外国人」鑑賞後、自己紹介と一言
第2回	1995.7.7 プラザ田島	42人	親の想い：初めての子どもが生まれて感じたこと、学校に入れるに当たって
第3回	1996.7.18 ふれあい館	70人	全体会：オンマの想い 分科会：三つのグループに分かれてトーク
第4回	1997.5.23 ふれあい館	57人	本名・民族名をめぐる様々な想いを語ってみよう 分科会：民族名で暮らすダブル、地域の学校に通った2世、朝鮮学校に通った2世、韓国から来たオンマの話
第5回	1998.2.21 桜本中学校	64人	全体会：学校へのメッセージ（桜本保育園副園長） 分科会（4つ）：学校現場での想いと現実
第6回	1998.7.13 桜本保育園	73人	在日入門 分科会：なぜ在日なの、ダブルとハーフの違い、名前にこだわる若者の想い、名前にこだわる親の想い
第7回	1999.2.20 東桜本小学校	64人	全体会：横浜市立潮田小学校教諭のお話 分科会：4つに分かれて、教員の取り組みから発題
第8回	1999.6.25 ふれあい館	74人	素朴な疑問に答えます：外国人教育基本方針・人権教育・ふれあい教育 分科会：取り組みの必要性、本名の大切さ、日本籍ダブル、夢が語り合えるか
第9回	2000.6.16 桜本小学校	87人	全体会：桜本で人権教育を受けて育った子たちの話
第10回	2001.2.17 桜本中学校	52人	1部：中学を卒業した後の子どもたち、言葉のわからない子どもたち、ダブルの子どもたち、日本名を名乗る子どもたちからの発題 2部：鍋をいっしょに作って食べながら意見交換

第11回	2001.6.15 ふれあい館	63人	全体会：パネルディスカッション「在日の親の想い、子の想い」 母親の立場から、父親の立場から、ニューカマーの立場から、子どもの立場から
第12回	2002.2.16 東桜本小学校	72人	こんなとき、あなたならどうする？ 関係ないよ、キムってキムチ？、将来の夢、あー勘違い
第13回	2002.6.25 桜本小学校	不明	パネルディスカッション：先生に伝えたいこと フィリピンのママ、地域の学校に通った在日3世、朝鮮学校に通った在日3世
第14回	2003.2.21 桜本中学校	不明	全体会：「うちの学校ではこんなことやっています」桜本小学校・東桜本小学校・桜本中学校・川崎朝鮮初中級学校 分科会：学校ごとに分かれてトーク
第15回	2003.6.20 東桜本小学校	76人	分科会形式：子どもの夢「在日1世、在日2世、在日3世と語る世代間トーク」
第16回	2004.2.20 ふれあい館	74人	いろいろな在日の想い 本名で子どもを通わせているオンマ、日系ブラジル人のママ、日本名でこどもを通わせているオンマ、フィリピンのママ
第17回	2004.6.10 桜本小学校	76人	全体会：リレートーク「在日の暮らし：桜本で暮らして」朝鮮学校に通った青年、地域の学校に通ったオンマ、地域の学校に通ったアッパ
第18回	2005.2.18 桜本中学校	61人	全体会：外国人の子どもに会って：潮田中学校の取り組みから 分科会：保護者や地域とのかかわり、言葉について、文化にふれることでなにがあるか
第19回	2005.6.30 東桜本小学校	74人	全体会：三人のお母さんによる井戸端トーク「今子どもたちに必要なことは…？」 ワークショップと小グループトーク
第20回	2006.2.16 ふれあい館	74人	ワークシート：私たちのまち 再発見 ワークショップ：外国人の友だちと共に育つために
第21回	2006.6.22 桜本小学校	80人	在日のこと、外国人のこと、Q&A どうして外国人がたくさんいるの？、どうして本名（民族名）を大切にしてきたの？、どうして中学を出て悩むの、どうして差別するの？されるの？

第22回	2007.2.16 桜本中学校	72人	ザイニチサラダボール：学ぼう・遊ぼう・食べよう、サラダの試食 5カ国（ブラジル、フィリピン、ボリビア、ペルー、韓国・朝鮮）の遊び・踊りのワークショップ
第23回	2007.6.26 東桜本小学校	78人	外国人のママたちと考えよう「伝えたいこと、伝わっていますか？」軽食タイム ワークショップ：なかまみつけ、これわかる？、想いをきき、想いを語ろう

* 出典：川崎市ふれあい館（2008: 91）と在日の想いに語る会実行委員会（2006、2001）から作成。オンマとアッパとは、それぞれ韓国・朝鮮語で母親と父親を意味する。

　在日韓国・朝鮮人の問題を中心テーマとして始まった「在日の想いに語る会」は、2000年代半ば頃からは、そのテーマを少しずつニューカマー外国人の問題にも拡大させている。また、この場でニューカマーの母親の立場から問題提起された内容が、学校で具体的に反映された場合もあるという。

　　　ニューカマーのお母さんたちが……通知文、来るけど、わからない。わかるためにはどうすればいいのか、というワークショップで。みんなで訂正していく。それをもとに学校が通知文を作り直すことにつながったり、具体的に活動を生んだりしたこともありますね。[181]

　また、ふれあい館がP小学校と桜本保育園とともに年2回開催している「人権共生教育協議会」では、困難を抱えている児童のことについて意見交換が行われている。ふれあい館側からは、館長と教育担当者二人、「ケナリクラブ」と「ダガットクラブ」（フィリピンにルーツをもつ児童限定の場、ダガットはタガログ語で海を意味する）の担当者各一人が参加しており、P小学校からはほぼ全教員が参加している。そのほかにも、不登校の児童が来館した場合、学校に連絡をして、話をするなど、児童を「真ん中においた」両側の協働実践が行われている。
　しかし、学校との関係がつねに円滑に築かれてきたわけではない。学校側が、学

---

[181] 2010年5月7日、WBさんへの聞き取りより。

校の外の施設との協議やそこからの提案に対して「越権」や「干渉」として受け止め、在日問題を人権尊重教育の中心テーマにすることに対して拒否感を示したこともあったという。以下は、学校との連携が成立するまでの過程が、けっして容易ではないことを物語っている。

　　最初の頃は、学校の人権尊重教育をどういう中身で実践すればいいか、私たちの意見を聞いてたんですよ。ところが、そういうことに反発する先生も出てきてるんですよ。「差別、差別というけれども、朝鮮人への民族差別だけじゃないだろう。いろんな差別があるじゃないか。就職差別とか男女差別とか」。いつもふれあい館からいわれてこういうことやってあういうことやってじゃなくて、学校独自に取り組むというふうな意識もあったのかな。ちょっとふれあい館と○○小学校〔P小学校〕との交流というものが疎遠になった時期もあったんですね。そのとき、学校が何を始めたかというと、男女差別がありますよとか、就職差別がありますよとか。それもけっこうですけど、ここは韓国・朝鮮人が多いから一緒に住んでる人たちの問題を取り上げるべきじゃないですかと。就職問題とか普遍化したら民族差別が存在することにぶちあたるんだと。……そういう時期がしばらく続いたんですよ。校長が変わって軌道修正をして、話し合いましょうと。[182]

　以上の語りは、「隣に存在する」差別の問題を見逃したまま行われる人権尊重教育の実践に対する違和感を表している。現在、ふれあい館と公立学校との関係においては、地域の公的な機関同士の双方的な協働関係に基づいているところがみられているが、一方では、実践が学校の責任者の意志や方針によって変わる可能性があり、実践の安定性や持続性が担保されているとはいいにくいことも示唆されている。

---

[182]　2010年2月2日、WAさんへの聞き取りより。

4 多文化共生教育との関係

4.1. 多文化共生教育・国際理解教育への参画

　1990 年代半ばから、ふれあい館側は、桜本地区を中心に公立学校と連携して展開してきた実践をほかの地域にも広げようと試みていた。この時期は、教育行政においても国際理解教育の推進が強調されていた時期であり、1998 年に小・中学校の学習指導要領の改訂（施行は 2002 年 4 月）による「総合的な学習の時間」が創設されたことを受けて、自治体の教育行政や学校現場において、この時間を利用した国際理解教育の取り組みが広がっていた。川崎市においては、ふれあい館・青丘社側が 1995 年から市全域に広げていた学校訪問事業の事業化を、川崎市の同和・人権担当に申し入れ、1997 年には「『川崎市外国人教育基本方針』に則り、川崎市の学校において民族文化の紹介や指導を行う外国人市民等（「民族文化講師」）を招請して多文化共生をめざす学習活動を実施する際に」教育委員会が支援を行うという「民族文化講師ふれあい事業」（以下、「ふれあい事業」）に発展した（川崎市ふれあい館 2008: 42）。

　1999 年に制定された「民族文化講師ふれあい事業実施要綱」に定められている「多文化共生をめざす学習活動」の定義に注目する必要がある。この要綱による「多文化共生をめざす学習活動」とは、「日本人児童生徒と外国人児童生徒の双方に、文化の相互尊重と多文化共生社会を築く意識と態度を育むことをねらいとする教科学習、特別活動、部活動等をいう。ただし、外国語（とりわけ、英語）の援助のためのものではなく、また単に民族的な芸術・文化の鑑賞会に止まるものであってはならない」となっている。「ふれあい事業」の方向性や内容などについては、企画段階からふれあい館・青丘社側との協議が行われており、従来の国際理解教育・多文化共生教育が抱えていると指摘されていた問題、つまり、日本人のみを対象とする国民教育の一環である批判や、外国語学習へ偏る傾向や外国の文化紹介に止まる傾向への批判を踏まえた上で、その克服が目指されているのである。こうした定義からは、行政側と民族教育・多文化共生教育現場が円滑に疎通し、現場の意見が地域行政の事業の方向性に反映されていることを表している。このような方向性を明らかにした「ふれあい事業」が開始されるにつれて、ふれあい館の学校訪問は一気に

広がっており、教育現場では、ただの文化紹介を超えたより深いメッセージが子ども たちに伝えられることにもつながった。以下では、国際理解教育・多文化共生教育に対する従来の批判的な指摘を乗り越えるために、青丘社がどのような実践を試みているか検討していく。

表26 ふれあい館の学校訪問による国際理解教育の授業実施推移（訪問件数とテーマ）

年度	全体訪問件数	韓国・朝鮮	フィリピン	中国	ブラジル
1995	11	11	-	-	-
1996	23	23	-	-	-
1997	28	28	-	-	-
1998	36	36	-	-	-
1999	41	41	-	-	-
2000	47	47	-	-	-
2001	48	48	-	-	-
2002	56	56	-	-	-
2003	47	47	-	-	-
2004	43	43	-	-	-
2005	61	58	3	-	-
2006	50	50（4※）	4※	4※	1※
2007	63	58（4※）	9（4※）	1※	3※

＊出典：川崎市ふれあい館（2008: 178-185）から作成。1995年度と1996年度の数字には、学校以外の団体も多く含まれている。※は複数の国を複合テーマとした場合であるが、それぞれ1校としてカウントされている。

ふれあい事業の開始を受けて、ふれあい館・青丘社側は、川崎市に住む韓国・朝鮮人やフィリピン人を募集し、学校訪問のためのボランティアグループ「ホランイ」（虎を意味する韓国・朝鮮語）を組織した。青丘社の職員と韓国・朝鮮人の母親や若者を中心とした「民族文化講師」（以下、講師）は、年間50校前後の小学校（川

崎市立小学校の約40%）を訪問している。ふれあい館が行っている授業は、韓国・朝鮮が中心テーマになることが多いが、各学校の在籍児童の状況に合わせて、フィリピンをテーマとする場合や、韓国・朝鮮とフィリピン、ブラジル、中国を複合テーマとする場合が、2000年代半ばから少しずつ増えていた。こうした場合には、フィリピン人や日系ブラジル人、中国人の青丘社の職員たちがともに学校を訪問し、授業を行っている。韓国・朝鮮をテーマとする学校訪問に参加している講師の中には、在日韓国人だけでなく、ニューカマーの韓国人の母親たちも含まれている。そのうち、7年間講師として活動しており、二人の子どもを日本の学校に通わせているWFさん（ニューカマー韓国人、女性、40代）は、その活動にかかわるようになった経緯を次のように語った。

> 〔ふれあい館の〕識字学級でWGさん〔女性、50代、在日韓国人2世〕に日本語を教えてもらって……家族ぐるみで付き合うようになって。お父さん〔WGさんの夫〕が車でいろんなところに連れてくださったり……〔川崎〕教会も一緒ですし、学校訪問にも一緒にかかわるようになったんですね。[183]

このように、講師たちを結ぶ共同性の基盤は「民族」であるが、川崎教会に通っていることやふれあい館の実践にかかわった経験があることも、共同性の創出に当たって重要な意味をもっていた。

ふれあい事業に基づく国際理解教育の授業は、以下のような流れで実施されている。まず、川崎市側の担当者と、ふれあい事業による授業を希望する各学校の担当者、そしてふれあい館をはじめ、外国の文化紹介が可能なNGO団体の担当者たちが協議を行い、担当学校や授業のテーマ、授業日程などを調整する。その後、ふれあい館が担当するようになった学校の担当教員と、ふれあい館の担当職員との間で打ち合わせを行い、学校の在籍児童の状況や授業に当たっての学校側の要望、そしてふれあい館側の意見などを話し合った上で、企画が立案されている。ふれあい館側は、参加講師団を構成し、授業内容や形式などについて事前に協議し、必要な場合は事前に練習をしてから、学校訪問に入ることになる。以下、D小学校の事例か

183　2010年7月9日、WFさんへの聞き取りより。

ら、実際の授業の内容と流れを検討していく[184]。

　2010年7月9日、川崎区D小学校においては、3年生の80名を対象として、ふれあい館側からの「ふれあい事業」による国際理解授業が行われた。この学校には、韓国・朝鮮につながりをもつ児童のほか、バングラデシュとペルーの国籍をもつ児童たちが在籍していることが、事前に把握され、ふれあい館側が作成した「学校訪問計画表」に記載されていた。授業は「韓国・朝鮮」をテーマとして、10時30分から12時10分まで、4ヶ所に分かれて行われた。まず、体育館で全体会を行い、教員の講師紹介と講師たちの自己紹介が始まった。その後、四つのグループに分けられた児童たちは、学習室と図工室、プレイルーム、体育館の4ヶ所で、それぞれ言語・生活文化、衣装、遊び、楽器を小テーマとした授業を受けており、各場所にはふれあい館からの講師と学校の教員が一人ずつ入っていた。4つのグループが4ヶ所を全部回ると、全員が再び体育館に集まり、3年生の国語の教科書に掲載されている朝鮮半島の民話「三年とうげ」の紙芝居に参加することになっていた。紙芝居は、二人の講師（在日韓国人とニューカマー韓国人）により、日本語と韓国・朝鮮語の二言語で行われた。児童たちが、グループごとの学習のときに練習した韓国・朝鮮の打楽器のリズムを紙芝居の途中に入れるなど、児童たちが参加して紙芝居が完成されていくような仕組みになっていた。最後には全体会が行われ、講師側を代表して青丘社の職員がまとめの言葉をしてから、授業は終わった。

　学校訪問を担当している青丘社の職員WBさんによると、講師たちは、児童の中にはこの授業が「単純に外国のことについて習う時間だ」と受け止めている場合が少なくないことに気づかされることも多かったという。それに対して、講師たちは、川崎市にいかに多くの外国人が住んでおり、日常を共有しているかを伝えることで、「生活の場を共有する在日外国人との、日本の中での共生」という視点を取り入れようと試みているという。

　　学校〔から〕は、多くの場合、文化紹介という形で依頼が来るんだけれども。
　　その文化って「海の向こうの韓国文化」というイメージにどんどんなっちゃ
　　うんですよ。ぼくたちは、そうじゃなくて、海の向こうの韓国とつながっ

184　2010年7月9日、川崎市立D小学校の国際理解授業への参与観察より。

286 なぜ、公教育における民族教育の場に注目するのか

ている、でも日本に暮らしている、君の隣にいる人が紹介をするという、生活者というんでしょうか。その人たちがやってるということが、実は意味があるといって。帰りに「アンニョン」〔バイバイを意味する韓国・朝鮮語〕というと、「いつ羽田〔空港〕から帰るの」と（笑）いわれちゃうときがあるんですよ。〔ぼくたちが〕「そうじゃなくて、今日はひょっとしたら、帰りの夕ご飯、ハンバーグかも」みたいなね。川崎にみんな住んでいて、と紹介すると、びっくりするんですね。[185]

　ほかにも、講師側は、授業中にほかの外国人児童や障害をもつ児童を配慮したメッセージを伝えたり、彼らを包括する実質的な取り組みの方法を学校側に提案したりしている[186]。生活空間を共有している「隣にいる」マイノリティを優先するという方向性は、「ケナリクラブ」で実践されていたが、これは、国民教育の一環として批判されている政府レベルでの国際理解教育を、地域や学校に密着した、より「内なる多文化教育実践」へと変貌させようとする試みでもあり、「ただの外国紹介に過ぎない」、「文化を観賞の対象にしてしまう」という国際理解教育などへの批判を意識し、克服の道を探る作業でもある。そこには、行政や公立学校が導く公教育の領域に、社会福祉法人青丘社の地域での活動が拡大してきたことや、教会やふれあい館を媒介として私的な領域に止まっていたオールドカマー／ニューカマーの住民たちの参加を促したこと、多様な外国人住民を職員として採用し、地域の要望に応じてきた一連の取り組みが重要な役割を果たしていたと考えられる。

4.2. 困難

　これまでみてきたように、ふれあい館が公立学校の外側に位置していながらも、学校側との連携を深めることが可能であった最も重要な背景としては、ふれあい館の公的な位置性を挙げることができる。川崎市の公的な教育施設としてのふれあい館の位置は、ふれあい館と同様の公的な教育機関という立場である公立学校との連携を広げることを可能にした。さらに、1990年代後半以降、政府レベルでも国際

185　2010年5月7日、WBさんへの聞き取りより。

186　同上。

理解教育への関心が高まったことや「総合的な学習の時間」が創設されたことは、公立学校側にその時間をどのように活用するかという問題に直面させることでもあり、地域の多文化共生の実践を展開してきたふれあい館の取り組みやノウハウを、学校側が必要とするきっかけにもなった。

　しかし、先述したように、ふれあい館と公立学校との連携や協働関係はあくまでも自主的な関係であるため、その関係は学校長をはじめとする学校側の意志により、変わる可能性はいつでもある。つまり、人権尊重教育やふれあい教育のテーマや中身の最終的な決め手となるのは学校側であり、青丘社が行うふれあい館での多文化共生の実践が公立学校の場で有効になるためには、まず、ふれあい館と学校側との信頼関係の構築・維持が必要である。

　また、2006年からは、ふれあい館にも「指定管理者制度」が適用されることになった。指定管理者制度とは、「住民の福祉を増進する目的をもってその利用に供するための施設である公の施設について、民間事業者等が有するノウハウを活用することにより、住民サービスの質の向上を図っていくことで、施設の設置の目的を効果的に達成する」[187] ことを目的として、2003年9月に政府により設けられた制度である。川崎市では、2006年4月から、ふれあい館に対しても、5年の指定期間（2016年度よりは3年）をもってこの制度を適用することになり、青丘社はふれあい館の指定管理者として、すでに2回（1回目は2006年度から2010年度まで、2回目は2011年度から2015年度まで）の指定を受けていた。もともと、川崎市ふれあい館・桜本こども文化センターは、1970年代から青丘社側が行ってきた地域での教育活動が評価され、川崎市側との数年に渡った議論や交渉を経て、青丘社と川崎市、地域住民との間での合意をもって、市長がその事業の運営を青丘社に委託する形で誕生したという経緯をもつ。しかし、指定管理者制度の導入により、ふれあい館の指定管理者として、青丘社のほかにもその管理を希望する民間事業者が応募することが可能になり、青丘社と川崎市との「特別な歴史」や「合意」の意味はなくなることも考えられる状況となったわけである。

　また、そのほかにも問題がある。それは、「福祉・教育」がメインであるふれあ

187　総務省のホームページ（http://www.soumu.go.jp/menu_news/s-news/01gyosei04_01000004.html）より。2010年12月30日取得。

い館の事業の効果や「サービスの質」などを、はたしてどのように「客観的な」基準を当てはめて評価することができるのか、という疑問である。こうした問題は、ふれあい館に限らず、多くの公的な福祉・教育施設に対する指定管理者制度の導入に当たっても当てはまる問題なのである。今後、指定管理者制度の下で、教育・福祉を中心とする川崎市ふれあい館での青丘社による実践がどのように展開されていくかについては、長期的な調査・研究が必要であろう。

4.3. ニューカマーとの関係

　青丘社・ふれあい館では、在日韓国・朝鮮人の問題を中心にしながらも、地域で増加しているニューカマー外国人の問題を、様々な実践の中に取り入れてきた。こうした変化は、ふれあい館から青丘社の職員が派遣されて行われる「民族文化講師ふれあい事業」による国際理解学習現場においても、韓国・朝鮮のみであったテーマが、2000年代に入り、中国やブラジル、フィリピンに拡大されていることや、ケナリクラブの実践の中でニューカマー児童の参加を許容する場合が現われていることからも窺える。そのほかに、1990年代後半から、在日韓国・朝鮮人や日本人のほかに、フィリピン人や日系ブラジル人日系ブラジル人などのなどのニューカマー外国人を職員として採用していることや、ケナリクラブのほかに、フィリピンにルーツをもつ児童たちを対象とする「ダガットクラブ」が設置（1998年）されていることなども、こうした変化が反映されている場面である。青丘社側は、ほかのニューカマーに対しても、希望があり一定の人数が確保できれば、それに応じる実践を取り組むという立場であり、以下の語りはそれに対する青丘社の立場を表している。

　　フィリピン系、コリアン系以外にもいるじゃないですか。そうなると数の問題、5人とか、10人とかなってくると、じゃグループ作ろうか、実践やろうか。でも、まだそこまでは行かない。そうすると、そういう子どもたちも一緒に参加できるプログラムを作ろうと。だけど、今は、基本的にはフィリピン系、コリアン系という場になっていますね。[188]

　2010年3月26日、WAさんへの聞き取りより。

また、1970年代に青丘社によって在日韓国・朝鮮人の中高生の学習支援のために設けられた中高生部は、だんだんそのニーズが減少していく中で、日本語の能力や学力の問題で悩んでいるニューカマーの中高生の学習サポートにシフトしていった。ふれあい館の日本語学級（識字学級）に参加していたフィリピンやタイからきたニューカマーの母親たちが本国に残してきた子どもたちを日本に呼び寄せたことをめぐる相談がきっかけとなり、日本語や学習の面で困難を抱えているニューカマーの中高生たちの学習サポート活動を、青丘社側は社会人や大学生、高校生などのボランティアとともに行っている（表27）[189]。

　このように在日の教育を中心としてきた実践が、外国人住民の構成が多様化していくという地域の変化を受けて、ニューカマーの子どもたちを支援する教育実践へ広がっている背景の一方には、ふれあい館の公的な施設としての位置性があるが、他方には、ふれあい館の開館に至るまでの背景と過程がある。それは、1960年代末の「隣人愛」というキリスト教精神に基づいて始まった川崎教会の保育活動や、1970年代に在日と日本人が共同で闘った日立闘争と民闘連の運動、1980年代における「すすめる会」の運動、そして1988年以降の在日中心の青丘社と川崎市との協働実践の場としてのふれあい館の開館という一連の流れである。つまり、ふれあい館の実践現場には、民族を超えて地域住民、川崎市民、日本の中の人々と連携し、運動の成果を挙げてきた経験から得られた知恵や精神、態度が脈々と流れており、それがニューカマーへの実践を拡大していくのに有効に働いたと考えられる。

189　ニューカマー学習サポート活動の詳細については、川崎市ふれあい館（2008: 49）と原（2009）を参照。

表27　外国につながる中高生学習サポートへの参加者

区分	年度	フィリピン	フィリピン＋日本	タイ	タイ＋日本	韓国	在日コリアン	ボリビア	ガーナ＋日本	計
中学生	2004	1	-	1	-	-	2	-		4
	2005	3	-	-	1	1	3	-	1	9
	2006	5	1	-	1	1	4	-	2	14
	2007	6	4	-	2	1	-	1	-	14
高校生		4	2	-	-	-	-	-	-	6

* 出典：川崎市ふれあい館（2008: 49）から作成。

5　考察

　本章では、川崎地域におけるふれあい館での「共生型」教育実践事例を取り上げて、そこで現れている民族教育と多文化共生教育との間での相互作用の様相を検討した。ふれあい館における青丘社の教育実践の特徴は、以下のようにまとめることができよう。

　第一に、ふれあい館の民族教育の実践現場では、民族限定、韓国・朝鮮語と本名の使用などといった従来の民族教育の原則へのこだわりがあるが、その運用においては柔軟さがみられており、在日児童に対する歴史学習や民族への強調は行われていないなど、実践の方向性においても変化が現われていた。その背景としては、「ダブル」の児童の増加によって民族の境界がはっきりしなくなったことや、指導員の個人的な経験に基づく民族教育への知見や日常的な実践が作用していることが窺われた。

　第二に、地域の学校側との連携の拡大が模索されており、その実践においては、在日の問題に一点集中することを避けながらも、戦後から今日に至るまでの民族教

育の歴史的な意義を意識し、普遍的な差別への視点のシフトとそれに伴われる可能性のある「在日の歴史性の蒸発」に対する注意深い取り組みが行われていた。それと同時に、地域や学校に存在するより多様な「内なる他者」の存在へ気付かせ、共同性を模索しようとする努力がみられており、こうした点は、「特殊」（「民族」）と「普遍」（「多文化共生」）との狭間に置かれている今日におけるふれあい館の実践の位置性を表していると考えられる。ふれあい館と学校側との関係は、双方的な協働関係であることがみられたが、一方では、連携が容易に築かれるとはいいにくい部分も示唆されていた。

　第三に、川崎市が支援する市立小学校における国際理解教育の企画・実施段階への参加により、より多くの児童や教員に発信できる機会が得られており、実際の授業では、「国民教育の一環である」とか、「外国紹介に過ぎない」、「博物館主義的な視点に止まっている」といった国際理解教育・多文化共生教育への従来の批判に対しても、日常的な実践のレベルで、その実態を認知しつつも、それなりに意識的な克服の試みが展開されていることがみられた。そこには、ふれあい館で行われている青丘社の活動に付与される「公的施設での活動」という位置性が、公立学校との連携を容易にしたこと、そして私的な領域に止まっていた多様性をもつ住民たちを「地域での多文化共生」という共同の目標をもつ公共領域に導き出し、実践の主体としてかかわらせたことなどが重要な作用を果たしてきたといえる。

　ふれあい館での民族教育の実践は、京都と大阪での民族学級とは異なり、戦後の朝鮮人学校の閉鎖・公立学校の中の民族教育の場を引き継いでいるのではなく、1970年代初頭に、日立闘争に代表される在日の反差別運動・権利要求運動に根差しているといえる。そのため、ふれあい館における青丘社の教育実践は、いわゆる「民族中心」「祖国志向」的ではなく、「在日志向」「反差別志向」的な性格を強く帯びており、また、民族団体を中心とした運動ではなく、多くの在日と日本人の支持者たちがともに、一種の「住民団体」「市民団体」を組織し、運動を展開してきた成果として生まれたものでもある。こうした背景をもつふれあい館において青丘社が遂行する民族教育の場では、民族限定という原則を立てながらも、地域の「ある種の困難」を抱えていると思われる日本人児童やほかの外国にルーツをもつ児童を、希望に応じて実践現場に参加させており、そこでは、従来の民族教育の場で前提とされていた民族や歴史の強調に基づく対抗的な民族教育は行われていない。その代わりに、「民族」「歴史」への強調は、在日児童やルーツをもつ児童に向けてではなく、

彼らの民族性の承認が自然で日常的に得られるように、地域住民や教員、日本人児童を含む全児童に向けての人権尊重や反差別とかかわる学習や研修・研究の場で行われているのである。こうした方向性は、「民族」が「多文化・多民族」の中に入り、民族教育と多文化共生教育が合致した形で展開されることを促しており、それは、民族だけを基準にした場合に生じる排他性を薄めて、より多様な基準に基づく多様な背景をもつマイノリティを包括し、新たな共同性を模索しようとする試みにもつながっている。

　こうした方向性は、参与観察や聞き取りの中で多く裏付けられた。その一つの例として、「ケナリクラブ」の合宿への参加を希望する日本人児童と、指導員に日本人の親友の参加を要請する「ケナリクラブ」の参加児童の存在が挙げられる。元館長の WA さんの語りからも窺えたように、「ケナリクラブ」の合宿への参加を希望する日本人児童も、「ある種の困難性を抱えている」地域の子どもであり、こうした点は、ふれあい館の民族教育の場で、同じ地域で暮らすマイノリティ同士の新たな共同性が模索されていることを表している。このような方向性は、「ケナリクラブ」に定期的に参加している、日本人の父親とフィリピン人の母親をもつみゆ（仮名）と筆者の会話の中でも明らかであった。彼女は、韓国・朝鮮にルーツをもっていないため、実際には「ケナリクラブ」の対象者ではないが、本人の希望により、ほとんど毎週ケナリクラブに参加しており、指導員たちが自分の話をよく聞いてくれると語っていた。それは、ふれあい館での在日のための民族教育の場が、ほかのエスニック・マイノリティ児童にも居場所感を与えるという付随的な効果を生み出していることを表している。こうした点は、ふれあい館における民族教育の場が民族限定の原則の下で実践されていながらも、その場の実際の雰囲気は開放的・非排他的であることを裏付けている。在日の「民族限定」の原則を継承しながらも、歴史性（ポストコロニアル性）を強調せず、居場所感の提供を通じてエンパワーできる環境を提供するという民族教育の場の方向性と、そこから促された地域のほかのエスニック・マイノリティ児童との新たな共同性の模索、言い換えると、民族教育と多文化共生教育が合致していく川崎地域の公教育における「共生型」ともいえる教育実践は、前で検討した京都の「民族型」と大阪の「折衷型」とは大きく異なっている。

　また、こうした「民族」と「多文化・多民族共生」が合致した形で、同時に進められている「共生型」実践においては、従来の民族教育に対しても、また政府のいう国際理解教育や多文化共生教育の枠組みに対しても、一定の修正が試みられてお

り、両者の接合をめぐる批判的な議論に対しても、克服の道が模索されていると考えられる。こうした実践は、実践家たちのミクロな個々人の行為や意志の枠内に閉鎖されるのではなく、その場にかかわる行政や学校、地域住民、子どもたちとの相互作用や各領域間の補完的な関係の中で、日常的な活動や対話、拒絶、交渉を重ねていきながら、教育という「社会システムの変革と更新を可能にするダイナミックな力」（田辺・松田 2002: 363）としての可能性を開いているのではないかと考えられる。

　しかし、ふれあい館での「共生型」教育実践、とりわけ、民族教育の実践の中では歴史学習が行われず、日常的な民族文化体験や遊び、居場所感や所属感の提供に重点が置かれているという立場に対して、民族教育の実践家たちの中では、在日の民族運動が行政に吸収され、同化されていくこととしてみなし、批判的な声を出す人たちもいる。こうした方向性をもって実践が進むと、結局、歴史性・ポストコロニアル性を、民族教育の対象者である当事者たちにどのように伝えていくかとの問題が残る。

　在日児童に向けては民族や歴史の問題をほとんど強調しない立場である青丘社の実践の中でも、こうした問題を意識し、対応していることが確認できた。全児童を対象とする多文化共生教育の場で、在日する「民族」や差異の問題を言及しようと試みながら、その授業がただの文化紹介に止まらないような意識的な努力を重ねていることや、教員や地域住民に向けて歴史に根差している本名使用の問題や差別の問題など、ポストコロニアルな状況から生じる日常レベルでの様々な困難について積極的に発言し、マジョリティ側と疎通できる場を設けていることは、歴史性の問題に対するこだわりでもあり、学校と地域などの公共領域における民族・差異をめぐる承認環境の不連続性問題の改善を求める試みでもあると考えられる。

　それにしても、今後、ますます増加していくニューカマー外国人の問題を「共生型」教育実践の中に取り組んでいくに当たって、「オールドカマー」と「ニューカマー」をめぐる問題、公教育における「民族教育」と「多文化共生教育」が抱えている課題、岸田の表現を借りると「ポストコロニアルな文脈における『共生』の課題」と「ポストナショナルな文脈における『共生』の課題」（岸田 2011: 117）を、在日韓国・朝鮮人の民族や歴史問題を矮小化させず、どのように固有性と連続性を明確にしながら両立・接合させていくかが引き続き課題になるだろう。

補論：近年における変化

　2006 年度から導入された指定管理者制度の下で、青丘社のふれあい館での民族教育実践には、いくつかの変化が現れている。第三期が始まった 2016 年度には、新たに「コリア文化と仲良し」（月 1 回）と「フィリピン文化と仲良し」（月 1 回）という二つの活動が取り組まれるようになった。ここでは、とくに民族を限定してはないようになっており、その背景には、参加児童数の減少と、地域における多様な背景をもつ外国人住民の存在があると考えられる[190]。

　新しい取り組みとして、2017 年、地域の多様なルーツをもつ子どもたちが参加できる多文化子どもクラブとして「ハロハロクラブ」がスタートした。「ハロハロ」とは、フィリピンのタガログ語で「混ぜる」、「ミックス」を意味し、このクラブは、週 1 回、放課後の 2 時間、「フィリピン、タイ、韓国・朝鮮、ペルーなど多様なルーツをもつ子どもたちが共に学

190　青丘社の 2016 年度の事業推進に対する川崎市からの評価には、「こども文化センターでは、毎日の子どもの遊びのプログラムを作り、子どもの個別・集団的な遊びのプログラムに基づく活動を行なった。とくに、『コリア文化と触れよう』や『フィリピンと仲良し』など、ふれあい館ならではの多文化活動が実施されており、外国にルーツをもつ家庭・子どもにとっては、母文化との触れ合い、その他の家族・子どもにとっては、多文化との触れ合う機会の創出を図った」ことがその評価の理由の一つとして挙げられている。この評価シートには、その名称が「コリア文化と触れよう」となっていた。川崎市に居住する全体外国人のうち韓国・朝鮮籍者数の割合が 1992 年 3 月時点では半分程度であったが、2000 年には 41%、2010 年には 29% となり、2020 年には 18% まで減少した。川崎市国際交流センターのホームページより（https://www.kian.or.jp/worlddata.shtml#past2020t）。

び、楽しむ場を目指す」[191] という地域住民の多様性を反映した取り組みである。ふれあい館の月間案内（「ふれあいかんだより」）には、このクラブについて「学校の宿題や色々な国の遊びや文化を学びます」と紹介されていた。

　そのほかに、以前からあった地域児童を対象として韓国・朝鮮の楽器や舞踊を学ぶ「こどもチャンゴクラブ」や「こども舞踊クラブ」（ともに週1回）は継続されており、川崎市の「民族文化講師ふれあい事業」による地域の学校での国際理解のための授業にも引き続き、講師を派遣し、韓国・朝鮮だけでなく、中国やフィリピンなどをテーマに入れた授業を行なっている。

　このように民族限定の民族教育の場の性格は薄まっており、地域の多様性を反映する方向性がより強まっているようにみえる2010年代後半に、川崎市では桜本地区が標的となったヘイトスピーチデモが何度も起きた。2013年頃から川崎駅周辺で右派市民団体によるヘイトスピーチが行われており、2015年と2016年には、ふれあい館が位置し、在日韓国・朝鮮人が多く居住している桜本地区をデモ隊の通過ルートとするなど、その行動はエスカレートしていた。それに対して、2016年1月18日、市民団体や川崎市職員労働組合、地元の商店街や地域住民など幅広い人たちが参加し、『ヘイトスピーチを許さない』川崎市民ネットワーク」（以下、川崎市民ネットワーク）を発足させ、ヘイトスピーチに抗議するカウンター活動を展開した。同団体は、ヘイトスピーチや差別に反対する学習会やシンポジウムなどを開催しながら、ヘイトスピーチの阻止や条

191　「ふれあいかんだより」（2018年8月1日）より。

例制定などを求める要望書を川崎市に提出した[192]。

　こうした川崎市での一連のヘイトスピーチと地域住民や市民団体による抗議活動は、2016年にヘイトスピーチ解消法（本邦外出身者に対する不当な差別的言動の解消に向けた取組の推進に関する法律）の施行、そして2019年11月には川崎市のヘイトスピーチ禁止条例（正式名称は「川崎市差別のない人権尊重のまちづくり条例」）の成立につながった。とりわけ、川崎市ヘイトスピーチ禁止条例においては、ヘイトスピーチを継続的に行った人に対して罰金を科す内容が盛り込まれているため、実効性が期待できる点からも多くの注目を集めた。同条例は2020年7月1日に全面施行されるようになった。

　このヘイトスピーチをめぐる一連の過程には、青丘社が中心的にかかわっていた。子どもたちを囲んでいる社会（とりわけ、マジョリティ側）における差別に反対する教育に、より重点を置いてきたふれあい館における青丘社のスタンスは、ヘイトスピーチと闘う運動に結び付いたと思われる。民族差別を叫ぶヘイトスピーチから地域の在日児童をはじめ、エスニック・マイノリティの子どもたちを守るために、多くの人たちが参加する川崎市民ネットワークを構成し、条例制定という成果につなげたことからは、1970年代の日立闘争や民闘連での活動、そして川崎市ふれあい館の開館から得られた方法論的な「知恵」が窺える。それは、民族問題や民族差別問題が、在日側だけの問題ではなく、社会の不公正という日本社会全体の共通の問題であり、その問題の是正のためには地域住民（マジョリティ／マイノリティ、日本人／在日外国人、行政側／

192　萩原周子、2016、「川崎市におけるヘイトスピーチの抑制と多文化共生社会の構築の取り組み」自治労『自治体から発信する人権政策——ヘイトスピーチを含む全ての人権差別の撤廃に向けて』、23-43（自治労ホームページより、https://www.jichiro.gr.jp/jichiken_kako/sagyouiinnkai/36-jinkenseisaku/pdf/02_02_2.pdf）

教職員／実践家／一般の地域住民）がともに臨むべきという姿勢である。また、そこには、長い歴史をもつ川崎地域での様々な関係性が働いたと考えられる。

このような姿勢は、ヘイトスピーチ条例が全面施行された2020年7月1日、川崎市民ネットワークが開いた記者会見で関田寛雄代表の「在日問題と言われますけどね、それは逆であって、日本人の問題なんです。……差別に中立は存在しません。被差別者と連帯する以外に道はありません」という発言からも確認できる[193]。

なお、この記者会見を伝える主要新聞の記事では、関田代表のこの発言は報じられていない。

読売新聞では、「川崎を出発点に全国で差別をなくしていきたい」、「条例に、差別をなくすことは市の責務とあるのをみて、涙が出るほどうれしかった」という事務局長の三浦知人さんの発言や、運動に中心的にかかわった在日コリアン3世の崔江以子（チェカンイジャ）さんの「差別は犯罪と宣言されている。この条例は川崎の、日本の宝だと思う」という発言を伝えながら、「力を込めた」という言葉で結んでいた[194]。

また、朝日新聞では、関田代表の別の発言を選択している。「喜び、感謝し、祝福したい。グローバルな変革はローカル（地域）から始まる。この条例が全国各地に広がることを望むと話した」と伝えた。そして、「被害を訴えてきた在日コリアン3世の崔江以子さんは『助けて下さいといくら大きく叫んでも、法や行政施策が追いつかなかった。（条例の罰則

193　千葉雄登、「『差別に中立は存在しない』『これは日本人の問題です』川崎市で刑事罰を伴うヘイト禁止条例が施行」『BuzzFeed News』2020年7月1日公開（buzzfeed.com/jp/yutochiba/kawasaki-hate-2020-07-01）。

194　「［脱ヘイト社会へ］（上）一方的憎悪　個人にも（連載）＝神奈川」『読売新聞』2020年7月2日付朝刊 横浜面

は）誰かを罰するためではない。市が盾となって、被害から未然に市民を守るということが、今回の条例の大きな意義だ』と述べた」と伝えている[195]。

　読売、朝日ともに比較的に短い記事で、掲載面は「横浜」であり、全国版には掲載されていない。関田代表の「この条例が全国各地に広がることを望む」という言葉を選択したならば、全国版に掲載するという編集上の判断も期待できたのではないだろうか。また、関田代表が訴える「在日の問題ではなく、日本人の問題ですよ」と、当事者性の覚醒を促す思いは伝えられていない。

　インターネットメディアの「BuzzFeed Japan」の記事とは紙面・編集上の制約条件が違うという事情を勘案しても、関田代表が日本社会のマジョリティに訴える思いは、日本を代表する二つの新聞には届かなかったように思われる。ここにも、本書の基本的な問題意識である「差別問題を考える当事者性」をめぐる温度差、または「差異の承認をめぐる不連続性」が潜んでいるのではないだろうか。

195　「ヘイト根絶へ『全国に広がって』川崎市条例が全面施行・神奈川県」『朝日新聞』2020年7月2日付朝刊 横浜・1地方面

終章

民族教育と多文化共生教育は
「共生」できるのか

終章

民族教育と多文化共生教育は「共生」できるのか

1　三つの事例の比較検討

　本書では、公立学校や公的施設の中に取り組まれてきた在日韓国・朝鮮人の民族
教育の場に注目した。その場において、どのような日常的な実践や相互作用が行わ
れているのかを検討し、1990 年代前後から広がった多文化共生の潮流の中で、在
日韓国・朝鮮人の民族教育と、公立学校や地域行政が導く多文化共生教育との関係
に注目しながら、公教育における民族教育の可能性と課題を探ることを目的とした。
三つの地域での事例を、「民族型」（京都）、「折衷型」（大阪）、「（多文化）共生型」（川
崎）として位置づけ、それぞれの地域における民族教育の歴史と現状、そして民族
教育と多文化共生教育の二つの教育実践の間の相互作用について検討した。

　公教育における民族教育の場は、家庭や親族集団などの私的な領域、そして民族
学校（朝鮮学校や韓国系の学校）や民族団体などが行う民族教育の場のような、い
わばマイノリティ民族の領域と比べて、マジョリティとマイノリティの両方が共存
しており、両方からアイデンティティの承認が得られる（あるいは得られない）空
間である。わずかの時間に限って民族教育を受けるとしても、その場は児童のアイ

デンティティの形成において重要な意味をもつ。在日児童の多くが日本の公立学校に在籍しているという現実も、公教育における民族教育の問題に注目する重要な理由であった。また、本書では、公教育における民族教育の問題への検討に加えて、民族教育と多文化共生教育との相互作用にも注目した。

　図2では、「民族・歴史志向」と「多文化共生志向」のベクトルを基準として、各々の事例を「民族型」、「折衷型」、「共生型」として位置づけた。京都市立小学校の民族学級を中心とする京都の事例においては、歴史志向の強い民族教育が展開されてきており、「民族型」として捉えた。大阪では、市立小中学校において民族学級が展開されてきたが、歴史性が重視される民族教育が行われながらも、新たな多文化共生教育の取り組みと疎通しながら折衷・混交されている点で、その事例を「折衷型」と判断した。そして、川崎市ふれあい館での取り組みを中心とする川崎の事例は、民族教育の場で歴史性よりは地域共生という課題を、地域社会と協働で遂行していくという方向性をもって実践されていることから「共生型」実践として捉えた。

図2　公教育における三つの事例の位置図と方向性

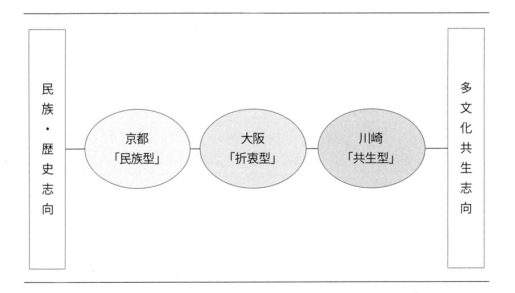

まず、京都地域の「民族型」実践における民族教育の状況について要約する。京都地域では、戦後の朝鮮人学校の閉鎖過程において、覚書に基づく形で、放課後の公立学校の中に民族教育の場として民族学級が取り組まれた。1950年代初頭、民族学級の授業方式をめぐる闘争を経て、正規の授業時間中に民族学級の児童が別の教室に移動して授業を受ける抽出方式となったことが大きな特徴である。しかし、こうした授業方式を原則とした民族学級は、学校側との十分な話し合いや協力関係を築くことができないまま、実態として課外化が進んでいった。ところが、1970年代末に「外国人教育の基本方針」（試案）の作成過程の中で、民族学級側が原則としてきた抽出方式が再実現されるようになり、民族学級の位置づけは大きく転換した。抽出方式の民族学級の授業を行うために、その授業の間、原学級では主要科目の復習といった自主的な学習時間となる仕組みであり、様々な反対、とりわけ児童の保護者からの反対があったにもかかわらず、この抽出方式による民族学級の授業は2008年まで維持された。

　こうした京都の実践は、民族学級の授業と学校の正規の授業編成が連動しているなど、ハード面、すなわち制度面においては学校の深いところまで入っているが、その授業を教員が参観したり、授業内容や教材について民族講師と学校の教員側が協議したりすることはそれほど多くはなく、ソフト面、すなわち民族学級における具体的な教育活動においては、学校行政や教員組織からは分離されているという側面もあった。学校現場における民族学級の場を支持してきた集団は、外国人教育問題に関心をもつ「外国人教育研究会」の一部の教員であり、多文化共生の潮流が広がる中においてその場への学校全体の関心はそれほど広がらなかった。そうした中で、民族学級のあり方に深くかかわっていたのは、民族団体である朝鮮総聯京都府本部であった。オフィシャルな形ではないにしても、実際に派遣講師を推薦したり、教材制作を支援したりするなど、一定の影響力をもっていたとみられる。しかし、その一方で、朝鮮総聯は、民族学校（朝鮮学校）を民族教育の目的地としていたため、少なくとも1960年代以降からは公立学校における民族学級の拡大には消極的であった。それでいて、民団など韓国系の組織ともほとんどかかわりをもって来なかった。

　京都の民族学級における民族や祖国は、いわばルーツとしての祖国であった。「異国の日本」と「祖国の朝鮮（チョソン）」というような表現が、2000年代の調査時

点においても保護者向けの手紙などで使われていた。しかし、カリキュラムの中では、本名使用や歴史学習が強調される場面はむしろ少なかった。民族講師の語りからも窺えるように、民族は「変わらない当たり前」のもので、いわば本質的であるため、目にみえることはかえってそれほど重要でないとの立場であった。日本との関係の中で民族の歴史や社会などに関する児童からの質問に対しては対抗的な側面が現われているなど、根本的なところでは、日本民族対朝鮮民族という歴史に基づく対立性が存在していた。公立学校における民族学級は民族学校（朝鮮学校）との関係の中でもよく語られており、両方の子どもたちは民族コミュニティの「ウリアイドゥル」（＝我々の子どもたち）として語られていた。こうした特徴から、京都の民族学級では、いわば「民族性の主張」が可視化されていたともいえるが、調査の中では、抽出方式での授業に参加する児童たちに「民族」の区分による位置性が優先的・固定的に付与され、ポジショナリティとアイデンティティとの間での葛藤を経験させることも観察された。

　2008 年には、40 年間続いてきた 3 校の抽出方式での民族学級の授業が、課外方式へ変更された。課外化に伴い、名称も「コリアみんぞく教室」に変更され、もう一方では「京都市土曜コリア教室」が開設され、民族講師が参加児童（在日韓国・朝鮮人と日本人児童の両方）を対象に韓国・朝鮮を紹介する授業を行うようになった。従来から行政などから課外方式への変更の打診があったが、この変更までの過程では、民族学級側と行政側との間で立場の相違がみられた。こうした変更は、日本社会における民族をめぐる環境変化や多文化共生の潮流の拡散の中での動きであるが、民族教育の実践家と、行政や学校などとの十分な話し合いの結果とはいいにくい側面もあった。授業方式の変更をめぐっては学校側の要望を行政側が受け入れる形で進んだとされているが、民族講師側は「突如の」方針策定に戸惑いつつも、「民族学級を継続させたい」という希望を最優先したという立場であった。

　しかし、その一方で、新しい取り組みが続くにつれて、多文化共生教育の場に民族講師たちが参画・参加するようになり、両者の接点が広がっていることも聞き取り調査では窺えた。こうした点からは、「公教育における民族教育」を共通分母にして長年にわたって交渉や葛藤を続けてきた地域行政と民族講師側が、最近の変化をめぐっても、違和感を抱きながらも、新しい多文化共生教育の場で民族講師たちが教育主体となることで、民族教育と多文化共生教育との間で接点を、少しずつで

はあるが、広げていることが確認できた。

　ただ、グローバル化の進行とともに地域の中で増え続けていくニューカマーの問題を中心とした多文化共生教育との関係、そしてその関係の中で歴史性の問題をどのように取り込んでいき、公教育の中で民族教育の場の有効性を生かしていくか、という課題は残されている。

　続いて、大阪地域の「折衷型」実践における民族教育の状況について要約する。大阪においても、京都と同様に、戦後の朝鮮人学校の閉鎖や児童たちの公立学校への集団転校という流れの中で、覚書に基づく形で公立学校の中に民族学級が取り組まれるようになった。大阪では、朝鮮人学校の閉鎖過程で起きた阪神教育闘争の際に、大阪府庁前で死者や多くの負傷者が発生するなど、戦後の民族教育の弾圧・抵抗の歴史が地域の民族教育の場に引き継がれていた。1950年から放課後の授業として取り組まれた民族学級は、1960年代末までは衰退し続けたが、1970年代に入り、民族学級をめぐって大きな変化が現われた。1972年、同和地区に位置し、在日児童が20%程度を占めていた長橋小学校で、同和教育が民族差別を看過していることに対する在日児童の異議申し立てに触発されて、教員や保護者、児童の要請による「学校側の自主的な取り組み」としての民族学級（「1972年型」民族学級）が誕生した。この時期に大阪では民族学級の位置づけの転換がもたらされることになるが、ここで注目すべきは、民族教育の実践家や、地域や学校の在日たちに加えて、学校の教員たちが民族学級の設置運動の中心的な主体となったことである。また、「1972年型」民族学級の誕生過程は、一方では、部落解放運動から民族教育運動が分離され、独立した領域となる過程であったが、他方では、同和教育とかかわる教員運動組織や部落解放運動組織の協力を得るという形で、両者が連帯するという側面もあった。

　「1972年型」民族学級の誕生の背景には、朝鮮半島の南北対立や葛藤を克服し、統一を目指していく時代的な状況があった。当時の「統一志向」「政治中立」という精神は、大阪地域の民族学級の性格や方向性を規定する重要な原則となっていた。「統一された祖国（朝鮮半島）」を想定し、民族限定の原則の下で、本名・民族名の使用や歴史の学習を通じて、固い民族性の涵養が目指されていた。それと同時に、こうした原則を維持しながらも、民族学級が学校の中で孤立しないように、ほかの児童との関係や共同性の創出を意識した様々な取り組みが学校側との協働実践の中

で工夫されていた事例も観察された。この背景として、大阪地域における民族学級をめぐる運動においては、在日側だけでなく、公立学校における在日児童の「民族教育権」の保障という目標を共有していた教員たちが中心的な役割を果たしてきたことも重要であった。また、民族講師側が政治中立の立場、すなわち、一方の民族団体に偏らない姿勢をアピールした点も、その場を広げるのに有効であった。

　そして、1990年代前後から教員たちと民族教育の実践家たちは、それまでの民族教育の実践に「全児童に向けての反差別教育」と「韓国・朝鮮をテーマとした国際理解教育」を並行的に展開するようになった。こうした発想から出発した国際理解教育においては、植民地や渡日史などの在日の歴史が多く含まれており、国際理解教育の授業の中では「ただの外国紹介」や「民族や文化の消費・陳列」という国際理解教育・多文化共生教育への批判を意識し、その克服を試みる実践が行われていた。葛藤や違和感が訴えられてきた二つの教育の交差の現場で、民族教育は固有の色を保ちながらも、多文化共生教育とも対話し、交差しながら、展開されているところが確認できた。対抗的にもみえる歴史性が強調されていながらも、民族学級の実践が多文化共生教育・国際理解教育の場で多く活用され、民族講師たちの参画・参加の機会が増えるなど、二つの教育が連携し、接合されていく場面も多くみられた。こうした点から、大阪地域の民族教育の実践現場においては、二つの教育がせめぎ合いながらも、「折衷」され、「混交」されていく形で展開されていたといえよう。

　ただ、民族学級の本名・民族名使用の原則などの実践方法をめぐっては、多くの議論や当事者側からの反発もあり、今後、在日の世代交代が進み、「ダブル」が増えていく中で、本名使用や歴史性の問題を公教育の中でどのように取り込んで、より多くの当事者たちからの共感を得ながら、継承していくかが、課題となっている。

　次に、川崎地域の「共生型」実践における民族教育の状況について要約する。川崎においても、京都や大阪のように、戦後、朝鮮人学校が閉鎖された後、公立学校の中に放課後の民族教育の場が登場したが、それは、京都や大阪でのような朝鮮人側と行政側との間の覚書などに基づく形ではなく、1950年代半ば前後にはすでになくなっていた。その後、公立学校の中に民族教育の場が取り組まれることはなかったが、再び民族教育への気運が芽生えたのは1970年代前後であった。この時期に、川崎教会とかかわる在日韓国人中心の社会福祉法人青丘社は、桜本保育園における民族保育や桜本地域での民族教育活動を、日本人を含む地域の子どもたちの

ための様々な実践とともに展開した。これらの活動は、1980年代前半に民族差別への異議申し立てや地域活動のための会館の建設などを行政側に訴える運動につながり、それに共感した日本人の市民たちとの共同の闘争や行政側との交渉を経て、1988年に、青丘社の民族教育や地域教育活動が引き継がれる形で川崎市ふれあい館が開館した。その背景には、1970年代における日立闘争や民闘連運動など、在日に対する社会的差別や制度上の差別問題の改善を求めて、在日と日本人が共同で展開した反差別運動や、在日に対する日本社会からの眼差しの変化、そして社会的弱者の福祉問題に積極的に取り組んだ革新自治体としての川崎市の方針などがあった。ふれあい館の開館により、青丘社が展開してきた民族教育の活動（「ケナリクラブ」）は川崎市の施設であるふれあい館の中で実践されることになり、その場は「公的な教育領域で行われる民族教育の場」として位置づけられるものであった。

　ふれあい館における民族教育の場では、民族限定の原則が立てられているものの、実際には、地域の日本人児童やほかの民族的ルーツをもつ児童も参加しており、本名使用の原則や歴史学習などは強調されない現状があった。また、「ケナリクラブ」の実践においては、困難を抱えている地域の子どもや障害をもっている児童などを含めて、新たな共同性を模索しているところが窺えた。しかし、一方では、民族へのこだわりが実践現場の様々な場面で観察された。たとえば、民族教育現場の職員や指導員たちに対する本名・民族名の名乗り・呼び合いの原則や、児童たちに対する名前の韓国・朝鮮の呼び方の使用などがそれである。そして在日の歴史や差別などの状況についての学習を地域住民や学校の教員に向けて実施していた。

　また、地域の学校との連携が広がっており、地域や学校におけるより多様な「内なる他者」に気付かせ、新たな共同性を模索しようとする努力が窺われると同時に、民族教育の歴史的な意義を意識し、在日の歴史性が埋没されることに対する注意深い取り組みも行われていた。さらに、1990年代後半以降、公立小学校の国際理解教育の授業へのかかわりが増えており、そこでは「隣にいる」、すなわち「生活者」の視点からの多民族・多文化との共生という視点を取り入れようと試みているなど、多文化共生教育への従来の批判に対しても、日常的な実践のレベルでは意識的な克服の試みが展開されていた。川崎地域における民族教育は、地域のマイノリティたちを含む方向性をもって、多文化共生教育と一体・合致して、展開されたといえよう。

　川崎の「共生型」実践においては、グローバル化の進行とともに増えていくニュー

カマーの問題を積極的に取り入れながらも、従来の在日の歴史性をどのように捉え、表現していくかという課題、言い換えると、オールドカマーとニューカマーの問題をどのように各々の固有性と連続性を意識しながら、生かしていくかが今後の課題である。

　以上でみてきたように、三つの事例においては、民族教育と多文化共生教育との接点が広がっているところも共通して観察されたが、その接点の拡大の過程においては地域による相違がみられており、そこには各地域の歴史的・地域的な特徴に加え、長い間、築かれてきた様々な関係性が影響していた。三つの事例の教育実践にかかわってきたアクターとの関係性も、それぞれの事例における民族教育の位置や多文化共生教育との相互作用のあり方を理解するのに役立つと考えられる。京都の実践においては朝鮮総聯京都府本部が運動過程に中心的にかかわっており、公立学校の教員組織が部分的にかかわった歴史があるが、そのほかの民族団体、たとえば、在日本大韓民国民団や社会運動の組織、部落解放運動組織などとの関連は強くなかった。大阪の実践においては、公立学校の教員組織と地域の在日運動組織、保護者会などが中心的なアクターとなって、民族差別問題を「学校の中の不公正の問題」として捉え、民族教育の場の拡大を主張し、同様の問題意識をもつ部落解放運動の主体とも連携が行われていた。川崎の実践においては、在日大韓基督教会川崎教会が設置母体である社会福祉法人青丘社が中心的な主体でありながら、一方では、民闘連や「すすめる会」などの在日と日本人がともに参加する市民団体の活動の影響を大きく受けており、最近では地域のニューカマー外国人とも連携するなど、より多様なアクターがかかわっていることが確認できた。

2　公教育における民族教育の可能性と課題

　三つの事例を振り返りながら、本書における当初の問題意識に照らして、総合的な検討を試みたい。まず、在日韓国・朝鮮人のアイデンティティ、そして社会における「民族」の承認という視点から検討を行う。

　植民地化や戦後の民族差別の歴史に根差している在日の民族教育は、社会の公的教育領域において、対抗的ともいえる在日の歴史問題をカリキュラムの中にどのよ

うに取り入れ、継承していくかの問題をめぐって悩んできた。民族教育の実践家側からの歴史への主張は、主に民族限定の場で、植民地や戦後の民族教育闘争の歴史、そして在日に対する制度的な差別をめぐる問題について学習することを通じて、主に実現されてきた。こうした民族教育を通じて、在日韓国・朝鮮人の問題が、私的な領域に閉じ込められないこと、つまり、公立学校や公的施設という公教育領域において「言説の対象」となることが目指されてきた。また、歴史やポストコロニアルな状況への学習以外にも、民族教育の実践家たちは、学校や地域などの生活空間において、児童たちに本名または韓国・朝鮮名を使用させることで、アイデンティティに気付かせることを試みてきた。日本人が圧倒的な多数である公教育領域において、民族教育の場が取り組まれていることは、在日児童にとっては自分のアイデンティティを明らかにし、承認を要求できるだけでなく、自分たちの声を発信できる「オルターナティブな公共空間（alternative publics）」または「言説の資源が確保された空間」を獲得できることでもあり、それが、民族教育の実践家たちが公教育における民族教育の場の維持を願望してきた重要な理由でもあった。

　しかし、公教育領域における民族教育の実施をめぐっては、日本人の保護者側からも、在日の保護者側からも反対の声があった。「日本の公教育の中で、なぜ、特殊な民族の教育問題を主張し、その教育を求めているのか」という異議申し立てであった。そして、在日側の保護者たちも「その場に通うことで差別されるのではないか」という懸念を抱いていた。対抗的な側面を含んでいる民族教育の歴史志向のカリキュラムをめぐっては、民族教育を受けた児童たちが、かえって、自分の「民族」に対して負のイメージをもつようになるのではないか、生活の場である日本に対して敵対感を抱くようになるのではないかなどの懸念もあった。また、児童たちに本名または韓国・朝鮮名を使用させる実践方法をめぐっても、民族学級の保護者たちから不満の声があった。実際、ルーツをもつ児童の半数程度が民族学級に参加していない大阪の事例における現実は、社会に差別的な構造がある中においては、民族学級に参加することで、子どもたちの民族的ルーツを明らかにさせたくない保護者たちの気持ちが反映されている結果でもあったといえるが、また、民族学級のカリキュラムや進め方に対する不満を抱き、途中で参加を拒否する場合もあった。結果的には、公教育における民族限定の民族教育の場に参加する在日やルーツをもつ児童たちに、実際の日常生活の中で、民族を一種の負担として感じさせたり、民族教

育の空間の外側では差別があるかもしれないとの懸念を抱かせたりするなど、依然として民族的アイデンティティの承認をめぐる不安定な環境に直面させる側面があった。

　しかし、こうした中でも、公立学校の中に民族教育の場を取り組むことを支持してきた民族教育の実践家たちと一部の日本人の教員たちは、民族教育の問題は、多文化共生教育の一環である以前に、ポストコロニアルな状況として捉えるべきであると主張してきた。対抗的な側面が強いともいえる戦後の在日の歴史は、変わらない歴史的な事実であり、在日や民族教育の問題は多文化・多民族の共生教育を考える際に、避けては通れない問題として捉えてきた。そのため、その内容を、民族教育だけではなく、全児童を対象とする多文化共生教育・国際理解教育においても取り入れる必要があることを主張してきたのである。

　こうした民族教育における歴史志向の対抗性の問題と、在日のアイデンティティ、そして日本社会との関係を考える際に、竹田（1996）の以下の主張は重要な示唆点を与えてくれる。

> 　在日においては、民族主義はもはや反侵略の対抗根拠ではなく、差別への対抗根拠となっている。在日の新しい世代が日本社会に対して持つ対抗性は、差別（日本社会からの市民的な差別、排除）によるものであって、国家間の侵略や支配によるものではない。したがって、在日の民族主義は、市民的差別、排除に由来する挫折感の打ち消しと乗り越えの拠り所として根拠をもっている。つまり、民族主義が支える幻想的な共同性（政治経済社会的な共同性でないから）は、差別されるものの結束と連帯の拠り所として存在理由をもつのである。このことは、逆に、日本社会が在日を市民社会として受け入れるその度合いに応じて、反差別的対抗としての民族主義の根拠は相対化される、ということを意味する（竹田 1996: 105）。

　このロジックを公教育における民族教育が抱えている対抗性に当てはめてみるとどうなるか。在日に対して日本人と同等の市民的な権利が付与され、在日の児童にも、日本人児童と同様に、未来の夢の範囲が共有できるようになるのであれば、という推論である。それは、ヴィヴィオルカのいう「文化的差異」と「社会的差異」（社

会的不公正）の同時的な解決を求める「統合的な多文化主義」の実現につながるかどうか、という問題でもあろう。社会的・文化的差異が同時に改善され、在日にも市民的権利が与えられるようになると、その以前までには対抗的と思われていた側面も、在日にとっても日本人にとっても、もはや対抗的とは思われない状況になることが予想できるかもしれない。このようにマジョリティ側からの排除や差別が解体されていくことにより、公教育における民族教育の対抗性も緩和されることも期待できるが、具体的な問題として、それが民族教育や多文化共生教育のカリキュラムの中で、在日の歴史性が消えていくことを意味するかどうかという問題は引き続き論点として残るのであろう。

　次に、1990年代以降、多文化共生の潮流が広がる中で民族教育と多文化共生教育・国際理解教育の関係について考える。

　公教育における民族教育は、グローバル化が進行していく現代日本社会の文脈で考えるとき、様々な課題を露呈してきた。戦後、公教育の中に民族教育の場が取り組まれた当時、公立学校に通う外国人のほとんどは旧植民地出身者の朝鮮人であった。1970年代前後、社会の不公正に対する関心が拡大していく中で、在日への眼差しも変化し、公立学校における民族教育の場の拡大やその位置づけの転換が現れたが、この時期においても在日外国人の85％以上、そして事例地域においては90％前後が韓国・朝鮮籍者であった。しかし、1990年代前後から、日本社会で暮らす外国人の構成は大きく変わった。多様なニューカマー外国人の増加に伴い、在日韓国・朝鮮人が占める割合は大きく減少し、2007年を境に中国籍者に続く第二グループとなった。また、在日韓国・朝鮮人の帰化や日本人との結婚率の増加現象もその背景にはあった。

　こうした変化の中でも、京都と大阪、川崎のように、比較的に韓国・朝鮮籍者の割合が高い地域の公教育における民族教育の場では、ごく少数に過ぎなかったニューカマー外国人の問題が課題とされることは少なかった。その背景には、民族教育の場がもつ「民族限定」の原則があり、こうした民族教育の場は「朝鮮民族」対「日本民族」、「マイノリティ」対「マジョリティ」という二項対立的な認識があった。しかし、学区や地域の中にニューカマー外国人が増え続ける中で、公教育領域における民族教育は、ニューカマー外国人の教育問題とどのような関係を築きながら、変化しつつある場で新しい位置を模索していくかという課題に直面するようになっ

たのである。

　それでは、二つの教育が「共生」していくためには、民族教育や多文化共生教育の中で、在日韓国・朝鮮人と日本人という歴史をめぐる「対抗的な」側面と、新しく登場したニューカマー外国人の問題をどのように捉えるべきだろうか。こうした問題は、今後、さらに多様化していく現代日本社会の公教育の場で、どのようにして多様な構成員たちの間で新たな共同性を模索していくか、という問題に対する一つの有効な方向性を提示してくれると考えられる。

　本書では、次の問題意識について答えを探った。在日韓国・朝鮮人の民族教育における「民族」や「歴史」の強調が、はたして多文化共生教育との接点を広げるのに負の影響を与えているのかどうか、そして、多文化共生教育の場において、「民族」問題は彼らのみの特殊な問題となり、その歴史性が漂白されてしまうのかどうかであった。

　本書における検討では、民族教育における「民族」や「歴史」の強調傾向が、多文化共生教育との接合の拡大を妨げているとはいえない状況がみられた。たとえば、大阪においては両方が正の比例的な関係、つまり、民族・歴史が民族教育の中で強調されながらも、多文化共生教育・国際理解教育との接点を広げていることが多くみられた。また、多文化共生教育とは分離された形で、民族教育が展開されてきた京都においても、2000年代末に、「京都市土曜コリア教室」が開設され、そこで民族講師たちが韓国・朝鮮の文化や言語を紹介するようになるなど、その接点が広がることに対する期待もあることが観察された。民族と歴史が民族教育の場では強調されていないが、地域住民や教員に向けての取り組みでは強調されている川崎の事例でも、公立学校の全児童に向けて行われている多文化共生教育の場に、ふれあい館・青丘社の職員と韓国・朝鮮人の母親たちの参加が多くみられ、調査時点では年間川崎市立小学校の約40%に当たる50校前後の小学校を訪問していた。ふれあい館が担当する授業では、韓国・朝鮮が中心テーマになる場合が多いが、フィリピンやブラジル、中国などをテーマとする場合も、2000年代半ばから少しずつ増えていることが確認できた。

　次は、多文化共生教育における民族や歴史の視点についての検討である。民族教育にかかわってきた人々は、公教育空間で行われる多文化共生教育・国際理解教育がただの「お国紹介」や博物館主義的な文化の陳列・鑑賞・消費であり、結局のと

ころ、民族や文化の序列化に止まること、その上、在日の歴史性の問題が蒸発して
しまうことなど、様々な批判的な意見を踏まえながら、その中に民族や歴史の問題
を取り込んでいることが確認できた。民族教育の実践家が参加している多文化共生
教育の現場では、こうした批判に対しても十分意識的な実践が行われており、「民族」
が様々な場面で観察された。

　大阪においては、民族教育の実践家たちと、在日の問題に深い理解をもっている
教員たちが、国際理解教育に対する批判的な議論を意識し、民族学級と国際理解教
育を連携したカリキュラムを設け、それに沿った教育を行っていた。そこでは「文
化の承認」と「反差別」の問題の統合が目指されており、それは民族教育と多文
化共生教育を連携させることにつながっていた。たとえば、教科の授業や「総合的な
学習の時間」を利用した国際理解教育の授業の中に在日の歴史問題を取り入れて、
民族問題と多文化共生問題を連動・折衷させる形での授業が行われていた。多文
化共生教育の中に「民族」問題が取り込まれた大阪のＣ小学校とＤ小学校の例は、
対抗的にみえる歴史志向の民族教育と、在日の歴史を取り入れた多文化共生教育の
並置を試みた事例である。また、「民族」問題が取り込まれた多文化共生教育の展
開が、民族学級への参加児童を疎外させないように、実践の中で日本人児童と民族
学級児童の両方を含めた学校全体の共同性を模索しようとする作業が行われる例
（大阪のＡ小学校とＢ中学校）は、こうした内容をカリキュラムの中に取り込むこ
とにより起こるかもしれない、日常生活のレベルでの葛藤の余地を緩和させようと
する試みでもあろう。要するに、「歴史性を踏まえた上での違いの尊重」という理念
を民族教育と多文化共生教育の両方の中で共有させようとする方向性をもつ大阪の
事例からは、とりわけ、公教育におけるパートタイム的民族教育の場での民族教育
問題を多文化共生教育との関係の中で考える際に、新しい可能性を示唆していると
考えられる。

　また、川崎の例からも、国際理解教育の中で「海の向こうの韓国・朝鮮」ではなく、「海
の向こうの韓国・朝鮮とつながっている、でも日本に暮らしている、隣にいる韓国・
朝鮮」を強調することで、在日する韓国・朝鮮人の歴史性、そして「生活者」とい
う視点を取り入れようと試みている場面がみられた。歴史性だけではなく、より現
実的な問題（地域の問題など）を反映し、従来の多文化共生教育への批判を乗り越
えようとする試みとして評価できる実践が確認された。こうした実践は、実践家た

ちのミクロな個々人の行為や意志の枠内に閉鎖されるのではなく、その場にかかわる行政や学校、地域住民、子どもたちとの相互作用や各領域間の補完的な関係の中で、日常的な活動や対話・拒絶・交渉を重ねていきながら、教育という「社会システムの変革と更新を可能にするダイナミックな力」（田辺・松田編 2002: 363）としての可能性を開いているのではないか、と考えられる。

　さて、日本社会と在日社会（二つの社会の境界も「ダブル」の増加などにより、ますます複合化・流動化していく状況であるが）の関係、とりわけ、二者対抗的な構造に焦点を当てた視点では、1990 年代以降、浮上し始めたニューカマー外国人の問題を含む、多様な集団間の共同性の創出の問題には十分な注意が払われにくい。この限界を乗り越えるには、グローバル化が進行し、トランスナショナルな移動が激増している現代世界の各地で生起している、あるいは早い段階からトランスナショナルな移動を経験してきた社会ですでに起きた（あるいは起きている）「共同性の変異」の現象、言い換えると、アイデンティティの流動性の問題が、一つの有効な方向性を提示してくれる。

　その一つの例として、松田（2003）は、有色人種に対して抑圧的なイギリス社会において、アフリカ系の移民だけでなく、カリブ海や南アジアからの移民たちも、黒人としての自己形成（防衛的な自己アイデンティティの形成）をしていく例から、より柔軟な集団横断的な連帯の可能性や新たな共同体の再構築の可能性を示唆した。具体的にみると、カリブ諸国や南アジア地域、アフリカ諸国からの多くの移民者の流入後、1970 年代にイギリス社会で人種的緊張が高まると、イギリスに来るまでは、ブラックとしての自己アイデンティティをもっていなかったインド亜大陸からの移民たちも、黒人としての自己形成をし始め、旧植民地であったアフリカ諸国からの移民と同一のブラック・カテゴリーの中に、自分を参入させたのである。つまり、歴史的な背景を異にする非アフリカ系の有色人種の人たちが、「新黒人性」に基づく「黒人」としての防衛的なアイデンティティと共同性に依拠し、マジョリティ社会からの排除や差別に対抗を試みた例である（松田 2003: 395-9）。

　また、松田（2009）が「変異する共同体」の例として提示した、アフリカのナイロビ人口の圧倒的な多数派であるマラゴリ人出稼ぎ民の共同体が時代によって変異してきた例も有効であろう。たとえば、彼らの生活の基盤となる共同体は、1960 年代には民族・クラン・血縁などに基づいていたが、その後、変異を重ねて、1990

年代には生活上の必要や便宜に基づく共同体となっていた。こうした事例から、「彼らにとって、ある共同体は、自然な存在でも固定的な意味をもったものでもな」く、「彼らが依拠すべき民族、クラン、村落、郷里といった共同体は、生活の必要によって、まさに相互に転換可能なものだった」ことを明らかにした（松田 2009: 74-7）。

　以上の二つの事例からは、マイノリティとしての在日の歴史性の捉え方や共同性のあり方も、グローバル化という時代の変化の中で相対化していき、変異していく可能性があることが窺える。そこでは、歴史性（ポストコロニアル性）のもつ意味が変化しており、歴史性はけっして固定的な枠組みではなくなっていくことになる。そうなると、「歴史志向」の民族教育と「違いの尊重・多様性の共生志向」の多文化共生教育とは、葛藤的ではなく、場合によっては、相互転換的な概念にもなりうるだろう。実際、川崎市ふれあい館における取り組みでは、在日側が、彼らの共同性の基盤である「民族」問題を、「地域の中で様々な困難を抱えている人々」（たとえば、ニューカマーの子どもたちや、障害者、高齢者、子育てをしている外国人のママなど）というカテゴリーの中に、自ら位置づけ、集団横断的に新たな共同性を模索しようと試みているのがそれに近い例であろう。ただ、ここでは、そのカテゴリーに入れられた人々が運動の主体としての自覚をもって参画しているかは、検証されていない。今後、共同体やアイデンティティの流動性の視点との関連の中で、綿密な検討が必要であり、その場において、在日の歴史性の捉え方や方向性、共同体のあり方がどのように変化していくかが注目に値する。

　最後に、公教育における民族教育の問題と多文化共生教育との関係を制度的な面から考えてみよう。以上でみてきたように、理念的な面では多くの可能性を示唆してくれた大阪における民族学級は、制度的な面では様々な困難を抱えてきた。たとえば、1970 年代初頭に、大阪の長橋小学校において、学校側の自主的な実践として民族学級が新設されたが、その費用に対して行政側は消極的な態度をみせていた。結局、長橋小学校では、民族学級への参加児童の保護者や教員たちのカンパに依存して民族学級にかかる費用を部分的に補ったが、その後、ほかの学校の中にも民族学級が設置されるようになり、その数が増えるにつれて、民族講師の報酬が支払われていない問題が、民族学級の維持・拡大運動の中で大きな争点となった。民族講師の処遇の問題に多くの人たちが関心をもち、運動にもつながったのは、大阪の民族学級が脱政治・統一の原則を立てて、多様な人々を実践に参加させ、「公教育に

おける民族教育」問題を共通の関心事とする人々の輪を広げてきた成果でもあった。その時点まで、民族講師たちは、まずは、公教育領域における民族教育の場を維持・拡大していくことを最優先の課題としていたため、自分たちの身分や報酬、待遇を要求することを避けており、ほぼ無報酬のまま、その場を続々と拡大させていったのである。実際、公立学校におけるマイノリティ児童（民族学級の児童）のための民族教育は、もう一方のマイノリティ（民族講師）の犠牲の上に成り立っていた側面が強いともいえよう（金兌恩 2006）。しかし、保護者や教員たちのわずかのカンパに依存した民族講師たちの労働や人権費の問題は、民族学級の設置校数が拡大していくにつれて、民族教育に対する民族講師個人の意欲や熱望に頼るには大きな限界を露呈していた。こうした点は、その場にかかわってきた教員や保護者、そして民族学級を支持する運動団体側から、行政側に向けての問題提起や抗議活動につながった。

　その成果は、1990 年代に入り、1980 年代からの民族講師の人件費支給を行政側に求め続けてきた民族学級の制度化運動に、ニューカマーの増加などによる多文化共生への潮流の拡散、そして日韓両政府の間で、公立学校の放課後に行われる民族教育が支障なく行われるようにするとの内容が含まれた覚書が交わされたことなどが加えられ、民族講師への人権費が部分的ではあるが、行政側から支払われるようになった。民族学級の設置を希望する学校や在日の保護者、その場の拡大を希望する民族教育実践家、そして公立学校における在日児童の民族教育権利の確保を求めてきた日本人の教員たちに責任が任せられてきた民族学級の取り組みが、地域行政の事業として少しずつ位置づけられるようになったのである。

　それでは、公的な教育領域における民族教育、そして民族教育と多文化共生教育との接合をめぐって、制度面ではどのような道が模索されるべきであろうか。調査結果からみると、行政側と民族教育の実践家側、そしてそれを支持してきた市民たちの協働実践としての性格をもって運営されている「共生型」実践である川崎市ふれあい館の事例から、いくつかの新しい可能性を模索することができると考えられる。

　まず、民族学級で教育を行う人たちの身分を中心に考えてみよう。京都の民族学級の場合は、戦後の覚書に基づき、民族講師が京都市から講師という形で任用されて以来、途中で一時的な変化はあったものの、今日においても非常勤講師として任

用されている。しかし、先述したように、京都においては、1960年代半ばから3校において民族学級の取り組みが抽出方式で2008年まで継続されてきたが、そのわりには、実際の民族学級の実践の面で、民族学級側と学校や行政側が十分に疎通しているとはいいにくいところがみられた。京都の民族学級の取り組みは、行政側や学校、民族教育の実践家側との能動的・主体的な協働関係に基づいているとはいいにくいところが少なくない実態である。

　大阪の民族学級の場合は、戦後の「覚書型」民族学級が、制度面では京都の場合とほぼ類似しているが、「1972年型」民族学級の登場・拡散後、民族学級の位置づけの変化や民族学級の運動の拡大を経験しながら、民族講師の身分は大阪府側から任用される常勤講師（「覚書型」民族学級の7人）と大阪市側から任用される非常勤の嘱託職員（「1972年型」民族学級の17人）となった。大阪市では、一部の教員運動組織の積極的な支持を受け、民族教育実践家側と教員側の協働的な実践、それに保護者や学校外部の民族学級の支持団体をも積極的に参加させながら、民族学級の取り組みを広げてきており、行政側への要請や交渉などを通じて、民族講師の身分向上を実現させてきた。

　しかし、京都と大阪の二つの事例においては、実践家たちは、大阪のごく一部の常勤講師を除くと、非常勤という身分であり、それは民族講師の仕事が「フルタイムジョブ」ではない補助的な位置であることを表している。こうした点は、民族講師の多くが女性であることからも説明されており、民族講師職が家計の主収入源になるには限界があることを表している。また、教員の資格をもつことが要請されている民族学級の常勤講師の場合も、非常勤講師と比べるとより安定した身分と収入源をもっているといえるが、それにしても、正職員の教員と比べると、下位の補助的な立場である点では非常勤講師の場合と同様である。こうした民族講師の学校の中での立場は、民族教育、そして民族学級の存在を含む学校全体の教育における「広義のカリキュラム」の一つの構成要素でもあり、学校の中での民族学級の位置性、そしてその場に参加する児童たちの位置性ともかかわるものである。

　次に、民族学級の講師側と行政側との関係から考えてみよう。先述したように、民族学級は、1950年代初頭、行政側と民族教育実践家側との間での協働的な関係ではなく、対抗的な関係の中で公立学校の中に取り組まれており、こうした時代的な背景からみても、行政側と民族教育の実践家側との関係は対立的な側面をもって

いた。その関係は、1970年代以降、日立闘争での勝訴、その後の児童手当や市営住宅への入居、国民年金などでの国籍条項撤廃などからも窺える日本社会における在日の立場の変化、そして1990年代、多文化共生に対する行政側の関心の高まりや民族学級の位置づけの変化などを経験しながら、大きく変化した部分が多い。しかし、京都や大阪における検討事例からも窺えるように、いまだに公立学校における民族教育の取り組みや、両側の関係が安定的・持続的とはいいにくいところが少なくない現実である。

　一方、川崎市ふれあい館の事例は、制度面では二つの事例とは大きく異なっている。まず、ふれあい館の開館の準備作業が始まった時期が、民族学級が始まった時期とは20年以上遅れていること、さらにその時期が、在日に対する日本社会の認識の変化が現れた1970年代であることが、ほかの事例との差異に大きく影響していることを指摘しておきたい。ふれあい館の開館やその事業の中身は、地域行政と青丘社、その活動を支持した市民たち、そして地域住民が、1970年代から1980年代にかけて、長年にわたる話し合いや葛藤、交渉を重ねてきた結果、形作られ、生成された取り組みである。つまり、ふれあい館の建設への要望からふれあい館の事業内容の設定に至るまでの一連の過程に、行政側と在日を中心とした青丘社、そして地域住民がともに参画してきたわけである。ある意味では、青丘社がふれあい館の開館以前から遂行してきた民族教育活動や地域活動が、川崎市ふれあい館の事業の一部として引き継がれた側面もあり、こうした背景から、ふれあい館の開館当時から、青丘社がその事業運営の委託を受け、中心的な役割を果たすことになったのである。その後、在日と日本人の職員で構成されていた青丘社側は、ニューカマー外国人の増加という地域住民の構成の変化を受けて、ニューカマー外国人を職員として採用し、地域住民、とりわけ、マイノリティの地域住民を代表するという代表性を確保できるようになった。川崎市ふれあい館における青丘社の事例では、「民族」と「多文化・多民族」が、制度的な面で葛藤せずに、「一体」した形で「地域共生」、「多文化共生」を目指していくところが多くみえており、今後、公教育領域における民族教育・多文化共生教育の場に大きな可能性を示唆していると思われる。

　さらに、ふれあい館の館長職は開館当時から課長級であり、ふれあい館の事業運営が委託されている青丘社の常勤職の職員に対しても安定的な人件費が確保されているところも重要である。青丘社の職員の身分は、ふれあい館で行われる民族教育

の場や、青丘社の職員が指導する多文化共生教育の場の位置性とも連動するものであり、こうした点は、大阪や京都の場合とは大きく異なっているところである。民族教育の実践家が女性中心である大阪と京都の場合とは異なって、川崎市ふれあい館で働く青丘社の職員の半数程度が男性であることからも、男性の収入が家庭の主収入源になる場合が多い日本の現実から考えると、その身分の安定性を窺うことができる。こうした青丘社職員の身分は、より安定した立場で公立学校との連携や協働をもより主体的・積極的に試みながら実践を広げていくことをも可能にしてくれる一つの要因でもあり、ふれあい館の事例からは、とりわけ、制度的な面で、今後、公教育における民族教育の新しい可能性が多く示唆されていると考えられる。

3　本書の限界と課題

　本書は、以下のような限界と課題を抱えていることを述べておきたい。まず、本書での三つの事例地域は民族教育のあり方や多文化共生教育との相互作用の状況を検討するに当たって、ごく一部の事例であり、参与観察の機会を得た教育現場は、比較的に民族教育の実践家側から肯定的な評価を得ている事例に傾いている限界をもつ。序章でも記述したように、民族教育の場の生成や展開過程、そして今日における実践のあり方は一枚岩ではなく、地域によって、また運動の主体やマジョリティ側をはじめ、その場にかかわる人たちとの様々な関係などにより、大きな相違がみられている。本書においては、戦後の覚書に基づいて生成された民族学級が今日においても公立学校の中で継承されている京都と大阪地域の事例と、戦後の民族学級が継承されてはいないが、1970年代前後、地域活動として展開されていた民族教育活動が1980年代末に地域行政の施設の中で引き継がれるようになった川崎市ふれあい館の事例を、調査事例として取り上げている。しかし、これらの事例は、ある意味では、民族教育側から成功的な事例として評価されている事例のみである。こうした限界を克服するためには、二つの教育がうまく接合されなかった事例に対する研究を並行していく必要があろう。より多様な事例への調査・研究を通じて、二つの教育の相互作用に働くメカニズムをより綿密に解明していくことが必要である。

　また、本書においては、週数時間に過ぎない「パートタイム・アイデンティティ」

の形成環境である公教育における民族教育の場の性格や重要性、影響力に着目し、公教育における民族教育の場への検討を行ったが、当事者である参加児童の民族性の形成とその場との相関を直接的に検証してはいない。その背景には、可変的・流動的である「場」にかかわっている子どもたちのアイデンティティを問うこと自体に対して、疑問を抱いているところもあるが、それにしても、今後、「場」の重要性をより総合的に説明するためには、場のあり方や位置性とともに、その場にかかわっているあるいはかかわった児童たちのポジショナリティやアイデンティティとの関係について綿密な検討が必要であると考えられる。

　最後に、本書では、子どもたちを対象として行われる民族教育の場のあり方を、主に民族教育の実践家たちへの聞き取りと、その場への参与観察、そして少数の教師と行政の関係者への聞き取りに依拠して検討しており、子どもたち当事者への聞き取り調査は十分行われていなかった。その背景には、まず、学校の中に外部からの調査者が入り、児童たちに直接聞くことが困難であるという公立学校での調査の限界もあるが、一方で、子どもたちは「自ら語る言葉を獲得しつつある存在」（小玉 1996）であり、「未だ自らを語る言葉をもた」ない存在（倉石 2000: 73）であるという子ども研究の特殊性もある。本書では、主に実践家の語りに頼り、子どもの心やアイデンティティの問題を窺うことを期待しているわけであるが、今後、子どもになり代わって語る存在として卒業者および保護者に注目し、彼／彼女らへの聞き取り調査をより豊富に行うことで、そこで得られた語りを子どもたちの語りに代わるものとして活用していく必要があろう。

参考文献

天野正治・村田翼夫、2001、『多文化共生社会の教育』玉川大学出版部。

アレント、ハンナ、1994、『人間の条件』ちくま学芸文庫。

石田雄・三橋修編、1994、『日本の社会科学と差別理論』明石書店。

伊藤三郎、1982、『ノミとカナヅチ─人間都市づくりの 10 年』第一法規出版。

イルムの会編、2011、『金ソンセンニム──済州島を愛し、民族教育に生きた在日
　　　一世』、新幹社。

ヴィヴィオルカ、ミシェル著・宮島喬訳、2009、『差異──アイデンティティと文
　　　化の政治学』法政大学出版局。

上野千鶴子編、2005、『脱アイデンティティ』勁草書房。

江原武一編、2000、『多文化教育の国際比較──エスニシティへの教育の対応』玉
　　　川大学出版部。

太田好信、2012、『政治的アイデンティティの人類学──21 世紀の権力変容と民主
　　　化に向けて』昭和堂。

小沢有作、1967、『民族教育論』明治図書出版。

──────、1973、『在日朝鮮人の教育論 歴史篇』亜紀書房。

──────、1994、『小沢有作教育論集 共生の教育へ（1）物知り教育から解放教育
　　　へ』明石書店。

恩田守雄、2006、『互助社会論──ユイ、モヤイ、テツダイの民俗社会学』世界思想社。

──────、2008、『共助の地域づくり──「公共社会学」の視点』学文社。

加藤千香子編、朴鐘碩・上野千鶴子ほか、2008、『日本における多文化共生とは何
　　　か──在日の経験から』新曜社。

河合俊治、1962、「民族教育の視点——京都市陶化中学校の実践」『部落』155、部落問題研究所、87-91。

川崎教会歴史編纂委員会、1997、『川崎教会50年史』在日大韓基督教会川崎教会。

川本綾、2017、「公立学校の民族学級——大阪市立長橋小学校」二階堂裕子・鄭栄鎮編『在日外国人教育とコミュニティの力——アイデンティティをはぐくむ』大阪市立大学都市研究プラザ、20-30。

岸田由美、2001、「在日韓国・朝鮮人教育——共生教育的観点からみた発展と課題」天野正治・村田翼夫編『多文化共生社会の教育』玉川大学出版部、132-44。

————、2011、「多様性と共に生きる社会と人の育成——カナダの経験から」、馬渕仁編『「多文化共生」は可能か——教育における挑戦』勁草書房、106-23。

金慶海、1979、『在日朝鮮人民族教育の原点——4.24阪神教育闘争の記録』田畑書店。

金達壽、1955、『前夜の章』東京書林。

金兌恩、2006、「公立学校における在日韓国・朝鮮人教育の位置に関する社会学的考察——大阪と京都における『民族学級』の事例から」『京都社会学年報』14、京都大学文学部社会学研究室、21-41。

————、2008、「在日韓国・朝鮮人児童のアイデンティティとポジショナリティ——京都市立小学校における『民族学級』を事例に」『京都社会学年報』16、京都大学文学部社会学研究室、1-20。

————、2009、「多民族・多文化教育と新たな共同性の構築——大阪市立小中学校の『民族学級』を事例に」『ソシオロジ』53（3）、社会学研究会、91-107。

————、2012、「公教育における在日韓国・鮮人の民族教育と多文化共生教育の相互作用：京都・大阪・川崎の事例から」京都大学大学院文学研究科博士論文。

金泰泳、1999、『アイデンティティ・ポリティクスを超えて——在日朝鮮人のエスニシティ』世界思想社。

————、2008、「誰のための多文化共生か——『高槻マイノリティ教育権訴訟』

が問いかけるもの」『世界』785、岩波書店。

金侖貞、2007、『多文化共生教育とアイデンティティ』明石書店。

――――、2011、「地域社会における多文化共生の生成と展開、そして、課題」『自治総研』37(6)、地方自治総合研究所、59-82。

金英達、1989、『GHQ 文書研究ガイド――在日朝鮮人教育問題』むくげの会。

――――、2003、『金英達著作集 3　在日朝鮮人の歴史』明石書店。

倉石一郎、2000、「教育実践記録における支配的語りの達成機序――在日朝鮮人教育の実践記録のテキスト分析」『ソシオロジ』45（1）、社会学研究会、73-91。

小玉亮子、1996、「『子ども』の視点による社会学は可能か」井上俊ほか編『こどもと教育の社会学』（岩波講座 現代社会学 12）、岩波書店、191-208。

齊藤純一、2000、『公共性』岩波書店。

佐久間孝正、2005、「多文化に開かれた教育に向けて」宮島喬・太田晴雄編『外国人の子どもと日本の教育――不就学問題と多文化共生の課題』東京大学出版会、217-38。

――――、2006、『外国人の子どもの不就学――異文化に開かれた教育とは』勁草書房。

――――、2011、『外国人の子どもの教育問題――政府内懇談会における提言』勁草書房。

佐々木光明・阿久澤麻里子、1998、「マイノリティの子どもたちと教育」中川明編『マイノリティの子どもたち』明石書店、63-116。

城達也・宋安鐘編、2005、『アイデンティティと共同性の再構築』世界思想社。

進藤兵、2004、「革新自治体」渡辺治編『日本の時代史 27 高度成長と企業社会』吉川弘文館。

世界人権問題研究センター編、2002、『京都市人権問題に関する意識調査報告書 2000』（財）世界人権問題研究センター。

関根政美、1994、『エスニシティの政治社会学――民族紛争の制度化のために』名古屋大学出版会。

────、2000、『多文化社会の到来』、朝日新聞社。

──── ・塩原良和編、2008、『叢書 21COE-CCC 多文化世界における市民意識の動態 37 多文化交差世界の市民意識と政治社会秩序形成』慶應義塾大学出版会。

千田有紀、2005、「アイデンティティとポジショナリティ──一九九〇年代の『女』の問題の複合性をめぐって」上野千鶴子編『脱アイデンティティ』勁草書房、267-87。

センプリーニ、アンドレア著、三浦信孝・長谷川秀樹訳、2003、『多文化主義とは何か』白水社。

宋基燦、2001、「在日韓国・朝鮮人の『若い世代』の台頭と民族教育の新しい展開」『京都社会学年報』9、京都大学文学部社会学研究室、237-53。

────、2009、『「主体」としてのマイノリティーのアイデンティティ・マネジメント──朝鮮学校の民族教育を通して見たアイデンティティの新しい可能性』京都大学大学院文学研究科博士学位請求論文。

竹田青嗣、1995、『＜在日＞という根拠』ちくま学芸文庫。

────、1996、「在日と対抗主義」井上俊ほか編『民族・国家・エスニシティ』（岩波講座 現代社会学 24）岩波書店、103-15。

竹ノ下弘久、1998、「多文化教育とエスニシティ──在日韓国・朝鮮人集住地区を事例に」『社会学評論』49(4)、45-61。

田辺繁治・松田素二編、2002、『日常的実践のエスノグラフィ──語り・コミュニティ・アイデンティティ』世界思想社。

多文化共生キーワード事典編集委員会編、2004、『多文化共生キーワード事典』明石書店。

崔勝久、2008、「『日立闘争』とは何だったのか」、崔勝久・加藤千香子編、『日本における多文化共生とは何か──在日の経験から』新曜社、34-73。

崔勝久・加藤千香子編、朴鐘碩・上野千鶴子ほか、2008、『日本における多文化共生とは何か──在日の経験から』新曜社。

曺慶姫、2008、「『民族保育』の実践と問題」、崔勝久・加藤千香子編、『日本におけ

　　　る多文化共生とは何か——在日の経験から』新曜社、120-150。

鄭早苗ほか編、1995、『全国自治体在日外国人教育方針・指針集成』明石書店。

鄭暎恵、1996、「アイデンティティを越えて」井上俊ほか編『差別と共生の社会学』
　　　（岩波講座 現代社会学 15）、岩波書店、1-33。

————、2003、『＜民が代＞斉唱——アイデンティティ・国民国家・ジェンダー』
　　　岩波書店。

富坂キリスト教センター・在日朝鮮人の生活と住民自治研究会編、2007、『在日外
　　　国人の住民自治——川崎と京都から考える』新幹社。

中川明編、1998、『マイノリティの子どもたち』明石書店。

中島智子、1981、「在日朝鮮人教育における民族学級の位置と性格——京都を中心に」
　　　『京都大学教育学部紀要』27、京都大学教育部、117-27。

————、1996、「多文化教育としての在日韓国・朝鮮人教育——日本の多文化
　　　教育にむけて」広田康生編『多文化主義と多文化教育』（講座 外国人定住問
　　　題 3）、明石書店、126-149。

————編、1998、『多文化教育——多様性のための教育学』明石書店。

中村水名子編、稲富進著、2008、『ちがいを豊かさに——多文化共生教育の明日を
　　　拓く』三一書房。

中山秀雄編、1995、『在日朝鮮人教育関係資料集』明石書店。

西川長夫・渡辺公三・ガバン・マコーマック編、1997、『多文化主義・多言語主義
　　　の現在——カナダ・オーストラリア・そして日本』人文書院。

西川長夫・姜尚中・西成彦編 、2000、『20 世紀をいかに越えるか——多言語・多
　　　文化主義を手がかりにして』平凡社。

朴一、1999、『＜在日＞という生き方——差異と平等のジレンマ』講談社。

朴君を囲む会編、1974、『民族差別——日立就職差別糾弾』亜紀書房。

朴正恵、2008、『この子らに民族の心を——大阪の学校文化と民族学級』新幹社。

原千代子、2009、「地域から学校との連携を求めて——川崎市ふれあい館・外国に
　　　つながる中高生学習サポートの実践から」、『シリーズ多言語・多文化協働
　　　実践研究』9、東京外国語大学多言語・多文化教育研究センター、60-78。

兵庫在日韓国朝鮮人教育を考える会・兵庫県在日外国人教育研究協議会編、2008、『多文化・多民族共生教育の原点──在日朝鮮人教育から在日外国人教育への歩み』明石書店。

平沢安政、2006、「訳者解説 多文化教育に関する一考察──シアトルでの経験をふまえて」、平沢安政訳、『民主主義と多文化教育──グローバル化時代における市民性教育のための原則と概念』明石書店、106-35。(＝ Banks, James A., Cherry A. McGee Banks and Others, 2005, *Democracy and Diversity: Principles and Concepts for Educating Citizens in a Global Age*, the Center for Multicultural Education, University of Washington, Seattle.)

広田康生編、1996、『多文化主義と多文化教育』(講座 外国人定住問題 3) 明石書店。

福岡安則、1993、『在日韓国・朝鮮人──若い世代のアイデンティティ』中央公論社。

──────、1996、「差別研究の現状と課題」井上俊ほか編『差別と共生の社会学』(岩波講座 現代社会学 15) 岩波書店、233-48。

──────・金明秀、1997、『在日韓国人青年の生活と意識』東京大学出版会。

藤島宇内・小沢有作、1966、『民族教育──日韓条約と在日朝鮮人の教育問題』青木書店。

星野直美、2005、『自治体の変革と在日コリアン──共生の施策づくりとその苦悩』明石書店。

ホール、S、1996、「あるディアスポラ的知識人の形成」『思想』859、6-30。

松下佳弘、2004、「京都市における在日韓国・朝鮮人教育の成立までの経過──一九八一年『外国人教育の基本方針(試案)』策定の前史として」『世界人権問題研究センター研究紀要』第九号、(財)世界人権問題研究センター、115-36。

松田素二、2001、「文化／人類学 文化解体を超えて」杉島敬志編『人類学的実践の再構築──ポストコロニアル転回以後』世界思想社、123-51。

──────、2005、「人種的共同性の再構築のために──黒人性再想像の経験から」竹沢泰子編『人種概念の普遍性を問う──西洋的パラダイムを超えて』京都大学人文科学研究所、390-414。

──────、2009、『日常人類学宣言！──生活世界の深層へ／から』世界思想社。

嶺井明子、1993「外国人の子どもの教育の現状と課題」東京学芸大学海外子女教育
　　センター編、『共生社会の教育——帰国子女教育研究プロジェクト中間報告』
　　東京学芸大学海外子女教育センター、75-99。

宮島喬・太田晴雄編、2005、『外国人の子どもと日本の教育——不就学問題と多文
　　化共生の課題』東京大学出版会。

宮島喬、2009a、「『多文化共生』を論じる（上）——『文化の違い』の承認とは」『書
　　斎の窓』589、有斐閣、53-9。

————、2009b、「『多文化共生』を論じる（下）——『文化の違い』の承認とは」
　　『書斎の窓』590、有斐閣、57-62。

民族教育ネットワーク編、1999、『民族教育と共生社会——阪神教育闘争 50 周年
　　集会の記録』東方出版。

————、1999、『教育改革と民族教育——総合学習「工夫しだいで子どもが変
　　わる」』耀辞舎。

————、2002、『イルム（名前）もえるいのち—— だれもが本名で暮らせる社
　　会を』みずのわ出版。

森田芳夫、1996、『数字が語る在日韓国・朝鮮人の歴史』明石書店。

文部科学省、2008、『平成 19 年版 文部科学白書』。

山田貴夫、2007、「地方自治体の外国人住民施策——川崎市を事例として」富坂キ
　　リスト教センター・在日朝鮮人の生活と住民自治研究会編『在日外国人の
　　住民自治——川崎と京都から考える』新幹社、35-81。

尹健次、2001、『「在日」を考える』平凡社。

米山リサ、1998、「文化という罪——『多文化主義』の問題点と人類学的知」青木保
　　ほか編『文化という課題』（岩波講座 文化人類学 13）、岩波書店、41-66。

————、2003『暴力・戦争・リドレス——多文化主義のポリティクス』岩波書店。

リャン、ソニア著、中西恭子訳、2005、『コリアン・ディアスポラ——在日朝鮮人
　　とアイデンティティ』明石書店。

「歴史教科書、在日コリアンの歴史」作成委員会編、2006、『歴史教科書 在日コリ
　　アンの歴史』明石書店。

資料集及び報告書

◆京都

ウリ編纂委員会編、2004、『ウリ우리 初級』。

――――――、2004、『ウリ우리 中級』。

――――――、2004、『ウリ우리 上級』。

外国人教育研究推進委員会編、1981、『外国人教育の基本方針（試案）』。

金慶子、2006、「連続講座 多民族共生教育を考える 第2回 京都における民族学級のいま、そしてこれから」『特集 多民族共生教育を考える』都市問題研究所、21-2。

京都市教育委員会、1992、『京都市立学校外国人教育方針――主として在日韓国・朝鮮人に対する民族差別をなくす教育の推進について』。

京都市教育委員会、2008、「外国籍及び外国にルーツをもつ児童生徒に関する実態調査のまとめ」（京都市教育委員会ホームページ（http://www.city.kyoto.lg.jp/kyoiku/page/0000059348.html）。

松下佳弘、2008、「京都における朝鮮人学校閉鎖の（1948年～1950年）の状況」実行委員会『京都・滋賀の民族教育～4.24教育闘争60周年を迎えて～演劇とパネルディスカッション報告集』12-7。

◆大阪

稲垣有一、2001、「大阪市における在日韓国・朝鮮人教育実践史」全朝教大阪編『むくげ』166。

稲富進、1981、「在日朝鮮人教育にかかわる私の原点（5）」全朝教大阪編『むくげ』72。

大阪市教育委員会、2001、『在日外国人教育基本方針――多文化共生の教育をめざして』。

大阪市教組南大阪支部長橋小学校分会・日本の学校に在籍する朝鮮人児童・生徒の教育を考える会、1974、『우리말を返せ！の要求に応えて』。

大阪市民族講師会編、2002、『共に創る――民族教育の充実をめざして』。

──────編、2004、『共に生きる──民族教育の充実をめざして 中学校版実践事例集』。

──────編、2007、『第1回　大阪市民族講師会教育研究フォーラム つなげよう民族の輪！ひろげよう共生の輪──継承と発展 ともにつくる実践をめざして』。

大阪市立小路小学校、2001、『トブロ ハムケ イ ハンギルル──共にあゆむこの道を』。

大阪市立中川小学校、2000、『民族学級開設50周年記念』。

大阪市立長橋小学校、1985、『大阪市立長橋小学校70周年記念誌 ながはし──子どもたちへ語りつぐもの』。

大阪市立宮原中学校編、2006、『民族学級の10年』。

金容海、1996、「戦後50年 民族学級設立の歴史と闘いを通して」全朝教大阪編『むくげ』145、2-6。

長橋小学校の民族学級を支援する会、2002、『우리말を返せ！から30年』。

法蔵美智子、2005、「長橋闘争と民族学級の身分保障──行政は変わる」全朝教大阪編『むくげ』181。

民族教育促進協議会、1995、『民促協10年史──すべての同胞に民族教育を』。

むくげ編集委員会、2003、『むくげ 合冊版7号──97号（1985年）～127号（1991年）』、全朝教大阪（考える会）。

──────、2003、『むくげ 合冊版8号──128号（1992年）～160号（1999年）』、全朝教大阪（考える会）。

──────、2006、『むくげ 合冊版9号──161号（2000年）～171号（2003年）』、全朝教大阪（考える会）。

──────、2006、『むくげ 合冊版10号──172号（2003年）～182号（2005年）』、全朝教大阪（考える会）。

◆ 川崎

小椋千鶴子、1998、「新しい民族保育の模索」『神奈川のあゆみ──全朝教・神奈川

からのレポート集』第 19 回全朝教（全外教）教育研究集会地元実行委員会、
157-61。

川崎市ふれあい館・桜本こども文化センター、2008、『川崎市ふれあい館 20 周年
事業報告書（' 88 〜 ' 07）だれもが力いっぱい生きていくために』。

在日の想いに語る会実行委員会、2001、『在日の想いに語る会 報告書合本』。

────、2006、『在日の想いに語る会 報告書合本 PART2』。

青丘社、1984、『共に生きる──青丘社創立 10 周年記念』。

────、1994、『共に生きる──青丘社創立 20 周年記念』。

青丘社活動者会議編、1980、『民族差別と闘う地域活動をめざして』。

Anderson, Benedict, 1998, *Imagined Communities: Reflections on the Origin and Spread Nationalism*, London: Verso.

Banks, James A., [1994] 2008, *An Introduction to Multicultural Education*, 4th ed., Boston: Allyn and Bacon.

──── ed., 2004, *Diversity and Citizenship Education: Global Perspectives*, San Francisco: Jossey-Bass.

────, 2009, "Multicultural Education: Dimensions and Paradigms", in Banks, A. James ed., *the Routledge International Companion to Multicultural Education*, New York and London: Routledge, 9-32.

────, Cherry A. McGee Banks et al., 2005, *Democracy and Diversity: Principles and Concepts for Educating Citizens in a Global Age*, the Center for Multicultural Education, University of Washington, Seattle. (= 2006 、平沢安政訳、『民主主義と多文化教育──グローバル化時代における市民性教育のための原則と概念』明石書店。)

Benjamin, Gail. R., 1997, *Japanese Lessons*, New York and London: New York University Press.

Engen, Thor Ola, 2009, "Socilaization, Literacy, and Empowerment", in Banks, A. James ed., *The Routledge International Companion to Multicultural*

Education, New York and London: Routledge.

Fine, Michelle and Lois Weis, 2003, *Silenced Voices and Extraordinary Conversations: Re-Imagining Schools*, New York and London: Teachers College, Columbia University.

Fraser, Nancy, 1992, "Rethinking the Public Sphere: A Contribution to the Critique of Actually Existing Democracy", 109-42, in Calhoun, Craig ed., *Habermas and the Public Sphere*, Cambridge, Mass.: London: MIT Press (＝山本啓・新田滋訳、1999「公共圏の再考──既存の民主主義の批判のために」『ハーバマスと公共圏』未来社、117-59。)

Glazer, Nathan, 1983, *Ethnic Dilemmas* 1964-1982, Cambridge and Massachusetts and London: Harvard University.

Grant, Carl A. and Christine E. Sleeter eds., 2007, *Doing Multicultural Education for Achievement and Equity*, New York: Routledge.

Gordon, Avery F. and Christopher Newfield eds., 1996, *Mapping Multiculturalism*, Minneapolis: University of Minnesota Press.

Hall, Stuart, 1996, "Introduction: Who Needs Identity?", in Hall, Stuart and Paul Du Gay eds., *Questions of Cultural Identity*, London: Sage Publications, 1-35. (＝ 2001、宇波彰ほか訳『カルチュラル・アイデンティティの諸問題──誰がアイデンティティを必要とするのか？』大村書店。)

──────, 1997, "The Spectacle of the Other", in Stuart Hall ed., *Representation：Cultural Representations and Signifying Practices*, the Open University, 223-90.

Hester, Jeffry T., 2000, "Kids between Nations: Ethnic Classes in the Construction of Korean Identities in Japanese Public Schools", in Ryang, Sonia ed., *Koreans in Japan: Critical Voices from the Margin*, London and New York: Routledge, 175-96.

Hirasawa, Yasumasa, 2009, "Multicultural Education in Japan", in Banks, James A. ed., *The Routledge International Companion to Multicultural Education*, Routledge: New York and London, 159-69.

Kashiwazaki, Chikako, 2000, "To be Korean without Korean Nationality: Claim to Korean Identity by Japanese Nationality Holders", *Korean and Korean American Studies Bulletin* 11(1): 48-70.

Kim, Tae Eun, 2010, "The Crossover between Korean Ethnic Education and Multicultural Education in Japan: Kawasaki Fureaikan and Ethnic Classes in Osaka", in Asato, Wako and Hideki Nakata eds., *Proceedings of the 3rd Next-Generation Global Workshop Migration: Global Reconstruction of Intimate and Public Spheres*, Kyoto University Global COE Program for Reconstruction of the Intimate and Public Spheres in 21st Century Asia, 381-400.

Lie, John, 2008, *Zainichi (Koreans in Japan): Diasporic Nationalism and Postcolonial Identity*, Berkeley, Los Angeles and London: University of California Press.

Martin, Renee. J, 2002, "Reflected Identities：Applying Positionality and Multicultural Social Reconstructionism in Teacher Education", *Journal of Teacher Education*, 53(1), 44-54.

May, Stephen and Christine E. Sleeter eds., 2010, *Critical Multiculturalism: Theory and Praxis*, New York: Routledge.

Modgil, Sohan., Gajendra K. Verma et al. eds., 1986, *Multicultural Education: The Interminable Debate*, London: Falmer Press.

Nieto, Sonia, [1992]2004, *Affirming Diversity: the Sociopolitical Context of Multicultural Education*, 4th ed., Boston: MA Allyn & Bacon. (＝2009、フォンス智江子・高藤三千代訳、『アメリカ多文化教育の理論と実践——多様性の肯定へ』明石書店。)

Okano, Kaori and Motonori Tsuchiya, 1999, *Education in Contemporary Japan: Inequality and Diversity*, Cambridge and New York: Cambridge University Press.

Ryang, Sonia, 2000, *Koreans in Japan: Critical Voices form the Margin*, London and New York: Routledge.

Sleeter, Christine E., 1991, *Empowerment through Multicultural Education*, Albany and New York: State University of New York Press.

—————, 2005, *Un-Standardizing Curriculum: Multicultural Teaching in the Standards-based Classroom*, New York: Teacher College Press.

Tai, Eika, 2007, "Korean Ethnic Education in Japanese Public Schools", *Asian Ethnicity* 8(1), 5-23.

Taylor, Charles, 1994, "The Politics of Recognition", in Amy Gutmann ed., *Multiculturalism*, Princeton University Press, 25-73. (＝ 1996、佐々木毅ほか訳、『マルチカルチュラリズム』岩波書店。)

Torney-Purta, Judithe, John Schwille and Jo-Ann Adameo, eds., 1999, *Civic Education across Countries: Twenty-four National Case Studies from the IEA Civic Education Project*, Amsterdam: The International Association for the Evaluation of Educational Achievement (IEA).

あとがき

　本書は、2012年度の京都大学大学院博士学位論文「公教育における在日韓国・朝鮮人の民族教育と多文化共生教育の相互作用——京都・大阪・川崎の事例から」をもとに加筆修正を加え、また近年の状況について補論を加えたものである。

　このテーマに関心をもち研究を始めるようになったのは今から20年ほど前に遡る。韓国放送広告公社での十年間の勤めの後に、家庭の都合で京都に住むようになったことがそもそものきっかけであった。京都大学大学院の文学研究科に進学したのが2003年で、それから公教育における民族教育現場で調査を始めた。2012年に博士論文を完成してから9年が経過したが、その間さまざまな事情があり、研究の遂行にあたってお世話になった方々に成果をご報告することもできず、長らく申し訳ない思いを持ち続けてきた。大変遅ればせながら、ようやく刊行に辿り着くことができて誠に幸いであり、これまでお世話になった方々に心より感謝申し上げたい。

　指導教授の松田素二先生には、いくら感謝してもしきれない。本論文のキーワードであるアイデンティティやマイノリティに関する社会学や文化人類学における理論や知見について、大学院のゼミでの文献輪読を通じて貴重な教えをいただき、研究のための調査全般において、そして論文の執筆過程の至るところで的確なご指導をいただいた。先生のご指導がなかったら、本書を世に出すことはできなかったと思う。学問的なことだけでなく、研究仲間や学生への接し方からも多くを学ぶことができた。大学院在籍中に遠方への引越しや出産などの家庭の事情が重なったが、その度に、先生には温かいご配慮とともに励ましをいただいた。博士論文の提出後も多くの支援をいただいたこと、深く感謝申し上げたい。

　論文の副査としてご指導いただいた伊藤公雄先生にも心より感謝の気持ちをお伝えしたい。伊藤先生からは、文化社会学の視点、そして1970年代前後の日本社会の雰囲気などについて多くの助言をいただき、本書の核心たる問題意識を得ることができた。先生の授業で学んだ知識が、1970年代前後、日本社会における在日韓国・朝鮮人問題をめぐる変化、そして公教育における民族教育の位置性の変化などを理解するベースになり、その問題を日本社会全体から把握することができたと思う。

本書における調査においては、たくさんの方々のご協力をいただいた。松下佳弘先生には、京都市立小学校の教員としての、また行政の立場でのご経験について多くを教えていただいた。先生の論文を拝借させていただき、京都の民族学級の歴史について、とりわけ行政側の事情や立場についてより深く学ぶことができたこと、深く感謝申し上げたい。

　京都の民族学級講師の崔寿南先生からは、ニューカマー韓国人である私に、在日韓国・朝鮮人の民族教育をめぐる問題だけでなく、生活世界や多様性、想いなど、多くのことを教えていただいた。先生に初めてお会いするために東九条にお伺いしたことを今も鮮明に覚えており、その後、最近に至るまで、数えられないほどお世話になった。民族学級への研究は、先生との交流なしでは続けられなかったことをこの場を借りて申し上げるとともに、深く感謝の気持ちを伝えたい。

　また、民族教育の現場で歴史とともに歩んでこられた朴正恵先生と裴重度先生にも深く感謝申し上げたい。現場で大変お忙しい中でも大学院生である私に何度も会っていただき、貴重な経験を聞かせていただき、多くの方を紹介していただいたこと、大変遅ればせながらこの本で感謝を申し上げたい。

　大阪では、太田利信先生にお会いし、1970年代前後、在日朝鮮人児童が多く在籍していた日本の小学校での教師としての経験、学級や学校の雰囲気について聞かせていただいた。ご多忙中にもかかわらず、時間を許していただき、温かく対応して下さった。そのときの感動をいまだに覚えており、先生のお話は、その後、多文化教育とは何かという問題、そしてマイノリティ児童のアイデンティティとポジショナリティの問題を考える際に、つねに大きなインスピレーションとつながった。深く感謝申し上げたい。

　ここで、全ての方々のお名前を挙げることはできないが、京都、大阪、川崎でのフィールドワーク先の先生方、関係者の方々に、心よりの敬意とともに、感謝の気持ちをお伝えしたい。

　博士学位論文の提出を控えていた 2012 年の秋からはカナダのバンクーバーに移住することとなり、2013 年秋から一年間は UBC（ブリティシュ・コロンビア大学）のコリア研究センターの客員研究員として滞在した。受け入れていただいた Lynn, Hyung-Gu 先生、Park, Kyung-Ae 先生には心より感謝を申し上げたい。研究会に参加しながら、またカナダでの生活、育児の経験から、多文化社会の現実を自ら体験することができたことは、本書における貴重な土壌となった。本来ならば、カナ

ダやオーストラリアなどの多文化社会と東アジアを比較する作業の研究成果を報告すべきであるが、報告が遅れていることを申し訳なく思っていた。本書の刊行を契機に、後続作業としてその研究成果をまとめたい。

　この出版を実現させていただいた博英社と中嶋啓太代表に感謝する。遅々として進まない校閲、索引の作業に辛抱強く待っていただき、また励ましていただいた。日本での出版事業が軌道に乗ろうとしている時に新型コロナによるパンデミックの状況になった。それにもかかわらず、出版事情の厳しい学術書の刊行を力強く進めていただいたことに深く感謝し、これからの発展を心より祈りたい。また、つねに丁寧に編集作業をしていただいた西田明梨編集委員と朴ソンイ課長にも感謝申し上げたい。

　大学院進学から本書の出版に至るまで 20 年の歳月が過ぎた。学生時代からの伴侶である夫、黄盛彬には研究全般を支えていただいただけでなく、本書の出版のための校閲、索引作成などの作業で尽力していただいた。博士課程に在籍中の当時、小学生だった長女は大学院生になっており、生まれたばかりだった次女は大学生になった。横浜に引っ越してから生まれた三女は中学生になっている。京都でのフィールドワークでは長女がインフォーマントになってくれて、また川崎でのフィールドワーク先では、次女が一緒にいてくれた。次女と一緒に民族教育現場に通ったことは、二人にとって貴重な思い出になっている。日本で子どもを育てることになったことで、本研究の問題意識をもつことになり、研究を行っている間、論文を執筆している間、つねに娘たちを思いながら、考えてきた。その間、娘たちには寂しい思いをさせたことも多くあったと思う。にもかかわらず、彼女たちは、研究者である母親、とりわけ、多文化共生問題に関心をもって勉強する母親を誇らしく思うと言ってくれた。それが何よりの励みになった。もっと早くこの本を捧げたかったが、これまで時間がかかってしまったことは一重に私の怠慢であり、努力不足である。十年間の韓国放送広告公社での社会人生活ののち、大学院に進学し、研究者としてのスタートも遅かったが、博士学位論文の刊行にも予想より遥かに長い年月がかかってしまった。これからは、誠実に勉学に励んでいる娘たちを見習いながら、さらに研究に精進していきたい。

2021 年 12 月

金兌恩

索引

さ行

初出論文

　本書は、京都大学大学院博士学位論文「公教育における在日韓国・朝鮮人の民族教育と多文化共生教育の相互作用——京都・大阪・川崎の事例から」（2012 年度）を加筆修正したものである。最近の状況については、追加の調査を行い、各事例の最後に「補論」として加えた。

　以下、初出論文の一覧である。なお、本出版に当たり、大幅に加筆修正を加えている。

1. 金兌恩、2006、「公立学校における在日韓国・朝鮮人教育の位置に関する社会学的考察——大阪と京都における『民族学級』の事例から」『京都社会学年報』14、京都大学文学部社会学研究室、21-41。（第 2 章、第 3 章、第 6 章）

2. 金兌恩、2008、「在日韓国・朝鮮人児童のアイデンティティとポジショナリティ——京都市立小学校における『民族学級』を事例に」『京都社会学年報』16、京都大学文学部社会学研究室、1-20。（第 4 章）

3. 金兌恩、2009、「多民族・多文化教育と新たな共同性の構築——大阪市立小中学校の『民族学級』を事例に」『ソシオロジ』53 (3)、社会学研究会、91-107。（第 7 章）

4. 金兌恩、2014、「多文化化の中の民族教育——川崎市ふれあい館の事例から」『日本研究』21、高麗大学校日本研究センター、177-203。（第 9 章、第 10 章）

著者紹介

金兌恩（キムテウン）

韓国ソウル生まれ。

延世大学卒業後、韓国放送広告公社に10年間勤務。

2000年に家族滞在のために来日。京都大学大学院文学研究科（社会学専攻）博士後期課程研究指導認定退学。文学博士。

現在、立教大学社会学部兼任講師、立教大学平和・コミュニティ研究機構特任研究員。

専門は、多文化共生論、社会学。

著書・論文に、「カナダにおける多文化教育」（『応用社会学研究』第57号、立教大学社会学部、2015年）、「社会の多文化化と政策の対応：日韓比較の視点から」（『応用社会学研究』第58号、立教大学社会学部、2016年）、「韓国の多文化化と中国朝鮮族」（『応用社会学研究』第60号、立教大学社会学部、2018年）、『ソウルを歩く:韓国文化研究はじめの一歩』（共著、関西学院大学出版会、2019年）などがある。

なぜ、公教育における民族教育の場に注目するのか

初版発行 2022年3月15日

著　　者　立教大学 平和コミュニティ研究機構・金 兌恩

発 行 人　中嶋 啓太

発 行 所　博英社 (HAKUEISHA)

　　　　　〒 370-0006 群馬県 高崎市 間屋町 4-5-9 SKYMAX-WEST
　　　　　TEL 027-381-8453/FAX 027-381-8457
　　　　　E· MAIL hakueisha@hakueishabook.com
　　　　　HOMEPAGE www.hakueishabook.com

ISBN　　978-4-910132-09-9

定　価　　2,970 円 (本体 2,700 円 + 税 10%)